必携
インターネット広告

プロが押さえておきたい
新常識

Japan Interactive Advertising Association

一般社団法人
日本インタラクティブ広告協会（JIAA）
編著

インプレス

【編著者紹介】

一般社団法人 日本インタラクティブ広告協会（JIAA）
JIAAは、1999年5月にインターネット広告推進協議会として発足したインターネット広告の業界団体です。設立以来、デジタルコンテンツやネットワークコミュニケーションを支える経済的基盤であるインターネット広告の社会的責任を認識しながら、ビジネス活動の環境整備、改善、向上を推進しています。
現在、インターネット広告の媒体社、広告会社など270社を超える企業が集まり、消費者保護の観点に基づいたガイドラインの策定、より円滑なビジネス推進のための標準的ルールの整備や調査研究、業界内外への普及啓発などの活動を行い、インターネット広告の健全な発展と社会的信頼の向上に取り組んでいます。
http://www.jiaa.org/

【本書に掲載されている情報について】

本書は、2019年9月現在での情報を掲載しています。
その他、本書に記載されている製品名やサービス名は、一般に各開発メーカーおよびサービス提供元の商標または登録商標です。なお、本文中には™および®マークは明記していません。

は じ め に

　デジタル時代のマーケティングにおいて、インターネット広告はもはや避けては通れない領域となっています。インターネット広告業界は、最先端の広告技術と緻密なデータ戦略を駆使して、急成長を遂げてきましたが、それだけに必要とされる知識やスキルは多種多様で膨大です。そして次々と新しい用語やトレンドが生まれては消えていく、とてもスピードの速い業界です。しかし、そのような新しい知識や用語ばかりを追い続けていくうち、ともすれば、その「本質」を見失う業界であるといえます。

　本書籍は、一般社団法人日本インタラクティブ広告協会（JIAA）が編纂しました。業界団体の立場から、俯瞰的、網羅的にインターネット広告の「現在地」を描き出すことで、インターネット広告の価値の「本質」をあぶり出しています。

　書名だけ見れば類書は数々ありますが、変化が激しく成長性の高いこの業界だからこそ「本質」を考え、学べる構成を心掛けました。インターネット広告の細かな仕様やノウハウなどには、多くを割いていません。

　本書の前半では、インターネット広告の歩んできた道を振り返りつつ、これからを見通すためのヒントとし、またインターネット広告がマーケティング目的全体の中で果たすべき役割を提示します。そして、インターネット広告の指標と測定について、表層的な数字だけにとらわれるのではなく、その奥にあるものを見つめます。

　後半では、インターネット広告の業界構造や品質向上への取り組み、広告業界の社会的意義など、類書では詳細に触れることが少ない内容を、業界団

体ならではの率直さで取りまとめています。

　各章の概要は以下の通りです。それぞれ独立した内容になっているので、興味のある章から読んでいただいても、巻頭から一気通貫で読み進めていただいてもかまいません。

第1章「本書で扱うインターネット広告とは」
　本書の背景を解説し、基本的な用語の説明をします。「インターネット広告」や「インターネットメディア」といった用語について、本書での使い方と考え方を紹介します。

　なお、本書の編著者であるJIAAは、その団体名称に「インタラクティブ広告」を用いていますが、本書名は一般的に広く使用されている「インターネット広告」を採用しています。定義や範囲は同一です。

第2章「インターネット広告の25年」
　今では忘れられがちなインターネット広告黎明期から、現在に至るまでの偶然と必然の歴史を、さまざまな企業やサービスの勃興を交えて紐解いていきます。

第3章「マーケティングの中での位置づけ」
　マーケティングの基本的な考え方や代表的なフレームワークを紹介しながら、その中で広告、特にインターネット広告がどのようなポジション、役割にあるかを解説します。

第4章「広告指標と測定の新常識」
　インターネット広告では、さまざまな数値やデータが取得できますが、その数値の意味を正しく理解し、有効に活用するための手法と考え方を示します。

第5章「業界の構造と存在意義」

　混沌といえるほど複雑化した業界構造とワークフロー、ビジネス形態を紐解き、各プレイヤーの存在意義とその課題について見ていきます。

第6章「品質向上への取り組み」

　アドフラウド、ブランド毀損、ステルスマーケティングなど、インターネット広告の品質に関する各課題についてその根源と真因を探り、品質向上への業界をあげての取り組みを概観します。

第7章「データ利活用とプライバシー」

　個人データを用いたオーディエンスターゲティングが可能なことがインターネット広告の特徴ですが、データの利活用と同時に不可欠なプライバシーの保護について論点を整理します。

第8章「インターネット広告の社会的意義」

　モラル（倫理観）の欠如に起因する不正が大きな社会問題となっています。インターネット広告業界でモラルが重要な理由を、その社会的意義という観点から解説し、最後に業界団体が果たすべき役割を述べていきます。

　以上、本書がJIAA会員社のみならず、業界を志す学生のみなさんや、企業で活躍されているマーケターのみなさま、そして広く業界に関わるすべての人にとって、その活動の一助になることを願ってやみません。

2019年10月吉日

INDEX

編著者紹介 ……………………………………………………… 2

はじめに ………………………………………………………… 3

第1章 本書で扱う インターネット広告とは

1-1　本書の背景と目的 …………………………………… 14

1-2　広告宣伝と販売促進 ………………………………… 16

1-3　本書でのインターネット広告の定義と範囲 ………… 19

[COLUMN] インターネット広告はブランディングにも有効? ……… 24

第2章 インターネット広告の 25年

2-1　インターネット広告の誕生 ………………………… 26

2-2　検索連動型広告の登場 ……………………………… 30

2-3　ターゲティングの進化 ……………………………… 33

2-4	予約型から運用型へ	38
2-5	広告フォーマットの多様化	43
2-6	モバイルの変遷史	47
2-7	歴史を読み解く意義	51

第 3 章 マーケティングの中での位置づけ

3-1	企業の経営戦略とマーケティング戦略の階層	54
3-2	マーケティング戦略の階層	56
3-3	マーケティングプランニングのフロー	58
3-4	消費者の理解	66
3-5	商品の理解	74
3-6	インターネット広告が推進した マーケティングのデジタル化	78
3-7	デジタル化によるマーケティング環境の進化	83
3-8	メディアプランニングの基本的な考え方	86
3-9	インターネット広告で陥りやすい注意点	94

[COLUMN] 個人でも参加可能な成果報酬型広告の
有用性と課題点 ················· 97

第 4 章　広告指標と測定の新常識

4-1　広告効果測定のフレームワーク ···················· 102

[COLUMN] その指標の「効率」は最適なのか ············· 109

4-2　到達指標と効果指標 ···················· 112
4-3　マルチチャネルでの指標と測定方法 ············· 118
4-4　測定データの収集対象の違い ············· 122
4-5　インプレッションとリーチ ············· 129
4-6　効果検証におけるポイント ············· 136

[COLUMN] KPI設定の参考になる代表的な比較方法 ··········· 141

4-7　広告の到達を表すビューアビリティ ················· 146

| 4-8 | PDCAサイクルを実行するための知恵 | 156 |
| 4-9 | フルファネル時代の広告効果測定 | 161 |

第5章 業界の構造と存在意義

5-1	"カオスマップ"=バリューチェーンマップの形成	166
5-2	バリューチェーン内の機能と役割	169
5-3	アドテクノロジーとの向き合い方	175
5-4	メディアのマネタイズ戦略としての広告ビジネス	180
5-5	広告会社の存在意義と明日	186

第6章 品質向上への取り組み

| 6-1 | インターネット広告の品質課題の本質 | 198 |
| 6-2 | ユーザー体験を損なう広告表示
～アドエクスペリエンスの問題 | 204 |

6-3	被害をもたらす不正な広告	
	～マルバタイジングへの対策	209
6-4	広告の不当表示	
	～広告の適正化に向けて	211
6-5	消費者を欺くステマ行為	
	～関係性を明示する必要性	215
6-6	不適切な掲載先への広告費流出	
	～ブランドセーフティの実現	218

[COLUMN] ブラックリストとホワイトリスト その効用と限界 …… 223

6-7	広告詐欺、広告費の詐取	
	～アドフラウドの排除	227
6-8	品質課題のまとめ	230
6-9	品質向上へのたゆまぬ取り組み	233

第7章 データ利活用とプライバシー

7-1	インターネット広告とユーザーデータの取り扱い	240
7-2	個人データとプライバシー保護の原則	244
7-3	広告ビジネスにおけるデータ利活用と社会環境	251

第8章 インターネット広告の社会的意義

0-1	「広告」の社会的意義と役割	264
8-2	「メディア」の社会的意義と責任	259
8-3	インターネット広告とモラル	266
8-4	インターネット広告の源流と未来	271
8-5	業界団体の役割と自主ルールの意義	278

インターネット広告の未来	285
用語集	286
索引	299
読者アンケートのお願い	303

第 **1** 章

本書で扱う
インターネット広告とは

本書は日本インタラクティブ広告協会（JIAA）
が、業界団体の立場からインターネット広告の
現在とその本質を描くものです。この章では、
本書の背景を解説し、本書における基本的な
用語の意味や考え方を説明します。

1-1 本書の背景と目的

インターネット広告の「新常識」

　本書のサブタイトルは「プロが押さえておきたい新常識」です。本書では歴史的な観点からインターネット広告の現在地を明らかにしたり、俯瞰的な視点からマーケティング全体におけるインターネット広告のポジションについて論じたり、インターネット広告の要である測定の理論的背景を解説したりすることに力点を置いています。また、急成長の過程で生じたさまざまな誤解や課題についてもできるだけ分かりやすく正確に記載し、課題を直視し、未来を描くための倫理観の重要性を説いています。

　マーケティングのベテランの方には、一見単なる常識のように見えるかもしれません。しかし、しっかり読み込んでいただければ、そこに新しい発見や、見落としていた新しい考え方が見つかるでしょう。それが本書のうたう「新常識」の意味です。

　一方、インターネット広告からキャリアをスタートした方や、これから業界を志す方の中には、本書のような俯瞰的な視点は難しくて分からないという方や、自分には関係ない話だと思われる方がいるかもしれません。しかし、このような視点こそがインターネット広告の本質を理解するための核心であり、新常識なのです。本質を理解していなくても「作業」はできますが、仕事の本当の意味や価値を理解することはできないのです。

未来を描くために本質を押さえる

　インターネット広告のプランニング手法や効果・効率アップのテクニックといった実用書を期待した方には、本書は少し肩すかしかもしれません。しかし基礎となる本質を押さえていなければ、薄っぺらなプランニングやテクニックしか身に付きません。

インターネット広告のこれまでを俯瞰してみることで、仕事の本質が見えてくるだけでなく、そこには新しい未来も見えてくるはずです。本書にはそういった未来を描くためのヒントもたくさんちりばめられています。

　『広告五十年史』（電通、1951年）によると、日本の「広告」の始まりは江戸時代前期といわれています。この長い歴史の中では、社会と折り合いを付けながらさまざまなルールが整備されてきました。

　一方「インターネット」の日本での商用利用開始は1993年とされています（総務省「情報通信白書」）。インターネットを活用した日本のインターネット広告の歴史は、実はわずか20年あまりにすぎません。インターネットの利便性は、ごく短期間にインターネット広告を一気に広告のスターダムに押し上げることとなりました。広告全体の長い歴史に比べると、その成長のスピードは驚異的といわざるをえません。

　しかし、自動車もスピードを出し過ぎると、目先を通り過ぎる情報が多くなり、視野が狭くなってしまいます。いつしか運転することが目的化してしまい、周囲の景観も目に入らなくなって、一体何をするためにどこへ行くのかといった目的までも見失ってしまうかもしれません。一度スピードを落として、本書をじっくり読み込んでみてください。忘れかけていた本来の目的や仕事の価値を思い出すきっかけになるはずです。

1 / -2　広告宣伝と販売促進

プロモーションは「広告宣伝」と「販売促進」に分けられる

　本書の編著者は一般社団法人日本インタラクティブ広告協会（JIAA）です。本書を正しく理解いただくためには、JIAA が扱うインターネット広告の定義と範囲を明らかにしておく必要があります。

　第3章で詳しく述べるように、企業活動は、まず企業の理念やビジョンが起点となり、商品（Product）の企画・開発から、価格（Price）、流通（Place）、プロモーション（Promotion）にわたる各種マーケティング活動へと落とし込まれていきます。

　そして、その中のプロモーションには大別すると、主に以下の二つの活動があります 図表1-01 。

　一つは、製品・サービスの企画趣旨や社会的価値、性能、品質などを広く社会に伝える活動で、ある意味、商品自体の価値を形作るための「原価」であると捉えられるものです。もう一つは製品・サービスを売るための営業活動の延長線上にあるもので、おおむね「営業経費・販管費」と捉えられるものです。ちなみに企業P/L などの決算書では、それぞれ売上総利益の上（原価）と下（販管費）にあたるものであることから、俗にいう Above the Line（ATL）、Below the Line（BTL）の語源であるとの説もあります。

　テレビ、新聞のようなマスメディア広告などが、おおむね前者（広告宣伝、ATL）とされています。電話番号を連呼するなど営業活動の延長のようなテレビCM も見受けられますが、本質は製品やサービスの価値の周知や知名度、購買意向の向上が目的であり、不特定多数への広告として理解されているためです。

　一方、訪問営業やテレホンアポイントメントのような人的な活動はもとより、営業ツールとしてのカタログやパンフレット、手渡しされるノベルティや試供品、ダイレクトメールやチラシなどは後者（販売促進、BTL）となりま

す。店舗やサービスへの誘導を主な目的とした電話帳広告や顧客を招いた展示会、商談会などのイベントも多くはこちらに該当すると思われます。

　要するに、プロモーションには、企業・商品の価値・魅力を不特定多数に伝える活動（広告宣伝）と、その商品の販売を促進する活動（セールスプロモーション）があるということです。

図表1-01 プロモーションの Above the Line と Below the Line

	主な機能	主なメディア
ATL（Above the Line）	広告宣伝	テレビ ラジオ 新聞 雑誌
BTL（Below the Line）	販売促進	訪問営業 テレホンアポイントメント カタログ パンフレット ノベルティ DM（ダイレクトメール） チラシ等

Above the Lineは主にブランド価値の形成や知名度の向上を目的とした広告宣伝、Blow the Lineは営業活動の延長線上にある販売促進を指す

広告宣伝と販売促進の区分と比重

　ATL と BTL の語源を「原価と販管費」とする俗説は、実際の会計処理とは異なるので注意が必要ですが、このような大別はそれぞれの目的や性質の違いを理解する上では役立つのではないでしょうか。

　実際、広告実務や企業会計上では、これらを明確に意識、区別してはいません。マスメディアを用いたセールスプロモーションもあれば、当然、カタログやイベントなどにもブランディングを強く意識したものがあります。また日本の会計上では、そもそも広告宣伝と販売促進の費目に明確な区分も定義もありません。とはいえ、従来のプロモーション活動においては、関係者の間で広告宣伝と販売促進の区分について暗黙の了解が醸成されていたこと

第 1 章／本書で扱うインターネット広告とは　　17

も確かです。インターネット広告においては、この暗黙知が共有されない、あるいは効率のためにあえて無視する風潮も見られます。この要因はいくつか考えられるのですが、少なくともこのような区分や考え方もあるということは理解しておくべきでしょう。

　広告を掲出する企業（いわゆる広告主）の規模や業種によっては、プロモーション活動における広告宣伝と販売促進の比重は大きく異なります。例えば、メーカー企業やサービス企業では、製品・サービスの価値を向上させる広告宣伝の比重が比較的高く、販売会社や代理店などでは営業・販売促進の比重がかなり高いことが想像できます。またB2C企業の方がB2B企業よりも広告宣伝の比重が高いと予想されます。

　マスメディアに出稿する広告主は年間数千社と推定されますが、販売促進活動は企業の大小を問わず必要なため、DM（ダイレクトメール）やチラシなどのセールスプロモーションを実施する企業ははるかに多く存在します。

　これらの区分は、広告の課題を正しく理解し、目的を明確化するための重要な一つの指針なのです。

1-3 本書でのインターネット広告の定義と範囲

「インターネット広告」の定義

　「日本の広告費」は、電通が集計し、毎年発表している日本国内の広告市場規模の推定です。そこでは広告宣伝と販売促進の両方を広告費に含めています。具体的には、前者をマスコミ四媒体（いわゆるマスメディア）、後者をプロモーションメディア（以前はセールスプロモーション媒体と呼称）として、それぞれに投下された金額を広告費としています 図表1-02 。

　さて、それではインターネット広告とは何か、ということになります。

　「日本の広告費」では、インターネット（メディア）は、マスコミ四媒体（マスメディア）でもプロモーションメディアでもない、第三のメディアとして表現されています。インターネットメディアに投下された金額が、すなわちインターネット広告費ということになります。

　ここではあらためてインターネットメディアとは何かを明らかにしておく必要があります。

図表1-02 「日本の広告費」におけるインターネット広告費

出典：電通「2018年 日本の広告費」

「インターネットメディア」の分類

　インターネットメディアとは、外形上は、デジタル化されたコンテンツやサービスを、インターネット通信を介して提供するメディアといえます。しかしこれはさらにいくつかに分類することができます 図表1-03 。

　一つ目はマスメディア同様、情報コンテンツの発信を目的とし、情報をデジタル化し、インターネットを介して提供するメディアです。マス媒体社が自ら運営するものもあれば、インターネット専業で情報コンテンツの制作・編集を行うメディアもあります。ここでは、「パブリッシャー」または「情報メディア」と呼ぶことにします。

　次に、上記パブリッシャーが制作・編集したコンテンツも含め、インターネット上や現実世界にあるさまざまな情報を整理・分類して、あるいはユーザーごとにパーソナライズして提供するメディアがあります。ポータルサイトやキュレーションメディアなどと呼ばれることもありますが、ここでは総称して、「情報プラットフォーム」と呼ぶことにします。

　近年、プロモーションへの活用が急増しているEC（イーコマース）サイトなどもこちらに分類することができます。

　三つ目に、ユーザー自身が作成、生成した情報を他者と共有したり、ユーザー同士のコミュニケーションを図ったりする場を提供するメディアがあります。ソーシャル・ネットワーキング・サービス（SNS）や動画共有サービスなどが含まれますが、ここでは総称して「コミュニケーションプラットフォーム」と呼ぶことにします。

　ところで、日本のインターネットメディアの数は、いくつくらいあるでしょうか？

　まずWebサイトのインターネットドメイン数を見ると、日本のJPドメイン数は約154万あります。世界全体では約2億5,000万のドメインがあります（このうち.comと.netが約半数を占めています）。次にスマートフォンアプリの数は、Apple Storeで約220万個、Google Play Storeで約350万個あります（2018年、AppAnnieブログ調査）。しかし、上記にあげたパブリッシャーや情報プラットフォーム、コミュニケーションプラットフォームに相当する日本

のWebサイトやアプリは、どんなに多く見積もっても1万は超えないだろうと思われます。つまりインターネットメディアの99%以上は、上記以外のWebサイト、アプリであると言うことができます。ここではこれらを「その他メディア」と呼ぶことにします。

その他メディアには、企業、大学、学校、政府機関、各種団体などのWebサイトが含まれますが、それ以外にも個人サイトを含めた多様なWebサイトやアプリが数多く存在すると想定されます。そしてこれら、その他メディア上にももちろん広告が掲出されることがあります。

図表1-03 インターネットメディアの分類例

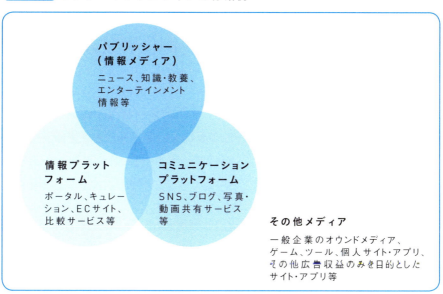

インターネット広告についてのJIAAの定義

それでは、インターネットメディア上で行われるプロモーション活動は、すべてインターネット広告なのでしょうか。

JIAAの定義では、インターネット広告とは「媒体社が有償で提供する広告枠に掲出されるもの」としています。つまり、カタログやパンフレットに

あたるような広告主自身の企業サイト、製品・サービスサイト、いわゆるオウンドメディアは、これにあたらないということができます。また、プロモーション活動の中でも、アフィリエイトプログラム（商品紹介が掲載されたサイトを介して商品が売れた場合、そのサイト運営者に成果に応じた対価が支払われる）のような販売代行活動は、インターネット広告に含めないと定義しています。インターネット広告の場合、オウンドメディアが広告のリンク先となるケースが多く、消費者から見た場合、広告とリンク先の情報が一体として広告と捉えられることは想像に難くありません。しかし、オウンドメディアは、媒体社側のコントロールが及ばず、責任の切り分けが困難なため、いったん、これを含めないと定義しています。アフィリエイトプログラムも、消費者からは単なる広告に見えてしまう可能性は否定できません。しかし広告主体が、広告商材のオーナーなのか、販売代行者（アフィリエイター）なのかの切り分けが困難なため、広告主体の明示を原則とするJIAA基準に合致しないと判断しています。

　つまり、本書におけるインターネット広告の定義は、インターネットメディア上で行われる広告宣伝活動および販売促進活動のうち、オウンドメディアやアフィリエイトなどは含まないものということになります。

　なお、この定義はあくまでJIAAの定義です。「日本の広告費」での定義など一般的には、これらを含むことがあります。また、JIAAの定義も時代の趨勢に合わせて変更する可能性があります。

広告宣伝にも販売促進にも利用できる「第三のメディア広告」

　先にも述べたように、マスコミ四媒体とプロモーションメディアも、厳密に役割が固定されているわけではありません。そして広告宣伝活動も販売促進活動も、広い意味では広告です。しかしここではあえてこれを区別して記述しています。

　先に「日本の広告費」で見たように、インターネット広告は、主に広告宣伝活動と捉えられるマスコミ四媒体上の広告とも、主に販売促進活動と捉えられるプロモーションメディアにおける広告とも違う、第三のメディア広告

として表現されています。その要因の一つが、インターネット広告が広告宣伝活動にも販売促進活動にも幅広く利用可能な性格を持つことです。

そのため、インターネットメディアに広告を掲出する企業の数は、潜在的には、マスコミ四媒体＋プロモーションメディア出稿企業数となり、これがインターネット広告が成長する起爆剤の一つとなっています。総務省統計局のデータでは、日本の個人事業主も含む全産業の事業所数は2016年で約560万（事業内容不詳含む）となっています。Facebookは2017年に広告主数が500万を超えたと発表しました。もちろんこちらは全世界での数字ですので、単純に比較できるものではありませんが、いずれにしても大変な数であることは理解できるかと思います。

もちろんインターネット広告急成長の要因は、潜在的広告主の数だけではありません。成長を牽引したその他の特長については、後段の各章に記載されていますので、あわせてご確認ください。

現在、マーケティングの世界では、広告宣伝活動と販売促進活動は統合して考えるべきだという「統合マーケティング」の考え方が浸透し始めています。各種データの利活用を中心に据え、個別最適ではなく、全体最適を考えることが重要だとされているためです。

その意味では、インターネット広告はとても有利な立場にあるようにも思えます。

しかし、広告宣伝活動と販売促進活動はAbove the LineとBelow the Lineに区別できるように、本来その目的や重視すべきKPIは大きく違います。統合視点はとても重要ですが、区別のない曖昧な状態のままでは、目的達成の最適化を図ることは難しいのです。インターネット広告をプランする場合には、広告宣伝目的なのか、販売促進目的なのかを常に明確にしておく必要があります。

COLUMN

インターネット広告は
ブランディングにも有効？

　22ページの「第三のメディア広告」の説明の中で、インターネット広告には、販売促進効果だけではなく、広告宣伝目的としての価値・効果もあると記述しましたが、素朴な疑問として、バナー広告などに商品認知を広めたり、好意を醸成したりする力が本当にあるのだろうかと思った方もいるのではないでしょうか？

　この点に関しては、業界各社によりさまざまな検証調査が行われていますし、JIAAでも大規模な調査を実施しました。第4章（151ページ）で取り上げる「Viewable Impression広告価値検証調査結果」がそれにあたります。その結果から、インターネット広告がユーザーの目に触れることで、商品認知度や好意度が確実に上昇することが証明されています。

　ただし、広告が不適切な媒体・コンテンツに掲載された場合は、むしろ企業や商品への好意度が減衰するという調査結果もあります。いずれにせよ、インターネット広告によってユーザーの心理変容がもたらされることは確かであり、それをプラスの方向に導くことが重要です。広告宣伝目的でキャンペーンを計画する場合には、クリエイティブ表現はもちろんのこと、掲載先の品質やコンテンツにも十分気を配る必要があるといえるでしょう。また、販売促進が主目的のキャンペーンであったとしても、企業や商品のイメージダウンがもたらす中・長期的なマイナス影響を侮ってはいけません。

第 **2** 章

インターネット広告の25年

インターネット広告の未来を展望するために、本章では歴史を紐解いて、現在地を確認します。1990年代半ばの黎明期から、検索連動型広告やさまざまなターゲティング技術の進化を経て今に至る道のりを振り返ってみましょう。

2-1 インターネット広告の誕生

黎明期のインターネット広告

　インターネット広告の発祥はアメリカです。1994年10月27日、雑誌「Wired」のオンライン版「HotWired」に、14社分のバナー広告が掲載されたのが始まりとされています 図表2-01 。課金システムが確立されていない当時、インターネットで事業の収益化を図ろうとするとき、広告は最も現実的な手段でした。

　日本でのインターネット広告元年は、1996年といわれています。その前年の1995年には、Microsoftが「Windows 95」を発売し、PCやインターネットが普及し始めようとしていました。電話回線によるインターネット接続料が高額になるのを回避できるサービスとして、NTTが深夜から早朝に限定した定額制の通信サービス「テレホーダイ」を開始したり、新聞の電子版として読売新聞社の「YOMIURI ONLINE」や朝日新聞社「asahi.com」などが立ち上がったのも1995年です。国内インターネットの夜明けといえるでしょう。

　そして1996年には、米国Yahoo!（当時）とソフトバンクが合弁でヤフー株式会社（以下、ヤフー）を設立し、「Yahoo! JAPAN」を開始しました 図表2-02 。急増するWebサイトへのリンクをカテゴリーごとに分類したディレクトリー型検索エンジンを基盤に、ニュースや天気などのさまざまなサービスをそろえて、ポータル（玄関）サイトとして多くのインターネット利用者に支持されていきます。

　メディアとして人気が高まれば、そのメディアを活用した広告やマーケティングの可能性にも期待が高まります。1996年、電通とソフトバンクはインターネット広告を専門的に扱うサイバー・コミュニケーションズ（CCI）を設立しました。博報堂や旭通信社（現在のADK）などがデジタル・アドバタイジング・コンソーシアム（DAC）を設立したのも同年です。両社はいわ

ゆるメディアレップとして、媒体社にとっては広告の販売窓口、広告会社にとっては広告の買い付け窓口として機能しました。メディアレップとは、媒体社の代理（Representative）を意味しており、広告ビジネスに精通した人材が不足していたインターネット媒体には必要な役割でした。

図表2-01 世界初のバナー広告

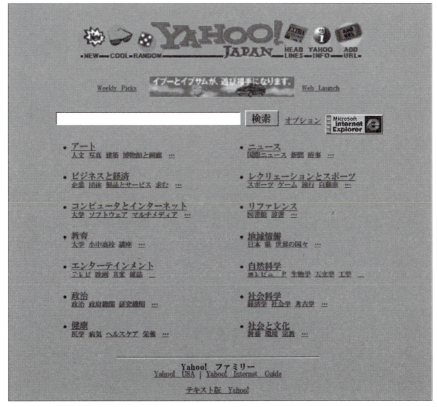

1994年10月27日、雑誌「Wired」のオンライン版「HotWired」に掲載されたとされる世界初のバナー広告
出典：The First Banner Ad
http://thefirstbannerad.com

図表2-02 1996年当時の「Yahoo! JAPAN」トップページ

タイトルのすぐ下に広告枠があった

インターネット広告市場の拡大

　電通は、毎年「日本の広告費」で媒体別の広告費を発表していますが、インターネット広告費は1996年から推計対象としています。それによると、1996年の日本のインターネット広告費は16億円。1997年には60億円、1998年には114億円と急増していきますが、2兆円に迫る規模となった現在から振り返ると、隔世の感があります。

　黎明期の市場規模の小ささからは、牧歌的な商取引を想像してしまいがちですが、当時の実態は必ずしもそうではありません。市場をゼロから創り出す、開拓者としての苦労がありました。そもそもインターネット広告の規格や、取引のルールを作るところから始めなければいけません。1999年にインターネット広告推進協議会（現在のJIAA）が発足してからは、各種ガイドラインの策定が進み、取引の標準化が加速しました。

　先行するアメリカの市場が参考になるとはいえ、日本の事情を考慮しなくてはなりません。また、メディア環境の変化や技術の進歩が著しいため、新しい課題は次々と生まれ、既存のルールは絶えず見直しが必要になります。この傾向は現在まで続いており、それは他の広告メディアにはない困難であり、面白みでもあります。

　黎明期は、インターネット広告について広告主側の理解を促進することも、課題となりました。初期に興味を持ったのは、自動車や通信など、男性ビジネスパーソンを中心とする当時のインターネット利用者属性と相性のいい広告主です。クリックしてもらうことにより詳細な情報を提供できることが、他メディアにない特長だったので、クリックとその先の申し込みなど、ダイレクトレスポンスを目的とした広告が中心でした。少額の試験的な取り組みを経て手応えをつかんだ広告主は、次第に予算を増やしていきました。

　1999年には、日本広告主協会（現在の日本アドバタイザーズ協会）がインターネット広告の課題や効果などを研究する専門組織としてWeb広告研究会を発足させ、広告主側の取り組みは加速しました。当初は、テレビや新聞の広告宣伝予算とは異なる販促予算でインターネット広告を実施する広告主が多かったようですが、その後ブランディングにも活用できる広告メディアとし

ての評価が確立してくると、マスメディア用の広告宣伝予算がインターネットにも割かれるようになり、さらに市場が拡大していきました。

図表2-03 媒体別広告費の推移

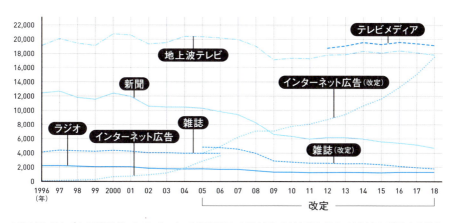

1996年にはわずか16億円だったインターネット広告費は、2004年にラジオ広告費を、2006年に雑誌広告費を、2009年に新聞広告費を上回った。なお、インターネット広告費は推計範囲が改定されており、2004年までは媒体費のみ、2005年以降は媒体費に加え製作費が計上されている
出典：電通「2018年 日本の広告費」

2-2 検索連動型広告の登場

検索結果に表示される「検索連動型広告」

　検索されたキーワードやフレーズに基づいて、検索結果ページに表示される広告を、検索連動型広告と呼びます。検索広告やリスティング広告と呼んだり、SEO（Search Engine Optimization、検索エンジン最適化）も含む概念としてSEM（Search Engine Marketing）と呼んだりすることもあります。

　検索連動型広告の仕組みは、1997年にアメリカで設立されたGoTo.com（後にOverture Servicesと改称し、2003年に当時の米国Yahoo!が買収）が発明しました。Googleが法人として立ち上がる1998年より前の出来事です。類似の競合サービスが立ち上がっても、GoTo.comは特許の強みやYahoo!との連携で勢力を維持しました。しかし、検索エンジンとしてGoogleの人気が高まるにつれ、後塵を拝するようになりました。

　日本ではOverture（日本法人は2009年にヤフーが吸収合併）やGoogleが、2002年から検索連動型広告のサービスを開始しました。検索サイトとしてYahoo! JAPANとGoogleの市場占有率が高いため、検索連動型広告もその2社が双璧です。企業規模を問わず、クレジットカードさえあれば個人でも利用できるため、検索連動型広告によりインターネット広告の広告主の裾野は広がりました。

　一般的なインターネット広告は、不特定多数の消費者に半ば強制的に届けられる、いわばプッシュ型の広告です。一方、検索連動型広告は、検索した消費者から引き出される、プル型の広告です。プル型の検索連動広告は、大規模なリーチは期待しにくいものの、欲求が顕在化した瞬間にアプローチできる手段として、広告主から支持されています。例えば、「自動車保険」と検索する人は自動車保険に興味があるからこそ、そのように検索するわけです。「自動車保険 見積もり」と検索する人は、自動車保険の契約更新を控え、今まさに見積もりを取りたい瞬間なのでしょう。一般的な広告では、自

動車保険に興味のありそうな消費者にターゲティングできても、見積もりを取りたい瞬間だけをターゲティングすることは困難です。そのような瞬間を捕捉して訴求できること、およびクリックごとの課金であることなどが、効率的な広告手法として評価されています。

図表2-04 検索連動型広告のイメージ

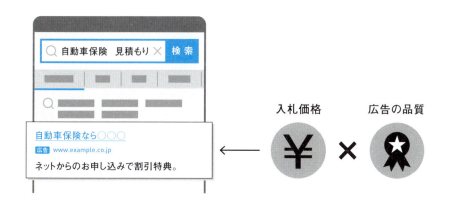

検索したキーワードやフレーズに応じて、広告が表示される。広告の掲載順位は、入札価格だけでなく、広告の品質（キーワードと広告やランディングページの関連性、クリック率など）も加味されて決まる

検索連動型広告の進化

　2005年ごろからは、検索連動型広告がテレビ広告や新聞広告といったマスメディアと組み合わせて利用されることも一般的になりました。マスメディアで「○○と検索」と呼びかけ、そのキーワードで検索連動型広告を実施する手法です。広く認知を獲得することが得意なマスメディアと、購買への後押し（いわゆる"刈り取り"）に有効な検索連動型広告の組み合わせは、互いの役割を補完するものとして、キャンペーンプランニングの定石となりました。

　また検索連動型広告は、インターネット広告にオークションの概念を持ち込みました。広告主が、必要なキーワードやフレーズに、希望する価格を入

札し合うと、それに応じて広告の表示位置やクリック単価が決まります。広告主側の裁量で予算や成果を調整しやすい仕組みは、各種条件を固定して予約していた旧来型の広告取引とは異なるもので、インターネット広告の世界に新たな風を吹き込みました。後に運用型広告と分類されていく手法の先駆けでした。

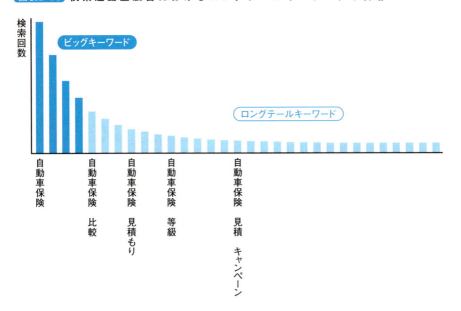

図表2-05　検索連動型広告におけるロングテールキーワードの攻略

検索連動型広告では、検索回数の多いビッグキーワードに入札すると多数のクリックを獲得できるが、価格は高騰しがちでコンバージョン率（登録や購入といった期待する成果に結び付く割合）は低めになる。ロングテールキーワード（スモールキーワードとも呼ばれる）に入札すると、価格を抑えつつ高いコンバージョン率を期待できる

2-3 ターゲティングの進化

利用者ごとに広告を出し分けるターゲティング

インターネット広告の歴史は、ターゲティングの歴史といっても過言ではありません。最も原始的なインターネット広告は、Webページに直張りされたものです。HTMLソースに広告ファイルのパスが直接記述されると、新聞や雑誌と同じように、編集コンテンツと広告は一体となって届けられます。もし、そのまま進化しなかったら、インターネット広告は新聞広告や雑誌広告のようなターゲティングしかできなかったでしょう。つまり、媒体選定によるターゲティングはできても、同じサイトの同じページでは、すべての利用者に同じ広告を表示することになっていたでしょう。

しかし、アドサーバーと呼ばれる、インターネット広告の配信に特化したサーバーが生まれたことにより、編集コンテンツと広告は別々のサーバーから配信され、利用者の画面上で組み合わさって表示されるようになりました。これにより、同じサイトの同じページでも、利用者ごとに異なる広告を表示できるようになりました。新聞や雑誌では、すべての読者が同じ広告を目にするわけですが、インターネットでは利用者ごとに異なる広告を目にするのです。また、同じ利用者でも、アクセスするたびに異なる広告を目にします。

アドサーバーの技術により、会員制のWebサイトであれば、利用者の登録属性に応じたターゲティングができました。会員制サイトでなくても、利用者のIPアドレスから地域を判別して広告を出し分けたり、ドメイン名から会社員か学生かなどを判別して広告を出し分けたりすることができました。利用時間帯や通信速度に合わせて広告を出し分けることもできました。利用者を識別できるクッキーなどの技術を併用することにより、利用者ごとの広告接触回数に上限を設けたり、広告接触回数に応じて異なる広告を順序立てて表示したりすることもできるようになりました。

媒体社が持つデータ以外でも、広告主が保有するユーザーデータ（1st Party Data）や、第三者が管理するオーディエンスデータ（3rd Party Data）を用いた広告配信も増え、ターゲティングの精度は向上しています。

ページの内容と連動するコンテンツ連動型広告

このような利用者ごとのターゲティングと並行して、コンテンツごとのターゲティングももちろん進化しました。コンテンツごとのターゲティングは、自動車情報サイトやポータルサイトの自動車情報面に自動車の広告を掲載するような、原始的なターゲティングから始まりました。コンテンツと関連性の高い広告を表示する、コンテンツ連動型広告の技術が出現すると、Webサイト単位でなくページ単位で、より動的にターゲティングできるようになりました。例えば、それが新聞社サイトでも個人ブログでも、株価について書かれたページに証券会社の広告を表示したり、旅行について書かれたページに航空会社の広告を表示したりできます。コンテンツと広告のマッチングは、キーワードで一致させる初歩的なものから、さらに前後の文脈（コンテキスト）を読み取って適合させるものに進化していきました。Googleが世界最大のアドネットワークを構築できたのは、検索エンジンを開発する過程で高度な文脈解析技術を保有していたからでしょう。

行動履歴と連動した行動ターゲティング広告

アドサーバーの進化とともに、このような広告のターゲティング技術は発展し、2000年代後半には行動ターゲティングが人気となりました。行動ターゲティングとは、Webサイトの閲覧履歴や検索履歴、広告への反応履歴、ECサイトでの購買履歴などによるターゲティングです。例えば自動車関連サイトの閲覧履歴がある利用者を、自動車に興味のある利用者と見なし、自動車関連サイト以外でも自動車の広告を表示する、ということができます。広告主である自動車メーカーのサイトの閲覧履歴がある利用者に再訪問を促すような、いわゆるリターゲティングも、行動ターゲティングです。自動車に限

らず、購買までの意思決定に時間のかかる商品カテゴリーでは行動ターゲティングが特に有効で、多くの広告主がその費用対効果を評価しました。媒体社も広告在庫の収益性を高める手段として行動ターゲティングに注目し、競って商品化しました。媒体社は、一般的には価値の高くない広告在庫でも、行動ターゲティングで販売することにより値崩れや売れ残りを減らすことができました。また、他社サイトで配信された広告でも、自社サイトの行動履歴に基づいてターゲティングされたものであれば、行動履歴データの提供料として広告収益の分配を受けることができました。

図表2-06 さまざまなターゲティング

高度なターゲティングができるのがインターネット広告の特長。ヤフーの「Yahoo! ディスプレイアドネットワーク」で可能なターゲティングの一覧
出典：ヤフー　https://promotionalads.yahoo.co.jp/online/navi0.html

第2章／インターネット広告の25年　35

ターゲティングとソーシャルネットワーク

2000年代後半はまた、ブログやソーシャルネットワークが流行し、個人による情報発信が急増した時期でもあります。広告ビジネスの視点からすると、それはプロによって編集されたコンテンツに付随しない広告在庫の急増であり、一般的には価値の高くない広告在庫の急増と言い換えることもできます。コンテンツターゲティングや行動ターゲティングは、ソーシャルネットワークの広告在庫を収益化する手段の一つでしたが、さらなるイノベーションが必要でした。

広告によるソーシャルネットワークの収益化に世界的に成功したのは、Facebookでした。Facebookは2008年に日本語版を公開し、2010年には日本法人を立ち上げ、国内の事業を強化していきました。Facebookは利用者の登録属性はもちろん、「いいね！」やシェアなどの行動を広告をターゲティングする材料としました。これらの行動は、単純な閲覧より能動的で明確な興味の信号であるため、広告をターゲティングする効果が期待できました。また、膨大な利用者を抱えることにより、高度に細分化されたターゲティングの区分を提供できました。利用者同士が友人関係にあることは、ターゲティングの範囲を友人にまで拡張することや、友人からの推奨情報を広告に付加することに利用できました。動画再生やクリックといった広告の目的に応じて、その目的に合致した利用者に優先的に広告を配信するようなアルゴリズムも開発しました。ターゲティング以外でも、Facebookはインターネット広告に多くのイノベーションをもたらし、世界的にはGoogleに次ぐインターネット広告売り上げのある企業に成長していきました。

ターゲティング広告のガイドライン

ターゲティングが進化すると消費者ごとに興味を持ちやすい広告が表示される機会が増えます。しかし消費者は必ずしもそれに満足していません。なぜこの広告が表示されるのかと自分の情報の取り扱いに不安を抱いたり、同じ広告に追い回されることを不快に感じたりすることも増えたからです。そ

のような課題に対応すべく、JIAAは2004年に「プライバシーポリシーガイドライン」を、2009年に「行動ターゲティング広告ガイドライン」を制定しています。2014年からは、行動ターゲティング広告に共通のアイコンを表示する「JIAAインフォメーションアイコンプログラム」も展開しています。これは広告に「インフォメーションアイコン」を表示して、広告を表示している事業者・サービスの情報の取り扱いを確認したり、ターゲティングを停止（オプトアウト）しやすくする取り組みです。媒体社によっては、より積極的に広告へのフィードバックを受け付けています。消費者の情報の取り扱いについて透明性を高めたり、ターゲティングから除外される機会を提供したりすることは、今後もますます求められていくでしょう。

図表2-07 JIAAインフォメーションアイコン

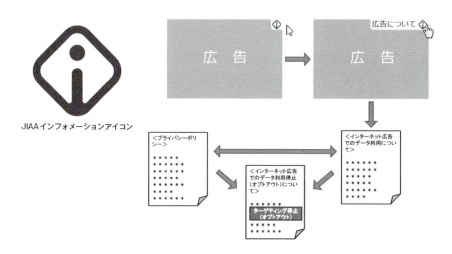

広告内や広告周辺に表示されるこのアイコンをクリックすることで、利用者は情報の取り扱いについての説明を確かめたり、ターゲティングの無効化（オプトアウト）を求めたりすることができる

2-4 予約型から運用型へ

「運用型広告」という区分の登場

　電通の「日本の広告費」は2012年以降、インターネット広告媒体費に占める運用型広告の割合も発表しています。それによると2012年に51％だった運用型広告の割合は、2018年には8割前後に達しています。「日本の広告費」における運用型広告の定義は「膨大なデータを処理するアドテクノロジーを活用したプラットフォームにより、広告の最適化を自動的にもしくは即時的に支援するような広告手法」です 図表2-08 。「日本の広告費」では検索連動型広告も運用型広告に区分されますが、狭義の運用型広告は検索連動型広告と区別されることもあります。運用型広告の一般的な対義語は予約型広告で、それは掲載先媒体、掲載金額、掲載期間などを、発注時に確約する広告を指します。

　補足すると、運用型広告は掲載先媒体、掲載金額、掲載期間などを事前には確約せず、掲載開始後の運用によって柔軟に変更していきます。広告主や広告会社に広告管理画面が提供されていることが多く、そこで広告の成果を確認しながら、自由に予算配分を調整したり、クリエイティブを差し替えたりできます。このような広告の成果を最適化させる業務を行うことを、運用と呼びます。

図表2-08 電通「日本の広告費」による運用型広告の定義

運用型広告とは
膨大なデータを処理するアドテクノロジーを活用したプラットフォームにより、広告の最適化を自動的にもしくは即時的に支援するような広告手法のこと。検索連動広告のほか、新しく登場してきたアドエクスチェンジ／SSP／DSPなどが典型例。また一部のアドネットワークもこれに含まれる。なお、枠売り広告のほか、タイアップ広告やアフィリエイト広告などは、運用型広告には含まれない
（出典：電通「2012年 日本の広告費」）

検索連動型広告、およびデジタル・プラットフォーム（ツール）やアドネットワークを通じて入札方式で取引されるもの
（出典：D2C／CCI／電通「2018年 日本の広告費 インターネット広告媒体費 詳細分析」）

図表2-09 日本広告業協会による運用型広告の定義

運用型広告とは
配信先の端末を問わず、ディスプレイ型（バナー、テキストなど）とリスティング型（検索キーワード連動型広告、コンテンツ連動型広告）ネット広告の出稿・配信・媒体掲載等において、各サービス事業者等が提供する管理画面を用いて「運用」を行う広告業務と商品のこと
（出典：日本広告業協会「インターネット広告における運用型広告取引ガイドライン」）

運用とは
あらかじめ設定した目標値を達成するために、①媒体やキーワード等の選定、②入札、③広告原稿の入稿、④リンク先、⑤広告配信等の初期設定と柔軟な変更を実施し、必要なレポーティングをすることを言い、これは、出稿量および媒体費用、広告効果などの情報を取得し、評価指標と比較しながら各種設定要素を調整し、最適化を行うことで実現させること
（出典：日本広告業協会「インターネット広告における運用型広告取引ガイドライン」）

運用型広告については、本文中で引用した電通の定義とは別に、日本広告業協会の定義もある

ディスプレイ広告の進化

　「日本の広告費」で運用型広告の分類が登場した2012年ごろは、検索連動型広告が運用型広告の中心でした。しかし、バナー広告などのディスプレイ広告でも運用型広告が普及していきました。検索連動型広告の登場については先に触れたので、ここではディスプレイ広告で運用型広告が生まれるまでの変遷を紹介します。

インターネット広告の黎明期、ディスプレイ広告は個別の媒体社がそれぞれ自社の広告枠を販売していました。広告主は、媒体や掲載面を選択して広告を購入していました。しかし、キャンペーンの規模を大きくしようとすると、仕様の異なる複数媒体の組み合わせを検討して、各社に発注や入稿をする必要があり、その煩雑さは負担でした。また、媒体社にとっても、広告在庫の売れ残るリスクが大きいことが課題でした。

それを解決したのがアドネットワークです。アドネットワークは、複数媒体の広告枠を束ねて販売し、アドネットワークのアドサーバーから一括して広告を配信します。広告主からすると、個別媒体を選択しなくてもワンストップでキャンペーンを実施できる利点があります。媒体社にとっても、販売の手間を省き広告在庫の売れ残るリスクを抑えることができます。初期のアドネットワークは2000年以前から存在しましたが、そこから10年ほどかけて進化していきました。広告在庫に別の価値を付加して販売するために、ターゲティングや配信を最適化する技術を追求していったのです。しかし、広告主としては、広告目的に合わない掲載面やターゲットへの配信を排除し切れないことが不満でした。媒体社も広告在庫が安く買われることによる収益性の低さが課題でした。

次いで2010年ごろからはアドエクスチェンジが注目されました。アドエクスチェンジは、多数の媒体社やアドネットワークとつながっている広告取引市場です。広告主はターゲットを指定し、広告単価としてCPM（1,000インプレッション当たりの費用）を入札します。広告枠の1インプレッションごとにリアルタイムでオークションが行われ、入札価格と広告のパフォーマンスの良しあしによって表示される広告が決まるようになりました。

広告取引のさらなる進化

アドエクスチェンジやアドネットワークといった広告取引チャネルが乱立した状況において、それらを一括管理して広告をより効率的に買い付けるための需要側向けのプラットフォームとして、DSP（Demand Side Platform）が生まれました。一方で媒体社の広告在庫の収益向上を支援する供給側向けのプ

ラットフォームとして、SSP（Supply Side Platform）も生まれました。必要な広告だけを任意の価格で買おうとするのがDSP、多くの広告在庫を高く売ろうとするのがSSPです。多数のDSPとSSPは次々と直接つながり、RTB（Real Time Bidding）と呼ばれるリアルタイム入札による取引は急速に普及していきました。広告主は、旧来の取引より透明性が高く、主体的に広告の買い付けを管理できることを評価しました。媒体社も、広告在庫の価値が適切な価格に反映され、収益に結び付く手応えを感じていました。

アドエクスチェンジは、株式を売買する証券取引所に例えられることがあります。ミリ秒単位で瞬時に行われるリアルタイム入札も、証券取引所のシステムを連想させます。実際、2008年のリーマンショックを契機に、金融工学に精通したエンジニアが金融業界から広告業界に流入し、広告のリアルタイム入札の仕組みを開発したといわれています。このリアルタイム入札をはじめとする、複数のプラットフォームによる自動的な広告の取引は、プログラマティック取引とも呼ばれます。

「枠から人へ」の潮流と課題

このように、検索連動型広告と同じ入札の仕組みが取り入れられたところから、ディスプレイ広告にも運用の概念が広まったのですが、広告取引の機械化や自動化が進んでも、広告主や広告会社が判断して運用すべきポイントは残っています。むしろ、運用の概念がなかったころより、配慮すべきことは増えています。

ディスプレイ広告の取引の進化は、「枠から人へ」という言葉で表現されることがあります。これは「広告の目的は、広告枠に広告を表示することではなく、ターゲットに広告を届けることだ」という考え方です。行動ターゲティングが流行するあたりから、DSPとSSPによるリアルタイム入札が普及するまでの進化は、まさにこの広告主の目的に応えるものであり、「枠から人へ」という説明がしっくりきます。

そして「枠から人へ」の流れは現在、品質面での修正が必要になってきています。広告主と媒体社の中間にはDSPとSSPだけでなく、アドエクスチェ

ンジやアドネットワーク、広告のインプレッションに利用者属性を付加するDMP（Data Management Platform）など、多数の事業者が複雑に入り組んでいて、広告費がどのような事業者にどれだけ配分されるのか把握するのは困難になっています。「枠から人へ」を追求し過ぎて、枠（掲載面）の評価も手薄になりがちでした。ビューアビリティ（視認可能性）の把握（第4章で詳述）、アドフラウドの排除（第6章で詳述）、ブランドセーフティの確保（第6章で詳述）など、広告を運用する上での新たな課題も出現しています。

また、広告主の目的もただターゲットに広告を届けるだけではなく、どのようなタッチポイントにおいてエンゲージメントを高めるのかも考慮するべきで、その場合は広告が掲載される媒体や枠の選定も重要です。これらの課題を解決して、より良い「枠」と「人」に効果的に広告を配信することが期待されています。

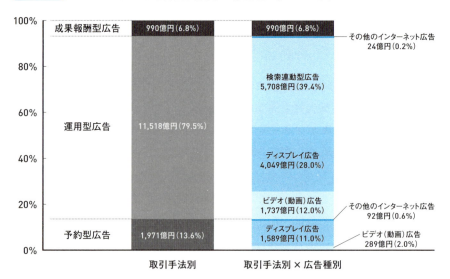

図表2-10 インターネット広告媒体費の構成比（2018年）

検索連動型広告を含めた運用型広告が、市場規模の8割に達してきている
出典：D2C／CCI／電通「2018年 日本の広告費 インターネット広告媒体費 詳細分析」

2-5 広告フォーマットの多様化

表現技術の進化

インターネット広告は、ターゲティング技術や取引方法の進化が注目されがちですが、フォーマットも進化しています。

インターネット広告の黎明期、ディスプレイ広告は静止画やGIF形式の簡単なアニメーションが中心でした 図表2-11 。インターネット回線の帯域幅が狭い、いわゆるナローバンドの時代だったので、広告の寸法や容量にも厳しい制限がありました。ファイルをできるだけ軽くするため、画質は粗く、色数は少なく、動きも滑らかではありませんでした。それでも広告が表示されるまでに時間がかかったり、広告の読み込みが止められたりすることがあったので、ディスプレイ広告は代替テキスト（ALTテキスト）と一緒に入稿するのが一般的でした。代替テキストとは、広告画像が表示されなかったときに代わりに表示される文字です。

ディスプレイ広告のクリエイティブを進化させたのは、Macromedia（後にAdobeが買収）が開発したアニメーション技術「Flash」です。ベクターイメージを使用する規格で、ファイルの容量を抑えつつ、高画質で滑らかなアニメーションを表現できる特長がありました。プログラミング機能の強化により、高度なインタラクションを実現できるようになり、動画配信にも対応していきました。このFlashを利用したディスプレイ広告は2000年代から増加し始め、2010年ごろまでには一般的な形式として広く普及しました。しかし、その後は動作上の負荷やセキュリティ問題を考慮して、主要ブラウザーや広告事業者はプラグインの不要な代替技術であるHTML5を推奨するようになり、2010年代後半にはFlash形式の広告は急速に下火となりました。Adobeは2020年にFlashの提供サポートを終了する予定です。

このFlashとともに、ディスプレイ広告を進化させたのは、インターネット回線のブロードバンド化です。総務省の「平成13年版 情報通信白書」は、

第2章／インターネット広告の25年　43

2001年をブロードバンド元年としています。ヤフーがADSLサービスに参入したのもこの年です。2010年までには、自宅からのインターネット利用の約8割がブロードバンドになりました。常時高速接続が普及するとともに、広告の寸法や容量の制限も緩和されていきました。

図表2-11 初期のバナー広告

ヤフーは「Yahoo! JAPAN」の公開初年の掲載広告を対象に、「'96あなたが選ぶ広告バナー大賞」という広告賞を実施。このトヨタ自動車の広告が大賞を受賞した

リッチメディア広告と動画広告

　Flashとブロードバンドによって、表現力が豊かになったディスプレイ広告は、リッチメディア広告と呼ばれました。2000年代の前半からはマウスポインターの動きに反応して拡大するエキスパンド広告や、Webページのコンテンツ上を浮遊するフローティング広告が流行しました。このようなリッチメディア広告は、ブランディング目的の広告需要を掘り起こす手段として注目されました。クリック率も高かったので、ダイレクトレスポンス目的の需要もありました。しかし、媒体社とクリエイティブを調整する準備が煩雑であることや、ユーザビリティを阻害するとの批判から、次第に下火になりました。近年はユーザビリティの保護やより良い広告体験がさらに重視されるようになりました。ポップアップ広告や不意に音声が自動再生される広告などは、インターネット広告業界として非推奨なだけでなく、一部のブラウザーでは排除されるようになっています。

　一方、リッチメディア広告の流行を追いかけるように、動画広告も出現してきました。2000年代前半はバナー広告枠に動画広告を配信しようとする取り組みがありました。当時は動画コンテンツがほとんどなかったので、動画広告を動画コンテンツに挿入するのではなく、バナー広告枠に配信しようと

しました。しかし、ブロードバンドが十分に普及していなかったので、利用者ごとに帯域幅を判定して最適な容量の動画広告を配信する工夫をしても、利用者からは批判的な反応がありました。また、動画広告の配信単価も高く、なかなか普及しませんでした。その後2005年にUSENが「GyaO」を、2007年にGoogleが「YouTube」の日本語版を公開してからは、動画コンテンツに動画広告を挿入する方法が徐々に普及していきました。スキップできる動画広告や6秒の短尺な動画広告など、利用者に受容されやすいフォーマットが開発されたこともあり、市場は拡大を続けています。

ネイティブ広告

　そして、近年のインターネット広告の成長を動画広告とともに牽引しているのが、ネイティブ広告です。JIAAではネイティブ広告を「デザイン、内容、フォーマットが、媒体社が編集する記事・コンテンツの形式や提供するサービスの機能と同様でそれらと一体化しており、利用者の情報利用体験を妨げない広告」と定義しています。例えばFacebookやTwitterのフィード（友人などの投稿の並び）に挿入される広告は、インフィード広告と分類されるネイティブ広告の一種です。友人の投稿と同じフィード上に表示されるからこそ、注目されやすく、反応されやすいという特長があります。

　また、ニュースサイトでニュースの見出しが並んでいるところに同じ形式で広告を挿入したり、ショッピングサイトで推奨商品が並んでいるところに同じ形式で広告を挿入したりするのも、ネイティブ広告です。

　そしてネイティブ広告では、記事・コンテンツと同一のフォーマットで表示されるからこそ、「広告」や「PR」と明記をし、広告である旨を明示することが不可欠です。それが媒体と広告の信頼を守ることになります。

レスポンシブ広告

　PCとモバイルを横断して多数の掲載面での広告配信機会を活かすために、かつては多数の広告枠に合わせた多数のサイズの広告を制作して入稿する必

要がありました。それは業務効率を低下させる課題でしたが、レスポンシブ広告の普及でかなり解決しました。レスポンシブ広告とは、単一または少数の原稿を用意するだけで、広告枠に合わせて広告のサイズ、表示形式、フォーマットなどが自動で調整される広告です。レスポンシブ広告は、制作や入稿の業務効率だけでなく、広告のパフォーマンスも向上させました。小さな費用で大きな効果が期待できる配信機会なのに最適なクリエイティブがない、という機会損失を回避できるからです。

ダイナミック広告

　このようにインターネット広告のフォーマットが進化する中で、配信技術の発展によりターゲットごとに広告クリエイティブをカスタマイズすることができるようになりました。行動履歴などに基づく高度なターゲティングもできるようになるにつれ、個々の利用者に最適な表現を提示する需要は高まりました。そこで生まれたのがダイナミック広告です。商品カタログの情報やクリエイティブの素材を登録しておくことにより、個々の利用者に合わせて最適なクリエイティブを動的に生成して配信するもので、ショッピングサイトなどがよく採用しています。クリエイティブの生成や最適化を自動化する分野は、今後も人工知能の進化とともに発展していきそうです。

2-6 モバイルの変遷史

モバイル広告の登場

　フィーチャーフォン（ガラケー＝ガラパゴス携帯電話）からスマートフォンへのシフト、およびPCからモバイルへのシフトといったデバイスの変遷も、インターネット広告市場を劇的に変化させました。

　日本でのインターネット広告元年が1996年なら、モバイル広告元年は2000年でしょう。1999年に携帯電話IP接続サービス「iモード」を開始したNTTドコモは、2000年にはその「iモード」の広告を扱う企業として、電通やNTTアドと共同でディーツー コミュニケーションズ（後にD2Cと改称）を立ち上げました。KDDIやJ-フォン（後のボーダフォン、ソフトバンクが買収）も、それを追うようにモバイル広告のメディアレップを立ち上げました。つまり、黎明期のモバイル広告市場は、携帯電話キャリアの意向が反映されながら形成されたのです。

　当時、携帯電話向けのバナー広告はPC向けのそれと区別するためにピクチャー広告と呼ばれ、PC向けとは別の規格が整備されました。携帯電話は機種ごとに画面の解像度が異なっていたので、同じ広告でも複数の寸法で入稿する必要がありました。広告をクリックしたときのレスポンス方法は、Web to（Webサイトへのリンク）、Phone to（音声通話に切り替え）、Mail to（メールソフトを起動）が指定できました。

　携帯電話向けの広告は、PC向けの広告より寸法が小さく、画質も低いものでした。しかし、クリック率はPC向けの広告より高めでした。携帯電話向けの広告は画面に占める割合が高いことや、カーソルが広告上を通過するため目立ちやすいことなどが要因としてあげられます。携帯電話はメールが着信するたびに音や振動が発生するので、メール広告のクリック率も高めでした。携帯電話は隙間時間の暇つぶしツールとして利用されることも多く、利用シーンそのものがPCとは異なること、および携帯電話が外出先でも肌身

図表2-12 インターネット広告年表

西暦	1994	1995	1996	1997	1998	1999	2000	2001	2002	2003	2004	2005
インターネット広告費（億円）	—	—	16	60	114	241	590	735	845	1,183	1,814	3,777*

インターネット環境／インフラ

IP接続 ／ 定額・常時接続 ／ ブロードバンド

- IIJ ダイヤルアップ IP接続サービス開始
- フレッツADSL常時接続サービス開始
- NTT「テレホーダイ」開始
- Yahoo! BBサービス開始

モバイルインターネット ／ 定額接続

- NTTドコモ iモード開始
- NTTドコモ3Gサービス開始

端末・OS・ブラウザー

- Windows 95発売（WebブラウザーIEを標準搭載）
- Webブラウザー Safariリリース

メディア／サービス

コンテンツメディア

- YOMIURI ONLINE、asahi.com他 誕生

検索サービス（ポータル）

- Yahoo! JAPAN他 ポータルサイト誕生
- Google 日本語検索サービス開始

動画配信

- YouTube誕生
- GyaO誕生

CGM・ブログ

広告

プロダクト

ディスプレイ広告（バナー広告、テキスト広告）

- 日本初バナー広告(asahi.com)

サーチワード広告 ／ **検索連動型広告**

- Google Adwords、Overture日本事業開始

リッチメディア広告

動画広告

アドテクノロジー

- メール広告
- アドサーバー
- データ活用 ／ デモグラフィックターゲティング
- アドネットワーク

取引方式

- 予約型
- 運用型

	2006	2007	2008	2009	2010	2011	2012	2013	2014	2015	2016	2017	2018	2019
	4,826	6,003	6,983	7,069	7,747	8,062	8,680	9,381	10,519	11,594	13,100	15,094	17,589	?

● 4G LTE　　　　　　　　　　　　　　(5G)

スマートフォンシフト

● iPhone日本発売　　● スマートフォン出荷台数がフィーチャーフォンを超える

● Webブラウザー Chromeリリース

● Android端末日本発売

スマートフォン対応

● YouTube日本版公開

SNS

● Twitter、Facebook日本版開始

キュレーションメディア

スマートフォン対応

SNS広告

インフィード広告／ネイティブ広告

行動ターゲティング　　　　リターゲティング　　DMP（Data Management Platform）

アドエクスチェンジ　　DSP（Demand Side Platform）　　SSP（Supply Side Platform）

RTB（Real Time Bidding）　　　　PMP（Private Marketplace）

*インターネット広告費は推計範囲が改定され、2004年までは媒体費のみ、2005年以降は媒体費に加え制作費が計上されている

離さず持ち歩かれ消費の現場の近くに存在することは、モバイル広告の独自の価値として評価されました。

モバイルシフトの本格化とこれから

「日本の広告費」によると、モバイル広告費は2009年に1,000億円を突破しています。通信回線の高速化やパケット定額制の普及は、モバイル広告の成長を後押ししました。携帯電話の先進国だった日本は、モバイル広告の分野でも世界の最先端を走っていました。

2008年にAppleが「iPhone」の国内販売を開始してからは、スマートフォンが人気となり、2013年にはスマートフォンの出荷台数がフィーチャーフォンのそれを上回りました。それに伴い、国内携帯電話キャリアが主導したフィーチャーフォンによる閉じたインターネットは、世界標準の開かれたインターネットに移行していくことになりました。スマートフォンではブラウザーよりアプリが利用の中心となり、アプリ向けの新たな広告市場が生まれましたが、PCサイトとモバイルサイトの境界は消えていき、インターネット広告もPC向けとモバイル向けを区別せずに実施できるものが増えていきました。

各種統計でPCによるインターネット利用は減少し、モバイルへのシフトが続いています。D2C、サイバー・コミュニケーションズ、電通の共同調査（2019年）によると、モバイル広告費は2015年からデスクトップ広告費を上回り、インターネット広告費に占めるモバイル広告費の割合は2018年には7割を超えています。今後、超高速大容量や低遅延などを特徴とする第5世代移動通信システム（5G）が登場すると、モバイルのコミュニケーションがよりリッチになるだけでなく、家電などさまざまなアイテムがネットワークにつながり、新たなマーケティングや広告が生まれてくるかもしれません。

歴史を読み解く意義

現在と未来を見通すために

　本章ではインターネット広告の歴史を振り返ってきましたが、ただ過去を懐かしむ目的で歴史を紹介したわけではありません。日進月歩のインターネット広告の世界で、過去を振り返っても仕方がないという意見もあるかもしれませんが、過去について見識を持つことは、現在の状況を正しく判断し、未来を予測することに役立つでしょう。

　インターネット広告の分野には多数の事業者が存在し、新技術、新機能、新サービスを続々と世に送り出しています。日々、大小さまざまなニュースであふれています。過去を理解しなければ、本当に価値のあるニュース、注目すべきニュースを見極めることができず、目先の変化に右往左往してしまうでしょう。仮に短期的な流行をつかむことができても、中長期の潮流を見極め、継続的に成長することは難しいでしょう。

　歴史を学ぶというと、ついつい学生時代の、歴史年表の暗記をイメージしてしまい、その学ぶ意義をイメージしづらいかもしれません。

　しかし歴史は、人が生きた証しであり、その登場人物がいろいろと判断をし、行動をした結果ということができます。人生とは判断の連続であり、その意味で過去の人々がどのような判断を下したのか、その背景や考え方を知ることが有意義だといえます。

　例えば、今や検索エンジンの代名詞となったGoogle。しかし世界最初の検索エンジンはGoogleではありませんでした。Google登場前の検索エンジンは精度が低く、検索ワードを入力してもユーザーを満足させる検索結果を出すことが難しかったのです。そこでGoogleは、検索結果を表示させるのに、信頼できるサイトからどのぐらいリンクされているのか、という指標を用いました。信頼できるサイトからリンクが張られているならば、そのサイトも信用できるとする考え方です。これは、大学の学術論文において、引

用されることが多い論文ほどいい論文だ、とする考え方にヒントを得たそうです。こうしてユーザーが求めている検索結果を高い精度で表示できるGoogleに、人々の利用は移っていったというわけです。

　世界最初のSNSもFacebookではありませんが、その後のFacebookの拡大ぶりは衆目の一致するところです。世の中にはうまくいったサービスや広告商品もあれば、注目率は高かったものの、始まってみるとうまくいかなかったサービスもあります。それぞれのサービスやインターネットの技術がどのような背景や課題を解決すべく生まれてきたのか、その発展にはどのようなことが寄与し、どのようなことが障害となったのか、そしてそれは今にどのようにつながっているのか、それらを学ぶことで、次なるサービスのヒントを得ることができます。

　「川を上れ、海を渡れ」という言葉があります。「川を上る」とは歴史をさかのぼって見識を深めること。「海を渡れ」は海外や領域外に視野を広げること。今を読み解き、これからどうなっていくのかを見極めるために、広告業界人として「川を上り、海を渡る」ことが求められているのではないでしょうか。

第 **3** 章

マーケティングの中での 位置づけ

企業にとってインターネット広告はどのような役
割を持つのでしょうか。この章では企業戦略や
マーケティングの基本的な考え方を紹介しなが
ら、その中で広告、特にインターネット広告が
果たす役割を考えていきます。

3 -1 企業の経営戦略とマーケティング戦略の階層

企業戦略の中でのインターネット広告

　私たちが「インターネット広告」の活用を考える際、その目的や期待する成果は企業によって異なり、実際の施策は100社あれば100通り、あるいはそれ以上の考え方が存在することでしょう。この章では「インターネット広告」を正しく理解し活用していくために、まずは企業戦略およびマーケティング戦略の全体像から説明していきます。

　私たちは普段の生活の中でも「戦略」という言葉を使います。成し遂げたい何らかの目的があって、それをどうやって達成するのかを考えるときに、その考え方や方法、計画を「戦略」と呼んでいるのではないでしょうか。

　企業においても成し遂げたい目的や使命があります。その目的や使命の達成に向けて、どのような企業活動を長期的に行くのか、そのための準備や組織作り、製品やサービスの開発、そして、実際の運用全体の計画などを総じて企業戦略といいます。

企業の戦略階層とマーケティング

　一般に「戦略」とは企業の理念やビジョンに基づいて計画されますが、企業の持つ機能ごとに細かく策定されていきます 図表3-01 。ちょうどピラミッドのようにまず最上位概念として企業の理念やビジョンがあり、それに基づいて企業の全社戦略が策定されます。次にその全社戦略を達成するためにそれぞれの組織や機能ごとの戦略が策定されます。そして、さらにその戦略をブレイクダウンした施策方針がより細かい組織や機能ごとに策定されていきます。

　マーケティング戦略もこのような企業の戦略立案の中で策定されていきます。決してマーケティング戦略が単体で存在するのではなく、企業の理念や

ビジョンを踏まえた全社戦略のもとで作成されます。従って、私たちの考えるマーケティング戦略についても、マーケティング組織の持つミッションや課題だけを見ながら戦略を策定するのではなく、企業の理念やビジョンに基づくものであることが必要です。さらに、企業内における他の機能や組織の戦略と整合性のある戦略であることも必要です。

　マーケティングは、顧客を知り、顧客や社会に対してその企業の理念やビジョンの理解を促進させながら企業の成長に結び付けていくものでもあり、ある意味では経営そのものともいわれています。また経営学者のマイケル・ポーターは企業活動の全体像を表す概念として、バリューチェーンという考え方を提唱しました。その中でもマーケティングは主活動の一つとして位置づけられています 図表3-02 。

図表3-01 企業戦略の階層

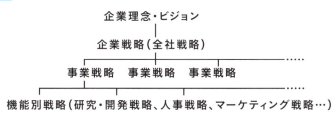

マーケティング戦略は、企業の理念やビジョンを実現するために策定される

図表3-02 バリューチェーンの中でのマーケティングの位置づけ

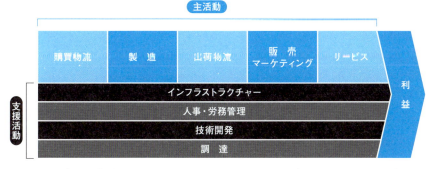

出典：マイケル・ポーター『競争優位の戦略―いかに高業績を持続させるか』（ダイヤモンド社、1985年）をもとに著者作成

第3章／マーケティングの中での位置づけ

3-2 マーケティング戦略の階層

マーケティング戦略の構成要素

　一般に「マーケティング」という言葉はとても広い意味で使われます。広告もマーケティング活動の一環であるといわれますし、企業や商品のロゴ、商品そのもののデザインやネーミング、セールスポイント、店舗のデザインの考え方までも「マーケティング」という言葉でひとくくりにされるケースも非常に多いでしょう。

　マーケティング戦略の要素には、どのような広告宣伝を行っていくかの方針を検討する「広告戦略」のみならず、流通経路（Eコマース、コンビニ、百貨店、量販店、小規模小売店など）を選択し、どのような店頭展開を行っていくのかを検討する「流通戦略」、商品の価格や生産量を定め、販売期間や在庫内容を検討する「商品戦略」、商品の機能や付加価値を研究する「商品開発戦略」——などのさまざまな視点が存在しています　図表3-03 。

　さらには、自社の営業活動をどのようにサポートしていくのか、あるいは販売店でどのような店舗作りを行い、店頭では買い物客に対してどのようなアプローチをするのかといった「販売促進」や「セールスプロモーション（SP）」といった視点も忘れることはできません。また、企業の発信する理念や事業内容、新商品情報などを、広告を使うばかりではなくさまざまな手段を検討しながら社会全体に伝えていこうとする「パブリックリレーション（PR）」といった視点も大切です。

図表3-03 マーケティング戦略の構成要素

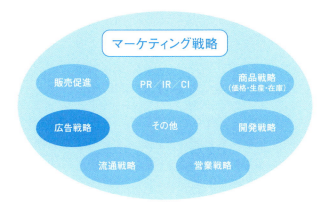

マーケティング戦略における広告の位置づけ

　広告業界でビジネスを行っているとマーケティング＝広告といった印象が強いですが、「広告戦略」はマーケティング戦略全体を指すのではなく、あくまでもマーケティング戦略を推し進めていく中の一つの手法です。しかしながら、広告戦略はマーケティング戦略を構成する各要素の中で、消費者に対して大きな影響力を持つアウトプットとなる場合が多く、非常に重要な役割を担っているといえます。

3-3 マーケティングプランニングのフロー

マーケティング戦略を策定するプロセス

では、次にマーケティング戦略を策定していくフローを具体的に見ていきましょう。このことをマーケティングプランニングと呼びます。

本節では「広告出稿」を念頭に置きながらマーケティングの考え方を整理していきますが、一般にマーケティング戦略は、以下のような一定のプロセスを経ながら策定されていきます。

①市場環境の分析と理解（3C分析）
②課題の抽出と戦略方針の決定（SWOT分析／クロスSWOT分析）
③セグメンテーション、ターゲティング、ポジショニング（STP）の策定
④マーケティングミックスの検討（4P／4C）
⑤コミュニケーション戦略の策定

図表3-04 マーケティングプランニングの基本プロセス

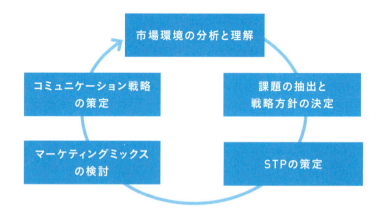

①市場環境の分析と理解(3C分析)

　企業が自社の製品やサービスのマーケティング戦略を検討する場合には、最初のステップとして企業を取り巻く多くの外的要因や内的要因を正しく把握することが必要です。

　往々にして、企業は自社に都合の良い将来を想定しながら活動をしがちですが、誤った認識や世の中で起きていることを知らずして計画を進めても成功は望めません。企業の環境整理はマーケティング戦略立案を始めるにあたってのスタート地点ともいえるポイントであり、「今までの経験」「なんとなく」といった曖昧な印象や感情ではなく、事実をしっかりと把握し分析を行うことが大切です。

　その際に用いられる手法(フレームワーク)には数多くのものがありますが、まずは「自社の環境(Company)」「顧客の環境(Customer)」「自社の競合にあたる企業や市場の環境(Competitor)」といった三つの視点から現状の把握を行うことが基本です。これを「3C分析」と呼びます 図表3-05 。

　例えば「古くからある老舗ではあるが、近年ファストフード店などの出店が相次ぎ、売り上げが伸び悩んでいる」といったレストランのケースを仮に想定し分析してみると、 図表3-06 のようにそのレストランの置かれている事業環境の整理をすることができます。

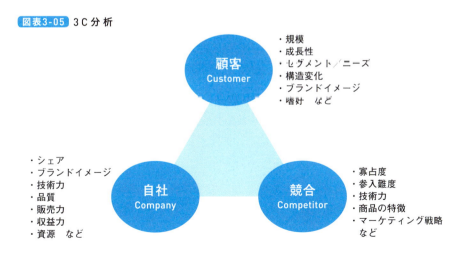

図表3-05　3C分析

第3章／マーケティングの中での位置づけ

図表3-06 ある地域における老舗レストランの事業環境整理例

	定性的分析	定量的分析
顧客	・ランチタイムでは外食することも多いが、価格面で弁当を持参することもある ・安さはポイントではあるが、味にもこだわりたい ・毎日同じものだと飽きてしまう ・テイクアウトもときどき利用する	・付近の企業数、従業員数、最寄り駅の乗降客数、男女比、平均年収、平均年齢 ・客が出してもいいと思うランチの金額 ・平均お小遣い額、ランチにおける外食回数（月当たり）、ランチに食べたいメニューランキング等
自社	・この地区では老舗であり、味には評判があり一定の固定客がいる。メニューは少ないが、顧客に合わせた味付けまで可能。ゆっくり過ごす客が多く、回転率はあまり良くない ・全メニューでテイクアウトをするようにしたが、価格競争力がない上に商品が冷めてしまうので評判はあまり良くない	・平均客単価、平均月売り上げ、1日当たりの客回転数、1日当たりの平均オーダー数 ・原価率、受注メニューランキング等
競合	・全国展開をしている大手ファストフード店の出店がこのところ相次いでいる ・格安の移動お弁当業者も参入してきている ・客の回転数が多く、低価格大量販売	・平均客単価、1日当たりの平均売り上げ、1日当たりの平均オーダー数、テイクアウト比率 ・ターゲット層（男女比、想定年齢、想定年収）、人気メニューランキング等

② 課題の抽出と戦略方針の決定（SWOT分析／クロスSWOT分析）

　次の段階では企業が持っている課題を明確化し、それに対応すべく具体的に戦略と施策を検討していきます。企業課題ポイントを洗い出す手法として3C分析で浮かび上がってきた要素を、その企業や製品・サービスが内部に抱える好ましい傾向としての「強み（Strengths）」や好ましくない傾向としての「弱み（Weaknesses）」、外部的に見て好ましいと思われる「機会（Opportunities）」と好ましくない傾向である「脅威（Threats）」といった4象限で整理を行います。この手法をSWOT分析と呼びます **図表3-07**。

　さらにSWOT分析で整理した項目をもとに、具体的な戦略方針に落としていく手法として、クロスSWOT分析があります **図表3-08**。これは、表で示された「強み」「弱み」「機会」「脅威」というポイントをそれぞれ「強み×機会」「強み×脅威」「弱み×機会」「弱み×脅威」として組み合わせながら戦略方針を検討する方法です。

　「強みと機会（チャンス）があるところでは積極的な戦略を行う」「強みがあるがさまざまな脅威の存在が予測されるところでは、競合他社との徹底的な差別化を行う」「弱みではあるが機会が見込まれる場合には、まず自社の

弱点を克服する戦略を検討する」「弱みであってしかも脅威があると考えられるならば、撤退も視野に入れる」といった視点で、自社の置かれた環境を冷静に判断しながら戦略のヒントを導き出していきます。

以上、シンプルな事例で説明しましたが、このような戦略フレームワークを使って環境の整理から戦略の方向性を明確にし、冷静に検討を重ねながら戦略仮説を立てていくことはマーケティング戦略立案の初期段階では非常に大切です。

図表3-07 SWOT分析（課題分析）

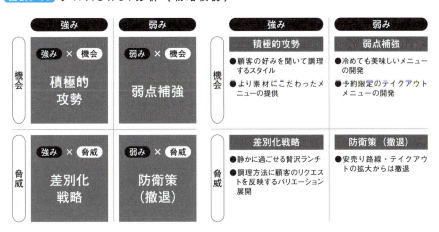

図表3-08 クロスSWOT分析（戦略検討）

第3章／マーケティングの中での位置づけ　61

③「STP」の策定

　これまでは「企業と市場」といった大きな視点からのマーケティング戦略の理解を行ってきましたが、ここからはより商品や消費者に近づいたマーケティング戦略の立案方法を説明していきます。実際の広告プランニングにあたっては、このSTP（セグメンテーション、ターゲティング、ポジショニング）の視点からスタートするケースも多いでしょう。

● セグメンテーション（市場・顧客の細分化）
　セグメンテーションとは、商品を販売していくにあたっての市場カテゴリー（領域）を、地域や価格帯、購買・使用目的、価値観などの要素から決めていくことです。例えば自動車の例でいえば「スモールクラス」「コンパクトクラス」「ミディアムクラス」「エグゼクティブクラス（あるいはラグジュアリークラス）」などのカテゴリーに分けて考える場合があります。これは、その車をサイズ、購買価格帯、購買層、乗車人数、使用目的などからカテゴライズした事例になります。

● ターゲティング（市場・顧客の選定）
　ターゲティングとは、実際に購買につながる市場や顧客層を具体的に想定していくことです。先の自動車の場合であれば、「コンパクトクラス」の具体的な顧客層を「30〜40代の男性」「4人家族」といった、年齢や性別などのデモグラフィックな要素を使ってターゲット設定したり、「エグゼクティブカー（あるいはラグジュアリーカー）」であれば、「年収2,000万円以上」「55歳以上」「会社役員」「高層マンション所有」といった要素を使いながら顧客像を設定したりします。
　また、デモグラフィック要因ばかりでなく、キャンプが好き、日常的にアウトドアスポーツをしているといった心理的な属性や要因であるサイコグラフィックな要素でターゲティングをするケースもあり、自らの戦略に応じて設定していきます。

● ポジショニング（自社独自性や優位性、競合他社との差別化）

　ポジショニングとは、自らの商品の特徴や優位性を整理し、競合他社との関係性をあらためて認識する、あるいは新たな関係性を構築していこうとしていく考え方であり、それによる整理がよく行われます。

　図表3-09 は、架空の自動車保険会社の競合状況を整理したポジショニングマップの例です。縦軸・横軸に任意の指標をとり、競合各社の特徴に従って訴求ポイントを考察していくことによって、自社と他社商品の関係や、サービスの置かれている環境や課題をより視覚的に分かりやすく捉えることができます。

　ポジショニングマップは自社商品や競合との関係把握だけではなく、ニッチなマーケットや競合があまり存在しないマーケットの創出など、さまざまな戦略検討シーンで活用することができます。

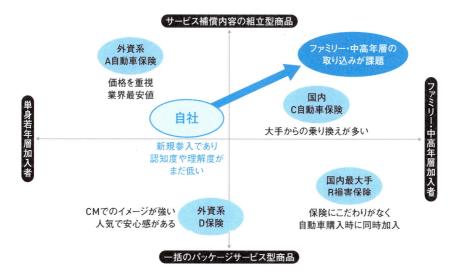

図表3-09 競合ポジショニングと戦略マップ例

④ マーケティングミックスの検討（4P／4C）

　具体的なマーケティング・広告施策立案の手法については、さまざまなノウハウや手法があります。ここでは、その方法の一つとして「企業の4Pと

消費者の4C」を対比させることによって施策ポイントを検討する手法を説明します 図表3-10 。

まず、企業側が持っている製品やサービスに対する企業視点での戦略ポイント（4P）を整理します。4PとはProduct（商品）、Price（価格）、Place（流通）、Promotion（販促施策）のことをいいます。ここまで行ってきた環境分析、顧客ニーズの把握、商品のポジショニングや競合商品との差別化といった戦略の各要素を一度再整理します。ただし、この段階では実際の顧客に受け入れてもらえるかどうかの検討が行われていません。

そのため、次は消費者視点（4C）から見てその戦略がどのように受け止められるのかを検討し、企業視点（4P）との比較を行います。

図表3-10 企業の4Pと消費者の4C

企業サイドの4P分析			生活者サイドの4C分析	
売り手視点			買い手視点	
ポイント	内容例	ギャップの生まれるポイント例	内容例	ポイント
Product（製品）	どのような特徴を持つ製品なのか	機能を付加した。デザインは会社として非常に機能的だと考えているので変えない	その機能はいらない。デザインを改善してほしかった。他社のものを使っているが別の機能が便利	欲しいものなのか、買う価値はあるのか	Customer Value（顧客価値）
Price（価格）	設定されている価格帯	この機能でこの価格は非常にリーズナブル	その機能はいらないのでもっと安い方がいい。他社のは高いけどデザインがお気に入り	その価値に見合う価格なのか	Cost（価格）
Place（流通）	・どこで販売するのか ・誰が販売するのか	店舗できちんと店員が説明をしたうえで理解して買ってほしい	・買って帰るのが重たいので通販の方がいい ・知り合いが持っているので商品については理解している	・どこでだったら買うのか ・どこでその商品を実際に見たいか	Channel（販売網） Convenience（手軽さ）
Promotion（販促施策）	・どのような販促計画なのか ・訴求ポイントは	・このタレントは商品のイメージにぴったり ・テレビ中心の販促展開	・そのタレントは好きじゃない。 ・テレビは見ない	どこでその広告に触れるのか。どんな表現が興味を引くか。表現を受け入れられるか	Communication（コミュニケーション）

解決すべきコミュニケーション課題

4CとはCustomer Value（顧客価値）、Cost（価格）、Channel（販売網）／Convenience（手軽さ）、Communication（コミュニケーション）のことをいいます。

その両事項を対比させることによって双方のギャップが生まれるポイントを見つけ出し、どのようにそのギャップを解消するのかを検討していきます。

このように整理してみると、マーケティング・広告施策を検討するにあたっては、企業からのワンウェイではなく「企業と消費者のコミュニケーションをどのように成立させていくのか」「相互理解はどうすれば得られるのか」といった企業と消費者の双方の視点が大切であることが理解できます。

「マーケティングコミュニケーション」という言葉はさまざまな意味を込めて使われますが、このように「企業側と消費者側に存在するギャップの解消」がまさにコミュニケーションの要なのです。

⑤ コミュニケーション戦略の策定

解決すべきコミュニケーション課題が見えてきたら、それをどのように解決していくかの戦略を検討します。近年ではコミュニケーションデザインともいわれますが、まずは消費者のインサイトを考察し、企業として理想的な消費者と企業との関係性をどのようにすれば構築できるのかといった視点での戦略策定です。

企業メッセージや商品の特徴が消費者のニーズやシーズ、消費者の期待や思いにどのようにフィットするのか、消費者は企業からのメッセージをどのように受け取るのが好ましいのかなどの視点から、詳細な仕組みや施策を設計（デザイン）していきます。

その際、広告やPR、イベントといった手段やプロセスありきで施策を検討するのではなく、消費者の共感や理解はどのようにすれば得られるのか、そのために必要な環境要因はどのような点にあるのかといった消費者インサイト主体の考え方がより重要になってきます。その上で、広告メディア選定、広告掲載面、クリエイティブ素材（静止画、テキスト、動画等）、メッセージ内容、掲載タイミングなどを検討します。

第3章／マーケティングの中での位置づけ　　65

3-4 消費者の理解

消費者の欲求

　ここまでは、マーケティングプランニングの全体像を見ながらコミュニケーション戦略までのフローを説明してきました。マーケティングプランニングは常に「消費者」を相手にしています。従って、市場環境や競合他社の動向、自社の優位性といったビジネス環境の整理に加えて、「消費者」についてもしっかり理解することが大切です。

　企業がどんなに詳細に現状を分析して戦略を立てて実行しても、消費者がその通りに商品を購入するとは限りません。

　実際に商品を購入する消費者は、なぜ、どんなときに購入しようと思うのでしょうか。また、購入する人はどんな人で、数多くある商品からその商品を選択する理由は何でしょうか。マーケティング戦略の立案にあたっては、消費者に内在する意識や行動原則、心理などについて理解しておく必要があります。消費者理解については、心理学的視点、集団行動的視点など多様な視点から解き明かそうとする試みが行われています。ここではその中でも代表的な考え方を紹介します。

マズローの欲求段階説

　心理学の理論の一つに「人は常に何らかの欲求を抱えて生きている」と考えて人の欲求を5段階に分類する「欲求段階説」と呼ばれる考え方があります。マーケティングでは、人の欲求を消費欲求と捉えなおして消費者理解の参考にしています 図表3-11 。

　マーケティング視点では「その商品が消費者のどのような欲求（期待）に応えるものなのか」「使用シーンはどのような機会か」を考えながらプロモーション企画や訴求ポイントを検討することがありますが、同一の製品や

サービスであってもその製品・サービスを受ける側の消費者の状態によって満たされる欲求段階が異なる場合があります。

例えば、飲食店の提供する製品やサービス一つ取ってみても、消費者の心理状態や目的によって希望する製品やサービスの内容やレベルは異なってきます。「移動中にさっと短時間で食事をしたい」という欲求がある場合に求められるサービスは、決して快適なソファや居心地の良い店内、落ち着くBGMではありません。逆に「店内で友人と話をしながらゆっくりと食事をしたい」という欲求に応えるときには、持ち帰りが可能で廃棄しやすい容器で素早く食事が提供されるシステムは不要です。

商品の機能やサービスとして素晴らしいものであっても、顧客の欲求とはかけ離れてしまっては意味がありません。そのため、ターゲットとなる消費者の満たしたい欲求をしっかりと理解することはとても重要です。

基本的には、製品やサービスの消費だけで高次元の欲求が満たされることはありませんが、「その製品・サービスは消費者のどのような欲求を満たすのか」を把握するためにも理解しておくべき概念です。

図表3-11 マズローの欲求段階説による5つの欲求

第1段階：「生理的欲求」
食事、睡眠、排泄といった、生存のための欲求

第2段階：「安全の欲求」
住居、衣服など自分を守ろうとすることに対する欲求

第3段階：「社会的欲求（所属と愛の欲求）」
集団に所属する、仲間に受け入れられる・愛されるといった社会との関係を持つことへの欲求

第4段階：「我・自尊（承認）の欲求」
他人に尊敬されたい、名声を得たい、認められたいといった欲求

第5段階：「自己実現の欲求」
自分の能力を最大限に発揮し、自身の目標を達成させたいという欲求

第3章／マーケティングの中での位置づけ　　67

消費者の購買行動

　では、消費者は実際にどのようにして「商品購買」に向けた欲求を持ち、どのような心理変容や態度変容を経て最終的に消費に至るのでしょうか。

　広告プランニングでは長らくAIDMA（アイドマ）の法則と呼ばれるものに基づいて施策検討が行われていました。Attention（注目）→ Interest（関心）→ Desire（欲求）→ Memory（記憶）→ Action（行動）といった一連の流れを想定しながら、施策を検討するものです。また近年ではAIDMAに検索エンジンでのサーチ行動とソーシャルメディアにおける情報拡散（シェア）を新たに組み入れたAISAS（アイサス）といった考え方も出てきています。すなわちAttention（注意）→ Interest（関心）→ Search（検索）→ Action（行動）→Share（拡散）という流れです。

　しかし、消費者の情報入手経路が多様化し同時に商品の量も商品に関する情報量も増えている中では、消費行動はより複雑なプロセスを経て行われていると考えられます。何らかのAttention（注目）があったからといって、一連の購買行動がスタートし購買への段階を踏んでいくほど単純ではないでしょう。そのため、今後はより精緻な消費行動への考察も必要となると考えられます。ここではより細かく消費者の購買行動を考えていく「消費者意思決定過程モデル」という考え方を紹介します。

消費者意思決定過程モデル

　このモデルでは、一連の消費行動はAttention（注目）からスタートするのではなく、商品に関する「情報処理プロセス」と「購買意思決定プロセス」という二つのプロセスからできており、さらに購買意思決定プロセスはさまざまな要因から影響を受けると考えられています 図表3-12 。

　このモデルの第一段階「情報処理プロセス」では、消費者が何らかの商品に関する情報に接触し、その情報を自分の中に記憶するまでのステップが表されています（情報への接触→注目→理解→受容→情報保持）。消費者は日常的に多くの商品情報に接触していますが、その中でも覚えている情報もあれば気

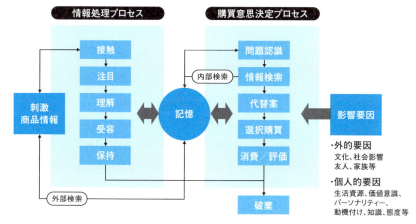

出典：青木幸弘『消費者行動の知識』(日本経済新聞出版社、2010年)をもとに著者作成

にもとめずに忘れてしまう情報もあります。当然、情報に接触したからといってすぐに購入しようと行動を起こすことはほとんどなく、多くの情報は忘れ去られます。しかし、自分と何らかの関わりがある情報だと、ふと気にとめて覚えている可能性が高くなります。この過程で消費者に商品を覚えてもらうためには、自分との何らかの「関わり（関与）」が必要です。

しかし、情報処理プロセスは「記憶にとどめる」までのプロセスであり、それだけではこの先の購買行動には進みません。

購買意思決定プロセスが起きるためには、なんらかの「問題認識」が必要になります。問題認識とは自分の考えている理想の姿と現実との間にギャップが生まれたときに生まれる意識であり、その意識が生まれると「ギャップを埋めるために何かをしなくてはいけない」といった動機（モチベーション）が発生します。

例えば、「電球が切れて暗い部屋」という現実が発生した場合、理想の状態は「夜も明るい部屋」となります。この時に、電球が切れて暗い部屋という現実と夜も明るい部屋という理想との間にギャップが生まれ、「明るい部屋にしなくてはいけない」というモチベーションが発生します。

その動機を商品やサービスの購買行動（例：「新しい電球を買う」）によって満たそうとするときに、製品やサービスに対しての購買意思決定プロセスが

進み始めます。

　問題認識（モチベーションの発生）以降には、どうやって問題を解決しようかと探し始める「情報検索」（自分の内部にある知識や情報を思い出そうとする内部検索と、新たな知識や情報を求めようとする外部検索）、検索した情報に対する「代替案」の検討、意思決定後の「選択購買」、といったステップが続きます。購買の後は、消費／評価、そして破棄へと進んでいきます。

　購買意思決定プロセスは消費者自身の考えだけで進んでいくのではなく、実に多くのことに影響を受けています。流行やブームといった社会的な影響もありますし、身の回りの人たち（準拠集団）の意見や好きなタレントの行動、専門家の意見などによって最終的な購買内容が変わってくることもあります。

消費者意思決定過程モデルとアプローチのポイント

　では、消費者のこのような意思決定過程に対してマーケティング戦略をどう考えればいいのでしょうか。まず、消費者は「その商品やサービスが自分にとって現時点で最適なものである」と考えない限り購入をすることはないでしょう。消費者意思決定過程モデルは、消費者が自分にとって何が最適な製品やサービスなのかを探し出し、確信する過程だともいえます。ここではマーケティング戦略を「一連の過程における企業の消費者に対するアプローチ」と捉えてみると、以下の基本的なポイントがあげられます。

①消費者関与の創出

　消費者は接触した情報をすべて記憶しているわけではありません。自分に関係したことであれば積極的に理解し覚えようと思いますが、「自分には関係ない」と思った瞬間に忘れてしまいます。従って、覚えてもらうためにはターゲットとなる消費者に対して「自分ごとである」という認識を持ってもらう必要があります。

②記憶の保持、呼び出し、再確認

　消費者は常に新しい情報に触れながら情報の取捨選択を行っています。一度「自分ごとである」と感じて覚えていても時間がたつとすぐに忘れてしまいます。そのため、定期的に新しい情報を伝えるなどのアプローチを行いながら記憶を新鮮な状態にしておく必要があります。

③モチベーションの喚起

　消費者に覚えてもらっていたとしても、何らかの動機が発生しないと購買検討プロセスは始まりません。動機は現状と理想のギャップから生まれるため、より高い理想を提示することによって消費者の理想を高めたり、反対に消費者のライフスタイルや所有する商品を陳腐化させたりすることによって、現状を低めてモチベーションを喚起させることなども必要でしょう。

④差別化

　問題認識とモチベーションが発生するしないにかかわらず、消費者の前には常に複数の選択肢があります。その中で自社の製品やサービスが記憶や検討の俎上に載せられ、適宜選択してもらうためには、プロセス全体のあらゆる時点（情報接触時、情報受容時、情報検索時、購買選択時など）で他商品との差別化や優位性の訴求を行う必要があります。

⑤購買・使用体験の提供

　特に実際の購買段階においてはもちろん、プロセス全体を通してその製品を記憶し検討し購買に至るにあたっては、それにふさわしい体験も大切です。店頭における顧客対応はもちろん、Webにおける目的の商品の見つけやすさ（ファインダビリティ）やWebサイト自体の使いやすさ（ユーザーインターフェイス）なども戦略的に常に改善をしていく必要があります。

第 3 章／マーケティングの中での位置づけ　　71

マーケティング施策の二つのタイプ

　マーケティング施策を大別すると、ブランドや商品名を記憶してもらいどんなものかを理解してもらおうとする「認知・ブランディング施策」と、消費者が実際に購買するにあたってより多くの顧客を獲得しようとする「獲得・ダイレクトセールス施策」に分ける場合があります。ネット広告を活用したマーケティング施策では特に獲得・ダイレクトセールス施策が注目されるケースが多いのですが、消費行動をよく理解してみるとどちらかの施策のみを行っているだけでは、マーケティング施策として十分であるとはいえないことが分かります。

　自社の状況やマーケティング目的に合わせて、バランス良く施策を実施していくことが必要です。

　消費者意思決定過程モデルに沿って考えてみましょう 図表3-13 。例えば、「認知・ブランディング施策」では企業にとって良いイメージを記憶にとどめてもらうことが必要です。従って、前半の情報処理プロセスにおいては、「商品情報を受け取ったときに競合商品との違いをどのように理解できるのか」「消費者にとって関与の高いものだと受け取ってもらえるのか」という視点での施策立案が大切です。

図表3-13 消費者意思決定過程モデルと施策のタイプ

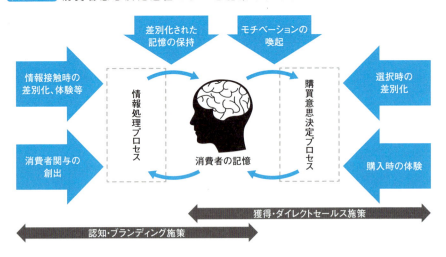

また、後半の購買意思決定プロセスにおいては、そもそもこのプロセスを動かし始めるための「モチベーションの喚起」「迷ったときの差別化ポイントの訴求」「購入にあたっての特別感やストレスレスな環境づくり」などが大切だといえます。

消費行動のさまざまなパターン

　以上、消費者意思決定過程モデルに基づく消費者理解の視点を紹介しましたが、消費者を理解しマーケティング戦略を検討するにあたっては一つの手法や視点にとらわれるのではなく多方面からさまざまな考察を進める必要があります。さまざまな視点や手法を組み合わせながら、消費者が置かれている環境、心理、行動欲求、消費欲求などを理解していきましょう。

　図表3-14 に、代表的な消費行動パターンをあげておきますので、ぜひ、自分自身の買い物を振りかえりつつ消費行動に対しての理解を深めてください。

図表3-14 消費行動の代表的なパターン・種類

消費行動	内容
計画消費	事前に購入を決め購入時期を定めた上で、商品や商品カテゴリーに対して念入りに調査・比較・検討を行い、そののち購入に至る消費
衝動買い	・潜在的、顕在的にかかわらず、短い検討期間で衝動的に購入に至る消費 ・比較検討調査等が行われない場合がある
バンドワゴン効果	・世の中の流行や他者の消費、その他大勢の傾向に影響を受けて需要が増えること。群集心理における同調効果 ・逆に、他者の消費が増えると需要が減ることをスノッブ効果という 　また、価格が高ければその分需要が増えることをヴェブレン効果という。ヴェブレン効果は高額ブランドを購入する心理の説明としてしばしば使われる
必需的消費 （基礎的消費）	人が生活をする中で必ず必要となる消費 （食費、光熱費、家賃、保健医療等）
選択的消費 （随意的消費）	人の自由な判断選択によって左右される消費 （旅行、レジャー、外食、宝飾品、趣味、贅沢品等）

商品の理解

商品をより深く理解する考え方

　STP（セグメンテーション、ターゲティング、ポジショニング）の策定にあたっては、その商品が消費者にとってどのように受け止められているのかといった、対象とする商品についてのより深い理解も必要となります。さまざまな分類手法や考え方がありますが、ここでは使用期間や買い方によって商品を分類する視点と、商品が新製品として生まれてからどのように市場に受け入れられていくのかといった「プロダクトライフサイクル」の考え方を紹介します。

商品の分類

　マーケティング戦略を考えていく際には、事業環境に加えてその製品やサービスそのものの特徴を正しく理解することも必要です。
　私たちが一般に取り扱う商品には、製品（モノ）とサービスがあります。これは商品を物理的特性によって分類したものです。モノとは何らかの物理的な商品を指し、使用期間が長く、頻繁な購買や買い替えを行わない「耐久財」と、一般に商品使用期間が短く頻繁に購買や買い替えが必要となる「非耐久財」があります 図表3-15 。
　一方、サービスとは物理的な形を持たない無形の商品のことをいいます。サービスの特徴としては「生産と消費が同時に行われる」「顧客によって内容が異なる場合がある」「成立するためには顧客との共同作業が必要である」「在庫ができない」「時間という概念が含まれる」——といった特徴があります。
　さらに製品やサービスを「使用目的」「生活者がどのようにその製品を購買するか」といったパターンによって大まかに分類することもできます。念

入りな下調べをせずに比較的気軽に購買をするものを「最寄品」、逆に慎重に比較検討をした上で購買をするものを「買回品」と呼びます。さらに購買時に専門的な知識が必要とされる商品は「専門品」と呼ばれています。

その商品がどのような買われ方をされているのかを正しく認識しておくことは、生活者の購買に至るまでの行動を検討してアプローチシナリオを設計する場合や、購買検討時や検討方法、購買時期、購買場所、情報収集時における接触メディアや接触デバイスを検討する際にとても参考になります。

なお、近年では製品とサービスといった従来の分類にはあてはまらない「デジタル財」という概念を導入することがあります。デジタル財という言葉はまだ正確な定義が定まっていませんが、ここでは音楽データや書籍データ、映画などのコンテンツデータなど、「物理的な形を伴わないが、物理的な商品と同じように消費・保有することが可能な財」を指すこととします。

デジタル財には、①コピー（再生産）が容易であり消費にあたって同一性が常に担保される、②流通コストや製造コスト、保管コストが圧倒的に低くリアルタイム性がある、③トラッキングが可能であり、消費者ID、消費日時、流通経路などを記録することができる、といったデジタルならではの特徴があります。

図表3-15　商品の分類方法

物理的特性	使用目的	購買行動
耐久財 ●使用期間が長く、頻繁な購入、買い替えは行わないもの ●自動車、家電、衣料品等	**消費財** ●個人での消費を目的として提供される商品 ●食品、衣服、洗剤、宝飾品等	**最寄品** ●念入りな下調べなく、容易かつ頻繁に購入するもの。比較的低価格商品の商品群 ●1人当たりの対応に時間がかかる。客の回転が悪く一定の価格以下にはできない。利益率が下がる
非耐久財 ●使用期間が短く、頻繁に購入、買い替えが必要となるもの ●食品、飲料、化粧品、トイレタリー等	**生産財** ●企業などの組織での利用を前提とした商品群 ●建築資材、工作機械、専門車両、オフィス什器等	**買回品** ●慎重に比較検討をした上で購入するもの。購入頻度は低く比較的高額な商品群 ●電化製品、家具、車、PC等
サービス ●無形のもの ●旅客運送、金融商品、医療等		**専門品** ●比較検討時、購入時、使用時に、専門的な知識が必要とされるもの ●外車、宝石、楽器、投資商品、ブランド品等

第3章／マーケティングの中での位置づけ　75

プロダクトライフサイクル

　製品やサービスは新商品として世の中に出てから永続的に同じ価値を市場で提供し続けることはできるのでしょうか。発売開始時においては新規性や独自性があったとしても、競合他社から類似品が発売され、より安くて高機能の商品が他社から発売されてしまったために、時間がたつにつれて新規性や独自性が失われてしまうことはよくあることでしょう。

　プロダクトライフサイクルとは、その商品が世の中に生まれてから消え去っていくまでの過程を大まかに分類する方法です。商品の市場導入時から長期にわたってのマーケティング施策を検討する場合には必要な視点の一つです。

　「導入期」「成長期」「成熟期」「衰退期」とそれぞれの時期において、生活者のその商品に対しての認知、理解度、イメージ、使用体験などはすべて変化していくため、マーケティング施策においてもそれぞれの段階に合わせたメディア選定やプロモーション施策、訴求ポイントの検討が必要になります 図表3-16 。

　また、すべての商品が同じカーブを描くのではなく、商品や商品ジャンルなどによってさまざまなタイプのプロダクトライフサイクルが存在します。その商品のライフサイクルに合わせて、その商品を好む生活者像も異なっており、次に解説するイノベーター理論と合わせてマーケティング戦略を検討することも多く行われています。

イノベーター理論

　イノベーター理論とは新しい商品や技術の市場浸透に関する理論と呼ばれており、マーケティングでは消費者の新商品に対しての考え方や態度を分類する際によく使われます。

　「イノベーター（革新者）」とは、新商品や新カテゴリーの商品に関して興味や関心が高く、人に先駆けて最も早く商品を購入しようと考える人たちのことをいいます。

イノベーターの購買行動を意識しながら比較的早期に追随しようとする人たちの層を「アーリーアダプター(初期採用者)」といいます。アーリーアダプターの行動が他の消費者へ大きな影響を与えるといわれています。

　次に購入する層が「アーリーマジョリティ(前期追従者)」といわれています。アーリーアダプターの意見やマーケットの動向に比較的敏感であり、この層が導入するか否かがその後のマーケット拡大のキーと考えられており、その境目は「キャズム」と呼ばれています。

　そして、市場が大きくなってから購入する層を「レイトマジョリティ(後期追従者)」、市場や流行に関係なく最後に購入する層、あるいは絶対に購入しない層を「ラガード（遅滞者）」と呼んでいます。

図表3-16　プロダクトライフサイクル

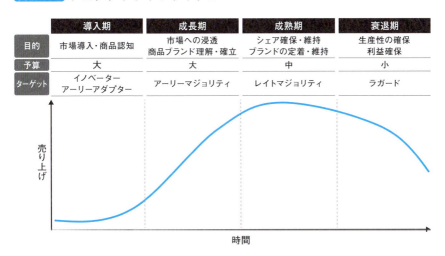

典型的な商品の売り上げは、時間の推移につれて、導入期、成長期、成熟期、衰退期の4段階を経ながらS字のカーブを描く

3-6 インターネット広告が推進したマーケティングのデジタル化

インターネット広告によるデジタル化の要点

　現在、マーケティング戦略を考えていく際にデジタルテクノロジーを無視して検討を進めることはできません。日本においてマーケティング活動にいつごろからデジタルテクノロジーが導入され始めたのかについては諸説あると考えられますが、1996年にYahoo! JAPANが開設され、インターネット広告が本格的にスタートしたことが一つのきっかけといえるでしょう。

　今となってはデジタルを活用したマーケティングにおける最も身近な手法であるインターネット広告ですが、当初から単なる広告スペースの販売にとどまらない特別な要素を持っていました。その要素をあらためて整理をすると以下の三つの点に集約されます。

　①アドサーバーによるコンテンツと広告の分離
　②リアルタイムでの情報収集と分析
　③ハイパーリンクの活用

①アドサーバーによるコンテンツと広告の分離

　テレビ放送では番組コンテンツと広告は一体となって家庭のテレビ受像機に届けられます。新聞でも輪転機で印刷された時点から記事コンテンツと広告は物理的に一体化しており、分けることのできない状態となっています。また、広告の掲載場所を検討する場合には、テレビでは広告ターゲットを想定し、そのターゲットが見ていると想定される曜日や時間帯、あるいは具体的な番組を指定したり、番組そのものの提供を行ったりします。新聞においても同様に、想定した広告ターゲットが好んで読むと思われる新聞を選択し、さらに掲載面の指定をします。

またテレビ、新聞、雑誌、ラジオといったマスメディアでは、同じ番組・コンテンツを見ていればすべての視聴者（読者）は誰もが同じ広告を見ることになります。もちろん、テレビの全国ネット・ローカルの切り替えや、新聞における県版による切り替えでは掲載される広告が異なる場合がありますが、少なくとも同一地域であれば広告も基本的には同じです。つまり、コンテンツと広告は切り離すことができない密接な関係にあります。

　ところが、インターネット広告の場合にはアドサーバーというテクノロジーによってコンテンツと広告は別々に管理されるようになりました 図表3-17 。つまり、同じWebサイトやコンテンツを見ていても、人によって掲出される広告は異なっています。さらに、インターネットメディアではユーザーは自分の見たいと思うコンテンツを自ら選択して閲覧するため、同じメディアを同じ時刻に見ていても、人によって見ている記事やコンテンツがまったく異なるケースもあります。そのために、インターネット広告ではみなが同じ記事やコンテンツを消費する「マスメディア」という概念が薄くなり、パーソナルなメディアという意識が強くなったといえます。

図表3-17　アドサーバーによってコンテンツと広告は分離された

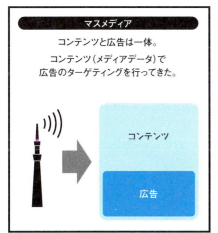

②リアルタイムでのデータ収集と分析

　広告出稿後の効果把握に関して、インターネット広告は今までの広告メディアにはない、大きな変化をもたらしました。

　テレビCMでは一部でリアルタイムに近いタイミングで接触状況を把握する取り組みが始まっているものの、現時点では全国的にリアルタイム接触率を把握できる状況ではなく、データの取得対象にも偏りがあります。

　また、新聞や雑誌ではおよその発行部数は把握できるものの、実際に個々の広告が読者の目に触れたかどうかを把握するためには別途アンケート等を実施する必要があります。

　このように、マスメディアでの効果把握においては、おのずと出稿時点からタイムラグが発生しますし、全数を調査することも不可能です。

　一方、インターネット広告では、測定タグによって配信やクリックが行われた時点のログを取得することができるため、ほぼリアルタイムで配信数やクリック数を全数で把握することが可能です 図表3-18 。マスメディアの場合もテレビショッピングや通信販売の広告では、比較的リアルタイムに消費者の反応を把握できますが、消費者が購買に到達する手前の反応まで詳細に把握できる点がインターネット広告の特徴です。

図表3-18 リアルタイムでのデータ収集

③ハイパーリンクの活用

　ハイパーリンクとはWebサイトのテキストや広告、画像や動画に埋め込まれた、他のファイルやWebサイト（ページ）への参照情報のことで、クリックすることによって参照情報に指定された場所に飛ぶことができます。

　この機能によってインターネット広告では、広告を見た消費者が広告をクリックすれば、「広告主が自ら指定するWebページ」に直接連れてくることができるようになりました 図表3-19 。

　例えば、広告主が魅力的なテレビCMを作成して消費者の購買意欲をかき立て、店頭への誘引を図ることに成功したとしても、テレビCMでは実際に商品購買に至ったかどうかを測定することは難しかったといえます。さらに、消費者によっては店頭であらためてブランド・商品・価格などの比較検討を行い、実際には競合商品や代替品を選択するケースも予測されます。

　しかし、消費者のモチベーションが高まったときに、ハイパーリンクを利用して直接広告主が自ら指定するWebページに連れてきてしまえば、その段階で購入する可能性はより高くなると考えられますし、その行動の一部はリアルタイムに測定することが可能になります。オフラインを含めたすべての行動を把握できるわけではありませんが、ハイパーリンクはマスメディア

図表3-19 ハイパーリンクで消費者行動への直接アプローチが可能に

が今まで取りたくても取れなかったユーザー行動の一部を可視化することができるようになった、まさにインターネットならでは仕組みです。そしてハイパーリンクによって企業からのコミュニケーションのあり方が大きく変化し始めたともいえます。

多様なデータのリアルタイム活用

　これまで見てきたように、インターネット広告によってマーケティングの戦略立案には今まで以上にデータを活用できるようになりました。一方で消費者にとっても、スマートフォンの普及やECサイトを活用した消費活動の活性化など、生活インフラのデジタル化が進んでいます。マーケティングにおけるデジタル化とは、消費者の接触デバイスのデジタル化でもありますが、より大きな視点で捉えれば、消費者のデジタル活用によって生み出される多様なデータのリアルタイム活用（データドリブン）であるといえます。

　インターネット広告の登場時には、広告の配信回数（インプレッション）とクリック数、それぞれの日時記録程度のシンプルなデータしか収集することができませんでしたが、アクセス解析によってリンク先の企業サイト内の行動データ（閲覧ページやページの移動経路、最終離脱ページ、その滞在時間、実際の購買商品など）を統合して分析できるようになりました。これにより、広告視認から購買まで一気通貫した消費者行動を追いながら消費インサイトを考察することが可能になりました。

　さまざまなデータを駆使することによってどのような人に広告が到達するか（したのか）をデモグラフィック的、あるいはサイコグラフィック的に分類することが可能になり、その中でクリックをした人の特徴などを分析することも可能になっています。さらに、当初設定していた広告ターゲットを実際にアクションした層に合わせて修正し、想定していなかった意外な顧客層を浮き彫りにすることもできます。

　このようにさまざまなデータを活用し、施策の精度を上げていこうと考えることがマーケティングのデジタル化の根幹なのです。

3
-7 デジタル化による マーケティング環境の進化

デジタルが飲み込むマーケティングとセールス

デジタルテクノロジーはマーケティングとセールスの境界も曖昧にし始めています。

ドラッカーによれば、マーケティングの理想とは「積極的な販売に頼らず、自ら売れる仕組みを作っていくもの」だといわれています。つまり、消費者が自分から進んでブランドを信頼し、選択し、商品の購買を行う仕組みを作ることがマーケティングの役割です。

一方、セールスというのは「顧客に向き合って販売を行うもの」です。セールスパーソンが顧客の一人一人のニーズを引き出し、そのニーズに合わせた仕入れや商品のカスタマイズを行い、商品の特徴や他商品に比べての優位性を説明しながら顧客との売買契約を締結するのがセールスです。

ところが、デジタルの現場ではデジタルテクノロジーの進化によって、その境界線はとても曖昧になり始めています。多くのECサイトでは、顧客の過去の行動や購買履歴を記憶してどのようなことに興味があるのかを推測し、顧客に最適（と思われる）商品をお薦めしてくれます。

これはマーケティングでいう「売れるための仕組み」を、デジタルテクノロジーを活用したセールスの自動化という仕組みにまで広げた例だといえるでしょう。

すでにオフラインとオンラインの区別はない

コンピューターが家庭に普及し始めた当初は、コンピューターを使ったゲームやコミュニケーション、ECサイトでの買い物などのさまざまな体験は、リアル（現実社会）の体験と分けてバーチャル（仮想現実）と呼ばれていました。その後、現実社会での事象をオフライン、インターネット上での事

象をオンラインと呼ぶようになりましたが、その区別もデジタルテクノロジーの進化によって現在ではすでになくなってきたといえるでしょう。

例えばWebでの行動データと店頭での購買データを組み合わせたレコメンドを、スマートフォンのアプリを通じて知らせてくれるサービスを提供している企業もあります。さらには、スマートフォンにアプリを入れておけば、リアル店舗の前を通っただけで、デジタルクーポンを配布してくれるサービスもあります。消費者から見ると店頭に行くこともスマートフォンを見ることもどちらも普段の生活なのですから、オフラインとオンラインとを分けて考えることの方が不自然であるといえます。

マーケティングのデジタル化とはWebで取得できるデータをWebのみで活用するのではなく、ECサイトでの販売動向やリアル店舗での販売データと積極的に統合し、シームレスなマーケティング環境の中で戦略を検討していくことです。

今後のマーケティングを考えていく上では、「消費者はすでにオフラインとオンラインが統合されたプラットフォームの上で活動しているのだ」という発想に立つ必要があるのです。

デジタル化に対応するために必要な知識やスキル

マーケティングがデジタル化し、インターネット広告もそのデジタルプラットフォーム上でさまざまなデータを活用することが求められるようになるにつれてインターネット広告の担当者の押さえておくべき手法や知識も以前とは比べ物にならないくらい増加しています。 図表3-20 は、インターネット広告の戦略立案から運営実行にあたって必要となる知識や知見、スキルをトリプルメディアの発想に沿って整理したものです。トリプルメディアとは、企業のWeb戦略をオウンドメディア、ペイドメディア、アーンドメディアに分類する考え方です。

このように一覧にしてみると、覚えなくてはいけない知識や知見の量に圧倒されますが、これを一つ一つ暗記してもあまり意味がありません。もちろん基本的な理解は必要となってきますが、必要なことは詳細な知識を深掘り

していくことではなく、今のデジタル社会において消費者は何を考え、どのような行動を取っているのか？という消費者インサイトに対しての洞察力を養うことです。

その上で、直面しているマーケティング課題を解決するための手法には何が最適なのかを正しく検討し実行することです。

また、インターネット広告では新しいメディアや手法が次々と登場します。新しい手法は今までの手法の悪いところを解決した、より良い手法に見えてしまうことがよくあります。しかし、新しければ効果がある、最新の手法が常にベストであるかといえば、実はその保証はありません。

大切なことは、今のマーケティング課題は何か、何を解決するためのマーケティング施策なのかを正しく整理した上で、さまざまな手法や考え方を検討し判断を下していくことなのです。

図表3-20 多彩な手法の登場と必要な知識・スキルの増大

> 戦略立案・ユーザーエクスペリエンスを通じたブランド構築
> ネットならではの消費行動／カスタマージャーニー／
> デジタルクリエイティブ／カルチャー／マーケティングリサーチ

オウンドメディア領域	ペイドメディア領域	アーンドメディア領域
・HTML/CSS/JavaScript ・Web Analytics ・SEO/LPO ・コンテンツマネジメント ・アプリ開発 ・データフィード ・ファインダビリティ ・UI/UX、LTV ・決済、Fintech 等	・アドテクノロジー ・広告運用ノウハウ ・自動入札 ・DSP/SSP/DMP ・メディアプランニング ・タグソリューション ・トラッキング ・アトリビューション ・アドフラウド対策 等	・ソーシャルメディア/レピュテーションマネジメント ・ソーシャルアカウント運用 ・WOM ・テキストマイニング ・チャットボット ・Q&A/顧客対応 ・炎上対策 ・フェイクニュース対策 等

> 各種ツール活用（CRM、マーケティングオートメーション等）

> データ解析／データマネジメント／ソリューション開発

> ガバナンス／セキュリティー／個人情報保護

各手法をトリプルメディアの考え方に沿って、オウンドメディア（自社で所有するメディア）、ペイドメディア（費用を投下し広告を掲載するメディア）、アーンドメディア（SNS等で信用や評判を獲得するメディア）の三つに分類した

第3章／マーケティングの中での位置づけ　　85

3-8 メディアプランニングの基本的な考え方

メディアプランニングの基本的な進め方

3-3「マーケティングプランニングのフロー」では、マーケティング戦略から実際の実施計画がどのようにできるのかのフローを説明しました。ここではインターネット広告のメディアプランニング(メディア選定)について、より詳細に説明していきましょう 図表3-21 。

広告を実際に出稿するにあたっては、まずキャンペーン目的の整理をおこない、与件の整理を経てメディアプランを検討します。対象となる商品やサービス、キャンペーン内容によってメディアプランの内容は変わってきますが、およそ 図表3-21 のフローに沿って検討します。以下、それぞれについて順に解説していきます。

図表3-21 メディアプランニングのフロー

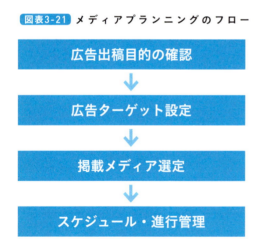

広告出稿目的の確認

　まず施策全体から見た各種要件などを整理しておけば、個別の施策間の整合性を再認識するときに立ち戻る基準となります。実際の企画検討に入る前に、企画の意図をあらためて整理しておきましょう。その場合、ビジネスフレームワークでもよく使われる5W1H（Why、What、Who、How、When、Where）を使えば、抜けも漏れもなく情報の整理ができます 図表3-22 。さらに、プランニングを行おうとしている商品やキャンペーンについて、自分の担当する領域のみではなくキャンペーン施策の全体がどうなっているのか、どのようなメディアでどのようなコミュニケーションが行われているのかを把握しておくことも大切です。また、運用型広告の出稿を検討するときにはKPIとして設定する項目、その設定したKPIに向けてどのような運用をしていくのかについて、方針も同時に確認しておきましょう。

　企画を考える中で、行き詰まったとき、困ったときなど、これらの項目で整理をした内容に立ち返ると、企画骨子から外れることのないプランに仕上がるでしょう。

図表3-22 メディアプランのための5W1H

施策目的 〈Why〉	何のためにプロモーションをするのかはっきりさせる
商品特長 〈What〉	伝えたいメッセージの内容を明確にする
広告ターゲット 〈Who〉	誰が見るのか、対象者によって内容も変わる
手法 〈How〉	WhatとWhoを考慮の上でどのように伝えるか考える
時期 〈When〉	やみくもにプロモーションしないで期間を設計する
タッチポイント 〈Where〉	プロモーションを行うメディアやデバイスを検討する

第3章／マーケティングの中での位置づけ　　87

広告ターゲット設定

　広告を誰に向けて掲載するのかといった「広告ターゲット」の考え方にも、広告目的の考え方によってたくさんのアプローチがあります。

●消費者属性によるターゲット設定アプローチ

　消費者属性によるターゲティングには、まず年齢、性別、職業、居住地域、年収などのデモグラフィックデータを使って分類するアプローチがあります。さらに、消費者の価値観、趣味やライフスタイルなどのデモグラフィックデータでは分類できない要素を使って分類するサイコグラフィックなターゲティング、さらにその両方を掛け合わせたターゲティング方法はよく使われます。

図表3-23 ターゲット設定アプローチの例

デモグラフィックアプローチ例
例1) 首都圏在住　20代女性　未婚
例2) 30代男性　ビジネスパーソン　既婚

サイコグラフィックアプローチ例
例1) アウトドアスポーツが好きで冬にはよくスキーに出かける層
例2) 有機野菜などを好み健康を気にする層

両方の掛け合わせ例
例1) ゴルフが好きで週末は自ら車でゴルフ場に向かう50代の経営者
例2) 資産運用が気になる20代後半の女性会社員

●顧客となる消費者のステータス別アプローチ

　消費者と企業の関係性によって、どのような施策を行っていくのかを考えていくこともできます。消費者はすでに購買経験がある「顧客」と、購買経験はないが顧客になる可能性が高いと見込まれている「見込み顧客」に大別できます **図表3-24**。さらに顧客は、すでに何度も購買していると考えられる「既存顧客」、初めて購買した「新規顧客」、過去に購買経験はあるが最近

は購買していない「休眠顧客」に分けることができます。また見込み顧客は、購買すべきニーズやモチベーションをすでに持っている「顕在顧客」、現時点ではニーズもモチベーションも持ち合わせていないが今後ニーズが発生する可能性があると考えられる「潜在顧客」に分けられます。

既存顧客や新規顧客の場合には、自分自身のニーズに合致していると判断した上で商品を購買し、使用していると考えられますので最も大切にしたい顧客です。この顧客をターゲットとする場合には、追加の情報やより良い商品イメージを持ってもらうことによって継続的な購買をしてもらうためのエンゲージメント向上を目的とした施策が適しているといえるでしょう。

また、ニーズが顕在化している顕在顧客については、そのニーズをくみ取り、いかに顧客のニーズに合致した商品であるかをメッセージとして伝える必要があります。休眠顧客については、以前は購買したのに今はなぜ購買していないのかの理由を探り出し、あらためて顧客のニーズに合致している旨のメッセージを伝える必要があります。そのため、いずれも課題解決型の施策が適しているといえます。

一方、まだニーズが顕在化していない潜在顧客に対しては、「ニーズに気付かせる」「ニーズを掘り起こす」といった、モチベーションを刺激することを目的とした施策が適しているといえます。

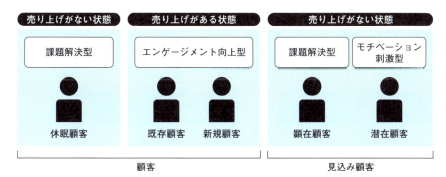

図表3-24 顧客ステータスと最適なアプローチ

出典：田村修『いちばんやさしいデジタルマーケティングの教本 人気講師が教えるメディアと販促の新しい基礎』（インプレス、2017年）

掲載メディア選定

　具体的に広告を掲載するメディアを選定するにあたっては、ターゲット属性やメディア属性、広告フォーマット、ターゲットがいつそのメディアに接触をするのかといった要素を検討しながら進めます。ここでは、いくつかの代表的なアプローチ方法を説明します。

●ターゲット属性とメディアデータによる選定方法
　最もシンプルな考え方は、ターゲットとなるユーザーのデモグラフィック（人口統計学的）分析をベースに、メディアを閲覧している読者のデモグラフィックデータ、読者の趣味嗜好に関する調査データ、読者のライフサイクルなどとすり合わせることによって最適なメディア選定を行っていく考え方です 図表3-25 。

　一方、ターゲットとなる消費者の心理的属性の分析（サイコグラフィック分析）からメディアコンテンツとのマッチングを検討し、さらにメディア閲覧行動特性を類推しながら閲覧すると想定されるメディアを選択していくことも行われます 図表3-26 。

　このように、メディア選定の際に過去の実績データからメディアカテゴリーやメディアブランドを選定していくケースに加え、アドテクノロジーの活用によりユーザーの閲覧行動データからオートマチックに最適なメディアの選定（あるいは最適なコンテンツページの選定）を行うことも可能になってきました。

図表3-25 デモグラフィックデータに基づくメディア選定

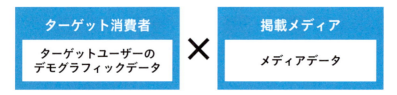

図表3-26 サイコグラフィックデータに基づくメディア選定

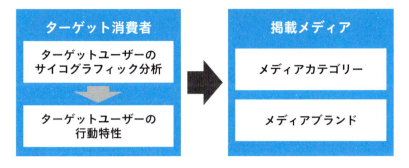

● 広告フォーマット別の特徴から見た選定方法

　広告フォーマット（表示形式）の特徴によってメディアを選定する方法もあります。インターネット広告には多くの広告フォーマットがあります。広告メニューやフォーマットにはその特徴によってそれぞれ得意とする役割があると考えられます。

　例えば、消費者が何か商品を探していたり、購買にあたっての比較検討をしていたりする場合には検索エンジンの検索結果に掲載される検索連動型広告が向いています。また、商品の認知やキャンペーンのインパクトを求めるときには動画広告が向いていると考えられます **図表3-27**。

　さらに、商品の特徴を詳しく読者に伝えたい場合には特定のメディアと広告企画を立てるタイアップ広告などの手法が向いているといえるでしょう **図表3-28**。

　メディアプランを作成する場合には、ターゲット属性やメディア属性に加えて広告フォーマットの特性も理解をしながらメディアプランニングする必要があります。

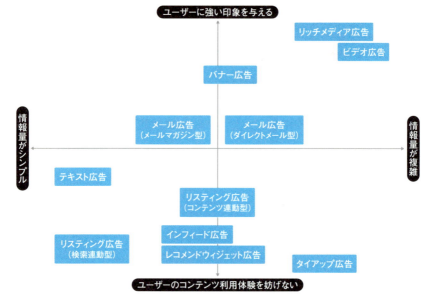

インターネット広告の種類ごとの特徴を、広告に載せられる情報量とユーザーに与える印象(インパクト)の軸で大まかに分類したもの。厳密な分類ではないが、それぞれの広告スタイルの特徴を比較しながら捉えられる

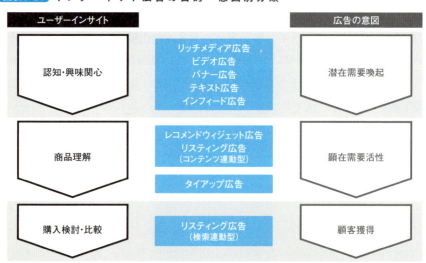

インターネット広告の種類ごとに、どのような意図で使われるケースが多いかを整理したもの。広告の意図や効果を限定するものではないが、広告の目的や意図に合わせてどの広告メニューを選択すべきかを考える参考になる

スケジュール・進行管理

　メディアの選定後は、実際のスケジュールや広告出稿に付随するタスクを洗い出し、進行管理をしていきます。広告原稿の入稿にあたっては、メディアごとにその期日や広告原稿のサイズや容量が異なるので、広告制作スケジュールをしっかり確認することはもちろん、重ねて各種計測用のタグの設定などとも合わせて進行管理をしていく必要があります。

ターゲットを捉えたメディアプランニングが必要

　以上が、基本的なメディアプランニングフローです。

　近年では、広告出稿を広告投下効率でのみ考え、広告効果をシミュレーションした結果で機械的にメディアを選定するケースもあります。

　しかし、広告出稿から最大限の効果を得るためには、自社の顧客となる消費者ターゲット像を明確に定め、その中での競合環境や差別化要因といったマーケット環境や移ろいやすい消費者心理をきちんと捉えながらさまざまな方向からアプローチし、その検討結果に基づいて施策を実行し、フィードバックすることこそが重要です。

3-9 インターネット広告で陥りやすい注意点

広告出稿の成果は売り上げで測っていいのか？

「広告の目的とは何か？」と聞かれれば、多くの人は「売り上げを上げることだ」と答えることでしょう。しかし、その商品の売り上げを決定付ける要因は広告だけでしょうか。実はその商品の売り上げを左右する要因は多岐にわたっています。例えば、商品の機能、デザイン、価格設定、ネーミング、パッケージ、競合商品、トレンド、第三者の評判（口コミなど）、販売ネットワーク、店頭での陳列場所（棚の位置）、Webサイトでの商品の探しやすさ、決済手段、景気の動向などが複雑に絡み合った結果が売り上げになります。

例えば広告クリエイティブでどんなに商品の価格や機能を訴求したとしても、そもそも商品が消費者にまったく知られておらず、さらに製造販売企業の情報が少な過ぎて商品が良いものなのかの判断が消費者につかないとしたら、消費者はその商品を積極的に購買するでしょうか？ おそらくそのブランドや品質への信頼を消費者が持っていなければ、購買はおろか比較検討の候補にすら上がらないでしょう。

売り上げだけを広告効果の指標として見た場合、売り上げに関わる他の要因を無視してしまう危険性にもつながるのです。

KGIとKPI

一般に目標を達成するためには、達成に向けて必要な段階をそれぞれ設定し、その一つ一つをクリアしていきながら最終的なゴールを目指します。広告出稿の場合もKGI（Key Goal Indicator）とKPI（Key Performance Indicator）という二つの重要な指標を分けて考えます 図表3-29 。

KGIは重要目標達成指標と呼ばれ、最終目標が達成されているかを計測するための指標のことです。例えば、広告出稿の最終的な目標が売り上げの

拡大であれば、「今回のキャンペーン出稿では月末までに前年対比120％の売り上げを目指す」といった、計測可能で具体的な目標のことをいいます。一方、KPIは重要業績評価指標と呼ばれ、段階を追いながら目標を達成していくマイルストーンとなる指標のことです。

例えば広告出稿のKGIが「前年対比120％の売り上げ」だとしても、そのキャンペーン対象商品が知名度の低い新発売商品である場合、マーケティング施策としては売り上げのアップを目指す前に、まずは消費者にその商品のことを知ってもらい、信頼の置けるものであると理解してもらう必要があります。その場合、広告の目標は売り上げではなく「商品の認知や信頼性の理解をしてもらうこと」といった中間指標を設定し、「認知が増えたのか」「信頼性を得ることができたのか」をKPIにしないと、企業の最終目的である「売り上げ」に結び付くシナリオを描くことはできません。

マーケティング施策の効果を上げていくためには、それぞれの施策の目的に沿った指標を設定していくことこそが重要なのです。

図表3-29 KPIの積み上げで最終的なゴールを目指していく

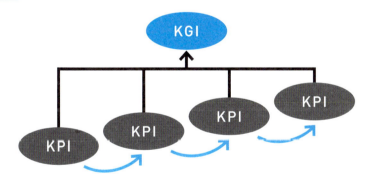

出典：田村修『いちばんやさしいデジタルマーケティングの教本 人気講師が教えるメディアと販促の新しい基礎』（インプレス、2017年）

数値のみを追いかければそれでいい？

インターネット広告が登場したときに「インターネット広告は効果が数値で表される」とよく言われていました。それは配信回数であるインプレッ

ション数、クリック数、クリック率（CTR）がレポートとして提供されるからに他なりませんが、これらの数値はあくまでも広告を閲覧した消費者の心理変化の一部が「広告をクリックする」という行動に出た結果の数値にすぎません。

広告出稿金額をクリック数や獲得量（リンク先ページで行われる購買行動や何らかの申し込み等に至った数）で割ったCPC（Cost per Click）やCPA（Cost per Action/Acquisition）といった指標も頻繁に使われますが、これらもあくまでクリックや購買・申し込みといった行動の結果を数値化したものにすぎません。

消費者は非常に複雑なステップや多様な要素に影響を受けながら購買意思を決定しています。その過程を踏まえずに、計測可能なピンポイントの数値のみを使って広告施策を評価することは、本来企業が向き合っていかなくてはいけない本質的なマーケティング課題を置き去りにすることになり、結果的に間違った評価や施策改善策につながります。

インターネット広告では各種データに向き合う必要がありますが、その数値の意味をきちんと理解し、計測できる数値と計測できない領域を意識しなければいけません。

COLUMN

個人でも参加可能な
成果報酬型広告の有用性と課題点

成果報酬型広告の位置づけ

JIAAならびに本書における「インターネット広告」とは、第1章で述べたように「媒体社が有償で提供する広告枠に掲出されるもの」であり、「インターネットメディア上で行われる広告宣伝活動および販売促進活動のうち、オウンドメディアやアフィリエイトなどは含まないもの」を指します。

しかし消費者から見た場合にJIAAで定義している「インターネット広告」とほぼ同義に見えてしまうようなプロモーション・広告宣伝活動があることも事実です。例えば「アフィリエイト」や「インフルエンサーマーケティング」といった、個人でも参加可能な成果報酬型広告がそれです。

インターネットビジネスは比較的参入が容易であり、広告ビジネスを始めようとする場合にも手軽に使えるプラットフォームサービスやテクノロジーが数多く提供されています。

中でも「アフィリエイト」はよく知られており、活用している人も多い手法でしょう。自分のブログなどに読んだ書籍の感想をアップする際に、その書籍を販売しているサイトへの特殊なリンクを張っておくと、そのリンクから書籍が売れた場合に販売額に応じた紹介料を得ることができる仕組みです。

また、個人でソーシャルメディアを利用している人の中には多くのフォロワーを持っており、その発言が多くの人たちに影響を与え

97

ている「インフルエンサー」も大勢います。こうしたインフルエンサーが、商品を使っていることを発言したり、商品の特徴を紹介したりすることに相応の報酬を提供して、フォロワーを通じた話題作りを行う手法を「インフルエンサーマーケティング」と呼びます。

　このような手法は、いずれも本書で取り扱っている「インターネット広告」の定義からは外れるのですが、消費者から見た場合にその違いがなかなか分かりにくいことも事実でしょう。

　消費者から見ると商品情報をさまざまな経路で入手することができ、また実際に使用した人の感想や素直な意見などを知ることができるといった購入や利用に対して有益な判断材料となります。

　また企業にとっても、広告や宣伝といった手法にとらわれずに消費者の生の声を取り入れながら商品告知や商品内容の説明を行える、あるいは話題作りができることに加えて、最終的には売り上げの拡大にもつながる有益な手法であるといえます。

個人でも参加可能な成果報酬型広告の課題

　しかしその一方で、こうした手法では個人としての意見や行動が大きく前面に表れ、さらに個人の報酬に直結するために不適切な手法が用いられて、企業やプラットフォームの提供側がコントロールしきれない部分も出てきています。近年頻発している課題としては、以下のような例があげられます。

①ブログやサイトへのアクセスを増やすために、不正な手段を用いる場合がある。

　成果報酬型広告ビジネスの場合、クリックや販売などの成果がないと収益とはなりません。成果を上げるためには、まずはそのサイトへの大量のアクセスが必要となりますが、それを目的として許可なく著名人の名前や肖像を利用したり、他で評判の高いコンテンツを無許可で利用するケースがあります。

②第三者による掲載内容のチェックが不十分となり、得られる報酬を追求した過激な意見や虚偽の内容を掲載してしまう場合がある。

　広告の場合には掲載時あるいは掲載後にその内容の審査を経るために掲載場所や掲載内容についてのチェックがありますが、個人の裁量で取り扱う場合には第三者のチェックが及ばず、結果的に不適切な表現内容や違法な表示となってしまう場合があります。

③報酬を得ているのにもかかわらず、そのことを公開していない場合がある。

　いわゆる「ステルスマーケティング」の問題です。消費者が特定の個人から商品情報を受け取っているとき、その情報が個人的な使用体験に基づくものなのか、報酬や商品提供を受けた上での意見なのかを偽ることは、消費者の判断基準を誤らせる一つの要因となります。

　インターネットを活用した広告やマーケティング手法には「インターネット広告」以外の手法も数多くあります。どの手法も法令遵守や消費者保護の視点を持ち、正しく活用すれば広告主、メディア、消費者、各サービスの提供者すべてにWin-Winの関係をもたらすでしょう。

　しかし、一歩間違うと広告やマーケティング、プロモーション業界全体の信頼を失うことになるため、インターネット広告の業界のみならず関連する各業界がそれぞれ現在ある課題に真摯に向き合っていく必要があります。

第 3 章／マーケティングの中での位置づけ　　99

（参考文献）

・田中洋『消費者行動論体系』（中央経済社、2008年）

・青木幸弘、新倉貴士、佐々木壮太郎、松下光司『消費者行動論―マーケティングとブランド構築への応用』（有斐閣、2012年）

・田村修『いちばんやさしいデジタルマーケティングの教本 人気講師が教えるメディアと販促の新しい基礎』（インプレス、2017年）

・田村修「変化を続けるデジタルの時代にマーケティングの守備範囲はどこまで広がるのだろう」『2018年度 産業能率大学コンテンツビジネス研究所 アニュアルレポート 第4号』（産業能率大学コンテンツビジネス研究所、2018年）

第 **4** 章

広告指標と測定の新常識

マーケティングのデジタル化に伴い、広告指標と測定は日々進化し複雑化しています。本章では指標の意味を正しく解釈し、有効に活用するために必要な考え方と効果検証のポイントを詳しく解説します。

4 -1 広告効果測定の フレームワーク

「KPI迷子」による「Checkの崩壊」を防ぐために

　マーケティングのデジタル化は現在進行形で日々進化をしています。デジタル化に伴い、マーケティング施策に関してリアルタイムかつ高頻度で取得できるデータも非常に多くなってきました。その結果、マーケティング施策に対してPDCAサイクルを実行し、ビジネスの成長を遂げている企業も日に日に増えてきています。

　広告の指標と測定方法も時代とともに発展を遂げてきており、PDCAの「Check」の部分を担う重要な役割を果たしています。ユーザーに所有・使用されるデバイスの複数化、3G、4Gと進化してきた通信速度の高速化、それに伴う広告フォーマット（画像や動画など）の多様化、ビッグデータといわれるようなデータ量の増大を通じて、インターネット広告における指標と測定方法も複雑化してきています。

　例えば、ある広告をデジタル上で出稿した場合、次のような指標が考えられます。インプレッション数、リーチ数、動画再生率、動画再生秒数、動画へのエンゲージメント指数、ビューアブルなインプレッション数、広告からのクリック数、クリック数をインプレッション数で割ったクリック率（CTR：Click Through Rate）、そこからのコンバージョン数、コンバージョン率（CVR：Conversion Rate）。さらに、インプレッション数、クリック数、コンバージョン数のそれぞれを投下した広告費で割った指標として、インプレッション単価（CPM：Cost per Mille）、クリック単価（CPC：Cost per Click）、コンバージョン単価（CPA：Cost per Action/Acquisition）、またその長期指標であるLTV（Life Time Value）などがあります。ほかにも態度変容指標、例えば広告認知率やフェバリティの評価の変化など、一つの広告でも多種多様な指標を見ることができます。

　このため、仮に広告出稿の最終目標（KGI：Key Goal Indicator）を売り上げ

アップとした場合、KGIを達成する上で重要となる中間評価指標（KPI：Key Performance Indicator）を、出稿から売り上げに至るまでの量的・質的なさまざまな指標の中で設定することができます。ここでKPIが正しく設定できていればいいのですが、重視すべき中間指標の認識を誤るとKGIを達成する上で何ら影響を与えることのない指標をKPIに設定してしまうことになってしまいます（いわゆる「KPI迷子」）。そうなると、ビジネスにつながるかどうかの確証はないまま、多量の誤ったKPIのレビューを毎週のように繰り返すことになり、PDCA自体が機能しなくなる「Checkの崩壊」とも呼べる状況を招いてしまいます。

そこでこの章では、到達指標・効果指標の定義、測定手法、その長所・短所を整理し、過去の発展を振り返りながら今後の課題を考えてみたいと思います。

広告目的の考え方

製品・サービスのマーケティング活動を展開する目的は、究極的には企業自体、あるいはその製品・サービスが「売れること」「利益を生み出すこと」「その状態が持続すること」にほかなりません。マーケティングにおいて広告が果たすべき役割は多様化・重層化していますが、端的にいえばモノ・コトを動かすこと、そしてその原動力となるヒトの感情を動かすことだといえます。

広告を展開する目的は、その対象となる企業や製品・サービスの成熟度合い、プロダクトライフサイクルによって、さらには訴求するターゲットによって千差万別です。まずはこの広告目的を整理していきたいと思います。

新商品と既存商品ではそもそもの広告目的が異なります。新商品では第一義としてその製品・サービスを消費者に知ってもらうことが重要なミッションになります。一方既存商品では、消費者に対するリマインド、興味・関心度の向上、内容理解の深耕、購入意向の醸成、リピート購入の促進、あるいは新機能追加に対する認知向上など、プロダクトライフサイクルの段階によってミッションの方向性や比重が変質します。

同様に耐久消費財と非耐久消費財、B2Bサービスとオ B2Cサービスなど、製品・サービスのあり様によってターゲット設定や訴求内容が異なり、それと合わせて広告目的も異なってくるでしょう。

　とはいえ、インターネット広告に絞った場合、その広告フォーマットの成り立ちや性質から、シンプルに次の二つの広告目的に収斂され、語られるケースが多くなっています。

①ブランディング目的：企業または企業の製品・サービスの認知向上や理解促進など、ブランドへの態度変容を目的とした広告出稿

②パフォーマンス目的：企業の製品・サービスの直接的な購買や会員獲得、いわゆる行動変容を目的とした広告出稿

　つまるところ、比較的長期を見据えブランドエクイティ（ブランドの資産価値）を形成するための戦略と、比較的短期間で獲得成果を求める戦略ということになります。ただし最近はブランディング目的であっても獲得成果を求めるケースもあり、広告の目的と期待する成果にも変化が見られます。

広告効果の考え方

　インターネット広告は、そのインタラクティブ性（双方向性）がゆえに、広告に対する反応が数値として、しかも全数で測定されるため、ダイレクトなレスポンス指標に焦点が置かれてきた経緯があります。しかしながら、クリックという行動として表面化しなくても、他のメディアの広告と同様に、広告を認知したこと自体によって得られる効果も決して見逃してはいけません。それが「認知効果」です。さまざまなリサーチや研究から、他のメディアと同様にインターネット広告の認知効果も検証されています。

　インターネット広告の効果は、主に以下の3点に集約されます。

①ブランドコミュニケーションメディアとしての「到達効果」

②プロモーション（マーケティング）装置としての「トラフィック効果」

③販売チャネルや刈り取り機能としての「レスポンス効果」

　それぞれの効果を確認する上で前提となるのが、「広告が到達したかどうか」ということであり、到達と効果は対で語られる必要があります。広告が

ユーザーに到達して初めて効果を確認できる状態になるため、広告の到達状況を正しく把握することが必要となります。

効率と効果の違い

さて、広告目的とその効果を表す指標は、表裏一体の関係にあります。中間指標としてのKPIは、広告目的によって視点が変わってきます。

「効率」と「効果」、一見似たような二つの言葉ではありますが、その意味合いは大きく異なります。例えば、広告投資（インプット）に対する獲得件数（アウトプット）を例に取ると、「効率」とは、広告投資を減らして獲得件数を維持することであり、「効果」とは、同じ広告投資で獲得件数を増やすという考え方です。

つまり、インプット（広告投資）に焦点を当てるのが「効率」、アウトプット（獲得件数）に焦点を当てるのが「効果」といえます。

ビジネス状況でその役割が変化するものの、一般的にはパフォーマンス型の広告は、得られる成果をより小さなインプット（広告投資）で獲得する、どちらかといえば「効率」の向上が重要であり、一方ブランディング型の広告は、広告投資によってマーケティングの「効果」の最大化を目指すことが重要な施策です。

「効率の向上」と「効果の最大化」、広告目的により目指す方向性が異なるものの、広告の配信量が評価のスタート地点となるのは同じです。ブランディング目的の場合にはできるだけ多くのユーザーに広告に接触してもらうことが重要になり、多少効率を落としてでもリーチを拡大していくことが欠かせません。一方、パフォーマンス目的の場合にはどれだけ少ない広告投資で多くのクリックを得られるかが重要であり、狙ったターゲットに効率良く広告を到達させる必要があります。

第 4 章 ／ 広 告 指 標 と 測 定 の 新 常 識　　　　105

到達指標と効果指標(態度変容・行動変容)

　広告の進化とともに発展してきた広告指標と測定ではありますが、種類も測定方法も複雑であるため、いったんその種類を整理して、考え方のフレームワークを提示してみます 図表4-01 。

　広告効果測定で使われる指標には、大きく分けて「到達指標」と「効果指標」があります。到達指標は特にリーチ関連のデータの検証で使われる指標で、実際にどれだけ予定通り広告がユーザーに到達したかを検証するものです。

　一方で、効果指標は広告配信によってユーザーの態度変容や行動変容などにどれだけ影響を与えたかを把握するための指標です。効果測定にはクリエイティブやターゲティングなどの要素も入るため、この二つの指標を分けて考えることでよりアクションにつなげやすくなります。この二つを分けて理解しておくことはPDCAサイクルを実行する上で非常に重要です。

- 到達指標:リーチ(率/人数)、フリークエンシーなど
- 効果指標(態度変容・行動変容):クリック率、コンバージョン率、製品・サービスへの関与度など

図表4-01 到達指標と効果指標で測定できる範囲

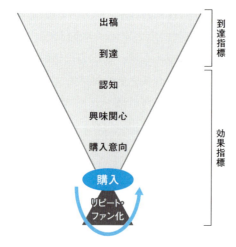

広告が出稿された後、認知から購入に至る過程でターゲットが絞り込まれていく様子を表した「マーケティングファネル」において、到達指標と効果指標のそれぞれが測定する範囲を示している

マルチチャネルを含めた広告の指標と測定方法

広告の到達指標と効果指標（態度変容・行動変容）を考える上でもう一つ考えなければならない軸が、広告が複数のメディア、複数のデバイスを経由して一人のユーザーに接触する場合、すなわち「マルチチャネル」の測定です。広告が表示されるデバイスが複数化しており、特に現在は一人当たり約3台のデバイス、3カ月平均で7つのクッキーを持っているといわれています（インテージ調べ）。これに合わせて効果測定ツールも発展を遂げているため、整理をする上で重要な軸となります。

これまでに解説した到達指標や効果指標と、シングルチャネル／マルチチャネルの軸を掛け合わせて考えてみましょう。このフレームワークをベースに、現在ある広告到達指標と一般的に使われている広告効果調査・分析を図示したものが 図表4-02 です。

左上にはシングルチャネルのいわゆる広告到達指標が入ります。右上はシングルチャネルの効果測定ですが、この中に二つのタイプの測定方法が入ります。①広告が到達した人がどれくらいブランドへのイメージ・態度を変えたかという「態度変容調査」と、②実際に行動がどれくらい変わったかを測定する「行動変容指標」（CTR等）および「行動変容調査」（コンバージョンリフトテスト）です。

一方マルチチャネルには、デジタル内でのマルチチャネルと、オンライン・オフラインを絡めたマルチチャネルの主に2つの考え方があります。デジタル内でのマルチチャネル到達指標では、メディアをまたいだリーチ測定調査などが行われています。効果測定としては態度変容調査やアトリビューション分析があり、オンライン・オフラインを絡めた分析手法としてはマーケティングミックスモデリングがあります。

これらのマルチチャネルや購買行動との関係を分析可能にするデータとして、一人のユーザーからオンライン・オフラインのさまざまなデータを取得可能なシングルソースの調査パネルが存在しています。これは、同一ユーザーに対してメディア接触や購買行動など複数のデータの収集・トラッキング、アンケートの実施が可能になるサービスです。

ビジネスニーズの変化に合わせて多種多様な調査方法・分析手法や、それを可能にするデータが存在しているのは広告指標・測定の進化といえるでしょう。本章では、以上で整理したフレームワークに沿って、広告指標の定義や測定の手法について解説していきます。

図表4-02　シングルチャネル／マルチチャネルの指標と測定方法

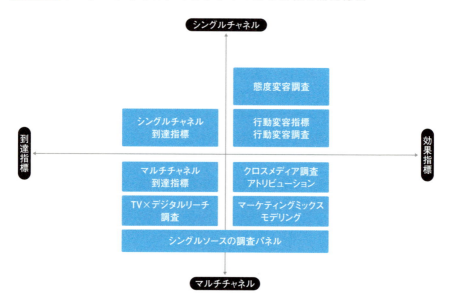

本章で指標と効果測定を考える基本となるフレームワーク

COLUMN

その指標の「効率」は最適なのか

クリック率で絞り込むのが効率化？

　クリック率は高い方がいい――。普通はそう考えるでしょう。広告配信したすべての配信先をクリック率の高い順に並べてロングテールの図を作ると下記のような概念図になります 図表4-03 。右下の反応の悪い配信先は次回以降は排除し、左上の反応率の高いターゲットに絞り込んでいくことが、インターネット広告の最適化（オプティマイズ）ということになると考えられがちです。しかし本当にそうでしょうか。

図表4-03 配信先をクリック率の高い順で並べる

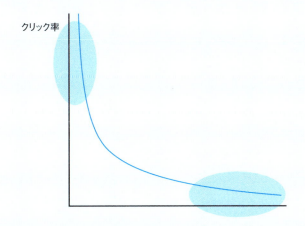

クリック率の高いターゲットに絞り込むのが「効率化」……？

「率」が上がっても「数」が上がらない

クリック率の高いターゲットへ絞り込むと、確かに「効率」は高まります。

しかし、それほど反応の高い消費者というのは、もしかしたらもともと広告に接触しなくても商品やサービスを使ってくれている顕在顧客やヘビーユーザーなのかもしれません。

また、単にクリックしてランディングページを閲覧するだけでは、広告主企業の関係者やライバル企業の関係者の情報チェックであったりして購入につながっていない可能性さえあります。

そして、顕在顧客の購買には顧客数も購買数にも上限があるわけで、効率を追求すればするほど「率」は高まっても、「数」が増えないという矛盾を抱えることになります。

また、絞り込まれたターゲットに何度も広告を重ねていくと焼き尽くしという現象も起こします（「バーンアウト」「刈り尽くし」ともいう）。メッセージ伝達が過剰となり、それ以上買えない、買う気が起きないという状態に達したら、反応が止まるのは当然です。

潜在的な顧客に「広く告げる」ことが大切

語義に戻れば、広告とは「広く告げる」こと、販促とは「販売を促す」ことです。

販売を促さずとも買ってくれる人々に狭く告げていくことは、効率はいいかもしれませんが、本来の広告や販促の目的を達していないのです。

まったく反応しない人々に広告配信しないことは当然ですが、反応率の高いターゲットに対してもむしろ広告配信をせず、顕在顧客向けのコミュニケーションに特化した方が目的達成につながる可能性が高いでしょう。

広告や販促の本来の目的に照らして考えれば、広告配信をすべき

相手は「広告に接触することで心理や態度が変容しうる潜在顧客や休眠顧客」であると考えられます。そのような潜在顧客や見込み客に対して「メッセージを『広く告げ』ていく」ことで心理変容をもたらし販売を促進させていくことは、広告の本来の役割といえます 図表4-04 。

すなわち、直感的には「効率の高いところへ集中的に配信することを目指す」と思われがちなインターネット広告は、本来の目的達成に鑑みると「効率の低すぎるところに加え、高すぎるところもあえて捨て、中程度の反応率のターゲットに働きかけるためにメディアプランとクリエイティブの工夫を重ねる」ことこそが大切であるということが分かります。

ただ単に表面的な効率を短絡的に高めることは、本来の広告目的に照らすと、最適化とは逆に向かう可能性が高いと考えられます。

図表4-04 「中程度の反応率」のターゲットを狙うことが大切

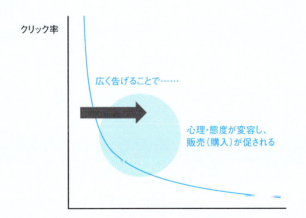

「広告に接触することで心理や態度が変容しうる潜在顧客や休眠顧客」に注力することが販促につながる

到達指標と効果指標

代表的な広告到達指標

これまでにも述べてきましたが、あらためて広告の到達を示す代表的な指標を以下に示します 図表4-05 。これらを正しく測定することで、広告の到達状況を正しく把握することが可能となります。

広告は到達して初めて効果が生まれます。広告の効果を把握することにおいては、「到達効果」がキーファクターであり、リーチやCPM（Cost per Mille）といった到達指標の把握が重要だと認識されています。

また、広告が到達したとしても、一人のユーザーに平均何回到達したのかというフリークエンシーも広告認知に影響を与える要素です。一般的に平均何回接触させれば広告が認知される可能性が高いかといった「有効フリークエンシー」の分析も進んでおり、プランニング現場ではその結果をもとに、必要なフリークエンシーを得るために最低限必要な出稿量を検討するなど、広告認知・広告フリークエンシー指標をベースに広告出稿計画が検討されています。

図表4-05 代表的な五つの到達指標

到達指標	解説
インプレッション（Impression、imp）	広告が配信された総回数
リーチ（Reach）	広告が1回以上配信された人数（ユニークユーザー）、またはその割合
フリークエンシー（FQ：Frequency）	広告到達者に平均何回広告が配信されたかを示す値
GRP（Gross Rating Point）	広告延べ到達率。リーチ×フリークエンシーで算出する
CPM（Cost per Mille）	広告配信1,000回当たりの単価 CPM＝（広告費÷インプレッション数）×1000 ※動画広告では、CPV（Cost per View、広告視聴1回当たりのコスト）」も使用する

フリークエンシーの考え方

　フリークエンシーを考えるにあたっては、期間の概念も考慮に入れる必要があります。例えば、ある広告に10回接触したと仮定した場合、1日で10回接触したのと、1カ月で10回接触したのとでは、その先の認知、意識・態度変容に及ぼす影響も異なります。有効フリークエンシーなど、フリークエンシー指標の分析においては、単に接触回数だけでなく、どの程度の期間で達成したのかも重要な評価ポイントになります。

　ただし、広告配信量のコントロールは実は非常に難しく、フリークエンシーも考慮して広告を出稿したとしても、広告接触回数別の構成が極端になるケースが多々見られます。広告接触者の接触回数構成を見ると、1〜3回程度の少数回接触者（過少フリークエンシー）と10回以上の多頻度接触者（過剰フリークエンシー）でその大半が占められることとなり、広告を認知する適正な回数（有効フリークエンシー）接触するサンプルが極めて少ないという結果になりがちです。ただ、フリークエンシーが過剰になったとしても、クリエイティブをコントロールすることで効果の向上も期待できます。接触回数によって複数のクリエイティブを出し分けることで、訴求商品をより深く理解させることが可能になるなど、フリークエンシー指標を評価するにはさまざまな要素を考慮して判断することが求められます。

　なお、効率重視の広告出稿の場合、現時点での自社の製品・サービスに対する興味関心者がターゲットになるため、今後顧客になる可能性のある見込み客（リード）に対しては広告が届かず、結果として将来的な顧客獲得につながるブランディング効果を得られない可能性がある点には注意が必要です。

代表的な広告効果指標

　広告がユーザーに到達したとしても、それが認知されなければ効果にはつながりません。そのため、ユーザーに認知されるよう、出稿量やターゲットなどの条件を設定し、広告は配信されます。

144ページでも示しているように、広告出稿量と広告認知率の関係がモデル化され、プランニングの際に活用されているのは、広告認知率が広告の効果を示すにあたって重要な要素であるからといえます。

図表4-06 代表的な三つの効果指標

効果指標	解説
広告認知率	広告到達者のうち、何%が広告を認知したか
態度・行動変容効果	その広告を認知した人が、訴求している製品やサービスについて、購入意向喚起などの態度変容にどの程度作用をもたらしているか
ブランディング効果	広告認知者にとって広告商品・企業に対するイメージなどの総合的な印象がどの程度アップし、将来も含めた潜在的な顧客獲得につながるか

広告認知やブランドに対する態度変容

媒体によっては、媒体内で広告が露出したことによる広告の認知状況やブランドイメージの変化などを把握する態度変容調査を提供しています。仕組みとしては以下の通りです。

①まずそれぞれの媒体が持つユーザー属性やシグナルをベースにまったく同じ条件のテストとコントロールグループを作ります。

②テストグループには広告を表示し、コントロールグループには広告を見せないようにします。

③そしてどちらのグループにも媒体内で認知率などのアンケートを実施します。

④最後に、その差を計算することで、テストグループはコントロールグループに比べどの程度スコアの向上が見られるかを明らかにします。

図表4-07 媒体内での態度変容調査の例

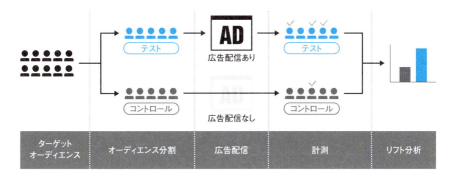

オーディエンスを二つのグループに分け、広告配信コントロールを行うことで広告接触による効果を確認する

クリックやコンバージョンなどの行動変容

　態度変容と同様に、実際に広告に接触したユーザーがどのような行動をしたのかを測定する方法です。測定タグといわれるコードをWebページに挿入したり、アプリにソフトウェアを開発するためのツールであるSDK（Software Development Kit）を設定したりすることで測定が可能になります。クリックに関する指標としては以下のものがあります **図表4-08**。

図表4-08 クリックに関する指標

指標	解説
クリック数（Click）	広告がクリックされた総回数
クリック率（CTR：Click Through Rate）	広告の表示回数に対してクリックされた比率（%） CTR＝（クリック数÷インプレッション数）×100
クリック単価（CPC：Cost per Click）	広告1クリック当たりの広告単価 CPC＝広告費÷クリック数

　同様にコンバージョンに関する指標として以下のものがあります **図表4-09**。コンバージョンとは製品・サービスの購入／見積もり請求や会員登録など実際のユーザー行動のことです。

実際の広告の効果に関してはアンケートの代わりに、クリックやコンバージョンをしたかを見ることがポイントとなります。

図表4-09 コンバージョンに関する指標

指標	解説
コンバージョン数（CV：Conversion）	広告を経由して商品購入／会員登録などの獲得に至った件数
コンバージョン率 （CVR：Conversion Rate）	広告を経由してサイトを訪れたユーザーのうち、コンバージョンに至った件数の比率（%） CVR＝コンバージョン数÷クリック数×100
コンバージョン単価 （CPA：Cost per Action/Acquisition） （CPO：Cost per Order）	1コンバージョン当たりの広告単価 CPA＝広告費÷獲得成果件数 CPO＝広告費÷注文件数

クリック指標における注意点

デジタルマーケティングの世界では、クリックは行動指標の一つとして、そしてその後の本来達成したいマーケティング上の目的コンバージョンの中間指標として、非常に重要視されています。

しかし、ユーザーの接触行動はさまざまで、接触時にはクリックを行わず、その後、検索などを通じて広告で訴求した製品・サービスのWebサイトを訪問するケースもあります。例えばFacebookの社内データによると、91％の人が広告を見た直後にはクリックをせず、広告を見た、いわゆるビューのインパクトだけがあり、その後コンバージョンが起きたという事実があるようです。

ユーザーのこのような行動をポストインプレッションと呼び、インプレッション効果の一種として注目されています。

ポストインプレッションは、特に、動画広告やリッチメディア広告などのより強い印象を与える広告でその効果が高いとされており、その効果はビュースルー率（View Through Rate）やビュースルーコンバージョン（View Through Conversion）などで示されます。

クリックはデータ収集が容易なため多用されていますが、あくまで中間指

標であるということを理解して利用することがPDCAサイクルを実行する上では重要です。

広告コスト指標

また、広告運用全体の成果を表す指標にも触れておきます。広告のコスト効率を示す指標として、「ROAS」「ROI」があげられ、入札価格や予算設定の見直しなどに活用されています。

「ROAS」とは、「Return on Ad Spend」の略で、投下した広告費に対してどれだけの売り上げを上げたか（どれだけ回収したか）を示す指標です。売り上げ÷広告費×100で算出されます。ROASのスコアが高いほど、費用対効果が高い広告運用ができていることになります。

広告運用における「ROI（Return on Investment）」は、1クリック／1コンバージョン当たりの投資効果を利益ベースで示した指標であり、（コンバージョン数×平均利益単価−広告費）÷広告費×100で算出されます。ROIのスコアがプラスであるほど採算性が高く、逆にマイナスの場合は損失を出していることになります。ROASが良くてもROIが悪ければ、広告費に対して利益が生まれていないことになるので、ROASとROIの両指標を参照し、広告運用していくことが望まれます。

マルチチャネルでの指標と測定方法

マルチチャネルにおける広告到達測定

　インターネット広告はオンラインであるがゆえに、広告メディアや配信事業者自身がログにより各種指標の全数を測定することが可能です。しかし、複数メディア（マルチチャネル）にまたがったキャンペーン全体での効果測定を行うことが困難であったために、科学的アプローチでのプランニングの促進を妨げる要因となっていました。現在では先にも述べたシングルソースの調査パネルや、インターネットメディアをまたがった接触判定を行えるサービスにより、それらの課題がクリアになりつつあります。

　ユーザーのマルチデバイス化、インターネット広告の一般化により、各企業の広告戦略は複数のデバイスやメディアをまたいだ戦略へと変化してきました。こうしたマルチチャネルにおけるリーチ指標の課題に対応したソリューションの開発も進んでいます。

● 「DAR」（Digital Ad Ratings）
　ニールセンデジタルが開発した「DAR（Digital Ad Ratings）」は、インターネットメディアの測定において代表的なサービスです。日本国内で約2,800万人（2018年末時点）といわれるFacebookユーザーを、ある意味、属性情報を持っている巨大な"パネル"として活用しており、測定するデジタル広告のログをFacebookという巨大パネルにマッチングすることで、オーディエンスベースでのリーチ測定を可能にしています。なお、別途、代表性のあるパネルデータと融合し、拡大推計を行うことでサンプルの偏りを排除する工夫もなされています。

　「DAR」に限らず、他のリサーチ会社においても独自に調査パネルを設定しインターネットメディアを横並びで測定することが可能ですが、DARではグローバルメディアを中心に、測定可能なメディア・デバイスが多岐にわ

たることが大きな特徴です。

●テレビ×デジタルリーチ調査
　「調査モニターが所有しているテレビ受像機にセンサーの設置を依頼し、個人単位のテレビ接触データを取得する」「テレビ受像機からログを取得する」など、テレビ接触ログは現在さまざまな方法で提供され始めています。これらをモニターから別途取得するインターネット行動データと組み合わせることで、実際のテレビCMへの接触とインターネット広告の接触状況を組み合わせて分析することが可能になりました。このようなテレビ×デジタルの広告トータルリーチを測定するサービスがビデオリサーチ、インテージなどの企業により提供されています。

　このような環境整備は、これまでどちらかというとパフォーマンス系の効果指標が中心だったインターネット広告においてブランディング効果を意識させる大きなきっかけとなったかもしれません。

マルチチャネルにおける広告効果測定

　前項ではマルチチャネルの到達指標測定方法について述べましたが、現在使われているマルチチャネルにおける広告効果測定手法についても触れたいと思います。①マルチチャネル態度変容調査、②アトリビューション分析、③マーケティングミックスモデリング、④シングルソースの調査パネルです。

①マルチチャネル態度変容調査

　テレビ・ラジオなどのオフラインメディアと、インターネットなどのオンラインメディアが、ユーザーのブランドや企業に対する関与度や態度変容にどのように影響したのかを把握するための調査です。オフライン・オンライン各メディア広告への接触状況を確認し、アンケートによるブランド・企業

に対する意識・態度変容の回答を組み合わせて効果を示します。媒体別広告接触状況は機械的に把握する方法（ログベース）とアンケートで確認する方法（意識ベース）など、各事業者によって取得方法はさまざまですが、接触広告別のブランドリフトの差分により、媒体別の態度変容に対する貢献度を確認することが可能です。

② アトリビューション分析

アトリビューション分析は特にデジタル内でのマルチチャネルでのROAS計算に使われる分析手法で、例えばバナー広告、リスティング広告、SNS広告などでの組み合わせがあった場合にそれぞれの貢献度を計算するときに使われます。アトリビューション分析は主にルールベースのモデルと統計モデルの二つに分類されます。

● ルールベース

貢献度の分配方法をあらかじめルールで決めておき、リアルタイムで取得される広告指標データに掛け合わせて算出する方法です。コンバージョンが発生する直前のクリックに100%の貢献度を配分するラストクリックアトリビューションモデルや、均等配分モデルなどがあります。

● 統計モデル

統計的な処理を行うことでより正確な貢献度を計算するやり方です。正確さの上昇が見込まれる一方、結果と連動して毎回貢献度の計算をやり直すことになります。

アトリビューション分析は非常に有効な広告効果測定方法である一方、後に述べるユーザープライバシーの問題でそれぞれのデータを結合することが難しくなってきています。アトリビューション分析は今、分岐点にあるというのが現状です。

③ マーケティングミックスモデリング（ＭＭＭ）

　MMMは統計モデルの一つである回帰分析を使って売り上げ・コンバージョンの貢献度を計算する方法です。売り上げ・コンバージョンに影響すると思われる因子、例えばそれぞれのメディア投資、それ以外にも価格や、企画品などのプロモーション、サンプリング、その他季節性や経済要因を統計的に分けて貢献度を計算することができます。テレビや雑誌、OOH（Out of Home media）を含めたオフラインメディアもモデルに入れられるため、統合的なマーケティングミックスの分析に使うことができるのが特徴です。

　2000年代前半から使われていた手法で、グローバル企業を中心に広告戦略に広く使われていました。アトリビューション分析と違い、ユーザーレベルでのデータの統合を必要としないためプライバシーの問題もなく、現在再び脚光を浴びています。

④ シングルソースの調査パネル

　同一ユーザーからテレビ・インターネットの接触をはじめ、他のオフラインメディアの接触や意識、生活行動など、さまざまな情報を取得できる調査パネルであり、マルチチャネルによるリーチの把握、態度変容調査に活用されています。

　ビデオリサーチ、インテージではテレビ・インターネットへの接触を機械式で測定するシングルソースの調査パネルを構築しており、接触時間帯、接触回数といったより実態に即した広告接触状況を加味して分析を行うことが可能です。加えて、広告認知、商品関心を得るために必要な広告接触回数を示す有効フリークエンシーの分析を行うなど、シングルソースの調査パネルから得られるデータによって分析の幅も広がっています。

　また、デバイスの識別子を軸にさまざまなデータを紐付けることも行われています。例えば、クライアントが持つデータや、購買情報・位置情報などのさまざまなデータを組み合わせることが可能であり、広告キャンペーン全体の効果の把握、施策検討などのPDCA管理に活用されています。

測定データの収集対象の違い

全数調査とパネル調査

インターネット広告が日本でも産声を上げてから2年後の1998年ごろから、測定のためのデータ収集が始まり、次の2種類に大別される流れのまま現在に至っています。どちらのデータ収集方法にも効用と限界があり、それぞれの特徴を活かしながらビジネスの目的に合わせてPDCAサイクルを実行することが重要です。

- 全数調査
インプレッション数やクリック数など、測定対象すべての測定データの収集を目指す手法です。量的な効果を測定するときに採用されます。

- パネル調査
意図的に集められたユーザー（調査パネル）に対して測定データの収集、アンケートによる意識・態度変容など、量的・質的効果を測定するデータ収集方法です。コスト・技術・測定許諾などの要因により、全数調査の実施が困難な場合にも採用されます。

全数調査の効用と限界

全数調査とは、その名の通り広告が配信された回数やクリックされた回数を実数ベースですべてカウントする手法です。測定タグ（測定用のプログラム）を設定することで測定が可能になります。

全数調査は、インプレッション数のみならず、リーチ、フリークエンシーなどの到達指標、クリック、コンバージョンといった効果指標を測定することができるため、一般的な測定手法として広く活用されています。

容易に誰にでも測定が可能であるため、今でもインターネット広告業界において基本的な調査手法である一方で、ログによって把握できるのはサイト訪問履歴やクリックの有無などの行動だけであり、なぜそのサイトを訪問したのか、なぜ広告をクリックしたのかといった実際の行動に至った意識の変化は分かりません。

　全数調査にはまた、すべてのログを収集するため、測定、データ加工・集計等にかかるコストが膨大になるという特徴もあります。さらにモバイルアプリなどそもそも測定が困難なケースや、メディアによっては第三者に測定を許可しない場合もあります。また、インターネット上でトラフィックやクリックを機械的に発生させるコンピュータープログラムであるbotの存在や、クリックの定義など各媒体での定義の違いがあり、一概に並列で比較しづらいという限界があります。

パネル調査の効用

　現在多くの調査会社が、任意で集めたユーザーに対してアンケートを行うことができる「調査パネル」を抱えています。これらに登録しているモニターからは性年代、職業などのデモグラフィック情報や、意識や所有商品等のサイコグラフィック情報など、事前に多くの情報を取得することが可能です。

　このような調査パネルから特定の条件に合致するユーザーを抽出し、アンケートによって意識・態度変容を確認することを「パネル調査」と呼びます。

　パネル調査は質的な効果を測定する際に採用され、出稿した広告がどの程度認知されたか、広告を見てどのような態度変容があったかを確認することで、広告の効果を示す際に活用されます。ユーザーの反応を示すものとしては、「クリックした」「資料請求した」等の実際の行動に加え、「広告を見てその企業を好きになった」「広告を見てその商品を買いたくなった」という意識・態度の変化もそうであるといえます。

　コスト的、技術的、環境的に全数調査では実施が難しいケースにおいて、

第4章／広告指標と測定の新常識　　　123

パネル調査はパネル登録者に対してのみ広告の配信コントロールをすることで測定費用を抑えられます。加えて測定データではなくアンケートによって接触を確認できるために、全数調査では測定できないメディアの到達状況を把握できるといった利点もあります。

パネル調査の課題

広告に接触することで態度変容にどのような影響があったかなど、パネル調査でしか分からないことも多く、非常に有用な効果測定手法だといえますが、パネルそのものに対する課題も存在します。

一つはパネル種類の問題です。調査パネルには、「ランダムサンプリング」と「自己登録制」の二つの種類があります。

ランダムサンプリングはテレビ視聴率調査などで用いられている手法で、協力してもらうユーザーを調査したいエリア内の特性に合わせてランダムに抽出するため代表性のあるサンプルとなり、世の中の動きを把握する上で有効となります。

一方で自己登録制の調査パネルは、協力意思のある人が自分で調査パネルに登録することになるので、そのエリアを代表したサンプルとはいえません。ある意味偏った集団であることを認識する必要があります。そのため、広告接触者、自社ブランド利用者、特定の意識を持った人といった、条件に合致したターゲットに対するアンケートに適しています。最近では自己登録制のアンケートパネルで全体傾向を把握することも行われていますが、その場合はエリアや性年代など、ある程度母集団に合わせることでその偏りを軽減することが必要になります。

なお、自己登録制のインターネットアンケートモニターでは、本人の許諾を得た上でネット上の行動履歴をはじめ、さまざまなデータを収集することができます。さらに、アンケートによる大量のプロフィール情報や企業・ブランドに対する関与なども取得可能であり、これまで実施が困難であった測定データと意識データの組み合わせにより、行動の根拠をより正確に把握することができるようになっています。

もう一つはパネル規模の問題です。調査パネルの中から広告接触者を確保するには、測定可能な媒体への出稿量が重要になります。広告接触者が少なければアンケート自体実施することができなくなるので、パネルの中から一定の広告接触者を確保できるよう、出稿先媒体や出稿量を加味した上でパネル調査実施可否を検討することになります。このためパネルの規模（登録者人数）は重要な要素となります。

　さまざまな環境変化、技術の進歩により、インターネットを介したデータの取得が容易になったことで、各社が独自で大量のデータを取得するケースが増えています。ビッグデータと呼ばれるこのようなデータは広告プランニングや配信に利用されるようになりました。

　ただし、ビッグデータは例えば、特定のサービスに登録している人、特定の機器を所有している人など、その大量のデータをある種の偏りのある集団から取得しているケースが多く、全体を把握する上で必要な代表性を担保するのが非常に困難となるので、パネル調査とはそもそもまったく異なる種類のデータである点には注意が必要です。

　情報の取得可否やパネル自体の特殊性に注意する必要もありますが、まずは目的とKPIとする指標を明確にし、その上で取得できる情報の詳細など、実際の実施条件に照らし合わせる必要があります。測定環境と調査を行うサンプルの条件を正しく設定し、またビジネス仮説と照らし合わせながらパネルでの広告測定結果を解釈することが重要となるのです。

測定における課題

　全数調査・パネル調査いずれにおいても、広告接触やクリックの実態を把握する際には測定を実施することになります。

　しかし、昨今のインターネット広告の高度化・複雑化に加え、データ取得に関する世の中の意識の高まりにより、さまざまな課題も散見されるようになりました。以下、個々の課題について説明していきます。

① アプリにおける動画広告測定の難しさ

さまざまな動画コンテンツが各種プラットフォームにおいて視聴できるようになるにつれて、動画広告も普及してきました。

動画広告は主にスマートフォン、タブレットPCでのアプリで視聴されるケースが多くなっています。動画広告の測定を行う場合は測定タグを設定するだけでなく、アプリに測定用のSDKを設定したり、アプリ上の動画プレイヤーを改修したりする必要があるケースが多く、媒体社に大きな負担を与えてしまうことになります。また、配信テストも含めた時間やリソースがかかることも指摘されています。

動画広告はその測定のハードルだけでなく、視聴判定の定義にも課題が存在します。動画広告の効果は再生（視聴）1回当たりのコストであるCPV（Cost per View）、再生（視聴）完了1回当たりのコストであるCPCV（Cost per Completed View）などの指標で示されるように、視聴（View）が評価の基本軸となっています。CPVは動画広告が1秒でも再生された数、CPCVは動画広告が最後まで再生された数をベースに算出されます。また、それにビューアビリティも絡め、画面上にどの程度表示されたかによって視聴とカウントするかどうかが変わるなど、視聴判定の定義を確認することも重要になります。

② アドフラウドも含めた不正クリックの問題

インターネットの黎明期から、測定されたインプレッションには、検索エンジンがサイトのメタデータを集めるために実行するロボットプログラム（bot）などのいわゆるノンヒューマンアクセスが含まれることが知られていました。ところがここ数年、悪質なプログラムを利用して広告を機械的に表示させたり、クリックさせたりするアドフラウドによって、広告効果が不正に水増しされることが欧米で問題となっています。日本でもインプレッションやクリックといった中間指標を重視している広告主が増え始めていることもあり、欧米同様に問題視されています。

③クッキーなど識別子の重複カウントの問題

効果測定で同一の消費者を識別するために使われるサードパーティクッキーは、現在は各媒体社のポリシーに鑑みて1〜2年に有効期限を規定しているクッキーが一般的になっています。それに加え、現在ではデバイスに導入されるセキュリティーツールによりクッキーが定期的に削除されるケースもあります。また同じ消費者が異なるデバイスを利用していたり、同じデバイスでも複数のブラウザーを利用していたりする場合にはクッキーが別になるため、それらを同一の消費者と認識することが難しく、消費者を重複カウントしている可能性が指摘されています。

④媒体による測定タグの受け入れ制限

それ自体は否定されるべきことではありませんが、測定タグ（Viewable Java Script含む）を自社のポリシーにより受け入れない媒体社も存在します。測定タグの動きは広告の配信のふるまいにも影響するため、慎重にかまえる媒体社も存在します。グローバルプラットフォームの媒体社を中心として、受け入れる測定タグを一部のベンダーに限定、もしくはいくつかの審査に合格したベンダーのみを受け付ける「広告測定タグの審査制度」を有する媒体社も珍しくありません。

⑤ITPなどブラウザーのトラッキングの制限

iPhoneなどiOSデバイスの標準ブラウザーである「Safari」では、ITP（Intelligent Tracking Prevention）といわれる仕様がiOS 11以上で導入されています。これはサードパーティクッキーの挙動を防ぐ仕組みで、事実上Safari上でのサードパーティクッキーを活用した測定ができなくなることを意味します。クッキーに代わって、さまざまなデバイスの特徴データを用いてユニーク性を特定するフィンガープリント方式と呼ばれる手法を実現する測定タグもありますが、スマートフォンのブラウザーではまだ実用性を見極められて

いません。

⑥GDPRに代表されるプライバシーへの配慮

　2018年5月、EU加盟諸国を中心に欧州で個人情報を含むデータについて厳しい取り決めを定めたGDPR（EU一般データ保護規則）が施行されました。パーソナルデータの取り扱いに対してユーザーから同意を得ることが求められ、原則オプトインによる承諾が必要になります。また、クッキーなどのオンライン上の識別子においては、現在検討されている「eプライバシー規則」によって、より厳しく制限される可能性があります。現時点では日本への影響はまだ分かりませんが、プライバシーへの配慮は消費者の守られるべき範囲と考えるのが当然となっています。特に欧州経済圏のユーザーを抱えるメディアでは、それらに対しどのように配慮して、ポリシーで何を掲げていくかのルール作りが求められています。

測定の今後の課題

　以上のように測定によるデータ取得は課題を抱えており、万能ではありません。カウントされる定義がメディアによって異なっていることもありますし、あらゆる広告が測定できるというわけではありません。

　また、パネル調査における測定は、第三者の測定となることが多いため、アプリ測定や媒体ポリシーによって測定不可となるケースが多いことと、プライバシー保護により取得可能なデータに制約を受けることもありえるなど、測定環境が厳しいのが実情です。今後もその測定の課題は増えることはあっても決して減ることはないでしょう。

4-5 インプレッションとリーチ

インプレッションのカウント方法

ここでは、その先の到達指標を正しく把握する大きなポイントとなるインプレッションのカウントについて整理していきます。インプレッションのカウントには以下の方法があります 図表4-10 。

- 広告配信サーバーのログを数えるもの（リクエストベース）
- 広告配信サーバーから測定タグ（測定用のプログラム）を広告と一緒に配信し、主にインプレッションを数えるもの（OTSベース）

リクエストベースのカウントは今でも行われていますが、2004年に日本の一部媒体社がOTS（Opportunity to See。広告配信時にカウントするのではなく、ブラ

図表4-10 一般的なインプレッションのカウント方法

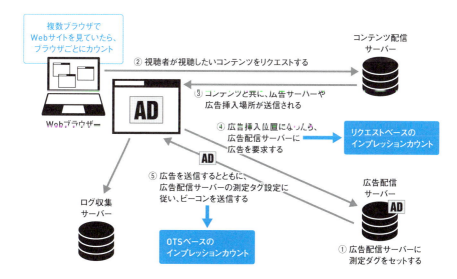

第4章／広告指標と測定の新常識

ウザー上など広告表示に近いポイントでカウントする測定手法）を採用し始めてから
は、インプレッションのカウントというとOTSベースの方法を指すことが
多くなっています。

　このようにカウント方法が変遷してきたのには米国の事情も影響していま
す。米国ではインターネット広告のインプレッション測定基準が、オンライ
ンメディア・テクノロジー企業の団体であるIAB(Interactive Advertising Bureau)
により厳密に規定されており、リクエストベースであるサーバーサイドで
のカウントは認められていません。2004年時点ではクライアントサイドカウ
ンティング、つまり広告がユーザーに見られる時点（OTS）に最も近いタイ
ミングで測定すること、かつユーザーからの広告配信リクエストに応じて、
ユーザー側に広告素材が届いたと確認できた場合のみカウントされる、と規
定されています。そして、現在のバージョンでは、ユーザー側のブラウザー
で、広告素材がデバイスの画面上に描画（レンダリング）されたことが確認で
きた場合のみカウントされる、と更新されています。

　さらに、広告のインプレッションの測定に関しては、「キャッシュバス
ティング手法の導入」（ブラウザーのキャッシュデータを利用しないようにし、表示
された回数を正しく把握できるようにすること）、「過剰な自社内トラフィックの排
除」「アドフラウドに代表されるノンヒューマンアクティビティなど適切で
はないインプレッションの検出・排除」――といった要素を満たしているこ
とが求められています。

インプレッションのカウントにおける注意点

　メディアにとって、どれだけ多くのユーザーに短時間で広告が届けられる
かはメディアの価値を示す指標となります。それを機械的に容易に把握でき
るようになったことで、インターネット広告におけるインプレッションとい
う指標は広告の配信状況を示す上でなくてはならないものになっています。

　しかし、インプレッションを理解する上でいくつか注意すべきポイントが
あります。

　まず、先に述べたように、カウント方法によってインプレッションのスコ

アは変わります。各社はそれぞれの基準で測定を行うため、メディア間の比較を行う場合、その基準が異なれば正しい評価ができなくなってしまいます。

次に、インプレッションはユーザーのブラウザーからのリクエストによってカウントされるものであり、厳密にはブラウザーに対して配信された広告の回数ということになります。つまり、ユーザーが同じPCで複数のブラウザーを利用していれば、利用しているブラウザーの数だけインプレッションがカウントされます。PCだけでなく、スマートフォンやタブレットでWebサイトを閲覧し、広告のリクエストを行えば、それらもすべてカウントされていきます。

リーチの考え方と算出方法

インプレッションは広告の総配信回数を示す重要な指標ではありますが、ターゲット全体の何%に到達したかを把握する「リーチ」の考え方を求める動きも出てきています。

米国では2011年ごろから広告主の団体であるANA（Association of National Advertisers）と広告会社の団体4A's（American Association of Advertising Agencies）およびIABの3団体によって、「3MS（Making Measurement Make Sense）」というジョイントベンチャーが設立されました。ここでの活動は、デジタルメディアの価値を他メディアと同様に正当に評価し、デジタル広告がブランディングに貢献できるためのシステムや枠組み作りなどを議論・検討・構築していくものです。

この3MSの指針の一つとして、デジタル広告の取引指標に関して、インプレッションの総量ではなく、オーディエンス・ベースのインプレッションへの移行、すなわちGRP指標（Gross Rating Point。リーチ×フリークエンシーで算出できる）の導入が掲げられています。他メディアの広告と同じように評価・管理できるリーチ指標に対する渇望が、その背景にはあります。

リーチは広告が1回以上配信されたユニークユーザーの割合を示す指標であり、割合を算出するための母数となる集団を必要とします。なお、リーチは接触判定のベースによってそのカウントが異なります。例えば、ユーザー

第 4 章 ／ 広 告 指 標 と 測 定 の 新 常 識　　131

単位（UU：Unique User）で測定した場合と、ブラウザー単位（UB：Unique Browser）で測定した場合で結果が変わります。

図表4-11 は5人のユーザーに対する広告配信状況を示しており、総配信数は15回（15imp）となります。この広告が配信されたブラウザーやユーザーの割合を確認するにあたっては、ブラウザー（UB）単位で算出する場合、5人のユーザーの利用ブラウザー数の合計である11を、ユーザー単位（UU）で算出する場合はユーザー数である5人を母数とし、それぞれ接触のあったブラウザー・ユーザー数の母数における割合を計算したものがリーチとなります。

このように、リーチ指標の活用においてはその測定単位によって結果が異なることに注意が必要です。

図表4-11 リーチ算出の考え方

| ユーザー | デバイス | ブラウザー | 合計 15imp | 接触判定 | |
			配信(imp)	ブラウザー単位(UB)	ユーザー単位(UU)
A	PC	a	2	○	○
	スマートフォン	c	4	○	
B	PC	a	1	○	○
	スマートフォン	c	0	×	
	スマートフォン	d	5	○	
C	スマートフォン	c	0	×	×
D	PC	a	0	×	○
	PC	b	0	×	
	スマートフォン	d	3	○	
E	PC	a	0	×	×
	スマートフォン	c	0	×	
			配信カウント	5ブラウザー	3ユーザー
			母数	11ブラウザー	5ユーザー
			リーチ	45.5%	60.0%
			フリークエンシー	3回	5回

リーチの算出における留意点

インターネットの世界において、「個人」を同定することは容易ではありません。

ユニークユーザーは重複を除いた純粋な接触者の数となりますが、その判定方法はIPアドレスやクッキーがベースであり、前述のように「個人」を同定するのは困難です。

そのため、より個人の把握に近いカウント方法として、アクセスされたブラウザーにクッキーを振って訪問者数をカウントするユニークブラウザーが使われるようになりましたが、同一ユーザーの異なるブラウザー利用や、そもそもクッキーを拒否するユーザーもいるため、正しく「個人」を把握するには至っていません。また、多数のユーザーを抱えるインターネットサービスの登録ID情報を軸にユーザーをカウントするケースもありますが、いくつものIDやアカウントを持つユーザーも存在しており、結果として重複カウントすることになってしまう可能性があります。

このような重複のある指標を使って分析することは誤った解釈を生み出す要因となります。サイトやアプリの分析の際に、一定期間内にサイト訪問・アプリ利用を行ったユーザーをアクティブユーザーと定義し、MAU（Monthly Active User）、WAU（Weekly Active User）、DAU（Daily Active User）を算出することはよくありますが、これらのベースとなるアクティブユーザーの算出根拠がクッキーやブラウザーであれば、結局は1人のユーザーを重複してカウントしている可能性もあり、正しい結果を把握することができなくなります。

ユーザーは複数の識別子を持っており、それらを統合することで初めて1人のユーザーとして認識できるようになるのです。

パネル調査を組み合わせたリーチの算出

しかし、「個人」を同定することなく、「人」ベースでカウントするリーチの把握はかないません。そこで、全数調査とパネル調査を組み合わせ、実際の到達割合を算出する動きも出てきました 図表4-12 。

第4章／広告指標と測定の新常識　　133

パネル調査であれば、登録モニターからインターネットに接続する機器情報に加え、それらのクッキー情報などの「個人」を特定する識別子を取得することができます。

　調査モニターに対して測定タグが発火する仕組みが設けられたモニター専用のWebページにアクセスさせて、登録モニターのブラウザーのクッキーを取得しモニターIDなどのモニター識別子と結び付けてデータベースに保存します。これを全数調査で取得した広告接触ログのクッキーと照合すれば自動的に広告への接触・非接触が科学的に判別できます。インプレッションがカウントされたクッキー情報と、モニターの持つクッキー情報を突き合わせ、パネル登録者単位で広告に接触したかどうかを判定することができるようになり、ここで判定された「個人」の人数がパネルに登録している総人数のうち、どの程度の割合を占めるのかによってリーチを算出することができるようになります。

　また、パネル調査は意図的に選定したユーザーに対してアンケートを実施することができるため、全数調査と組み合わせたハイブリッド調査により、広告への接触判定に加え、広告接触ユーザー、広告非接触ユーザーの意識を比較し、広告がブランド関与（商品認知、商品興味関心、商品好意、商品購入意向など）に与えた効果を示すなど（ブランドリフト調査）、パネル調査の活用の幅

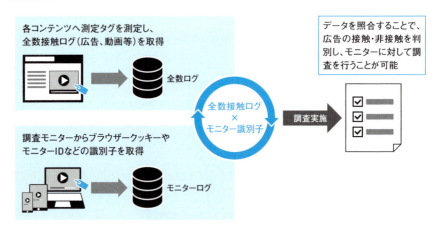

図表4-12　パネル調査と全数データを活用したハイブリッド調査方式

が広がっており、全数データと併用することでPDCAのプロセスの中でより良い判断ができることになります。

　リーチを把握する場合、広告への接触判定の方法には注意が必要です。
　上記のハイブリッド調査のように、測定タグを設定した上で実数ベースのインプレッションをパネルと照合しているものもあれば、測定タグではなく、アンケートで広告接触を確認するケースもあります。先に述べたようにインターネット広告の接触判定には多くの課題が存在しており、すべてを網羅的に測定すること、特に媒体間をまたいだマルチチャネルの測定は現状では困難です。そのため、広告の接触判定を行う際には、測定事情も考慮した上で、実測やアンケート、もしくは他の手法などを検討し、最適な方法で実施する必要があります。

効果検証におけるポイント

データの客観性に注意する

　測定したデータが客観性があるものであるかどうかはとても重要です。インターネット広告の測定手法はいくつかあり、また例えば「測定タグ方式」（122ページ参照）のように同じ方式を採用したとしても、タグのベンダーにより結果が違うことが昔から指摘されています。「測定タグ方式」を用いてインターネット広告を測定する場合、①測定タグの実行タイミング、②測定タグのファイルサイズ、③測定タグが保管されているサーバーからの通信距離、④ログデータのクリーニング（データチェック・加工）方法、⑤集計ロジック——などにより結果が異なることがよく知られています 図表4-13 。

　このような状態の中でさまざまな測定データが巷間であふれており、諸外国においても一部の広告主の間では「データの定義や測定手法の不統一」に疑問を持つ声も上がっています。

図表4-13　測定タグ方式で結果に差異が出る場合

要因	結果
① 測定タグの実行のタイミング	広告の配信前／配信後に測定する場合や、広告の配信後に複数のタグが発火する場合でもタイミングにより結果が異なる
② 測定タグのファイルサイズ	測定タグのファイルサイズが大きいほど、ブラウザーやアプリに読み込まれる前に通信が切れて測定できなくなる可能性が高くなる。ただし、タグが重い場合はそれだけ多くの情報をログとして捕捉する場合が多いので一概に軽い方が良いともいえない
③ 測定タグが保管されているサーバーからの通信距離	測定タグが発火するブラウザーから、測定タグが呼び込まれるサーバーまでのネットワーク上の距離によって結果が異なる場合がある
④ ログデータのクリーニング方法	アドフラウドの適用や、重複データの削除などの適用により結果が異なる
⑤ 集計ロジック	一例としてクッキーが書き込まれていないログを集計から排除するか、推計ロジックを作りユニークユーザーに含めるかなどの違いで結果が異なる

米国3MSがインターネット広告の測定指標基準を提示しており、調査ベンダーの測定ソリューションがその基準に従っているかを監査するMRC（Media Rating Council）という団体も活動しています。このMRC監査の認可を得た測定ソリューションを使うことにしている広告主や、自メディアの測定を許可するインターネット媒体社も存在しています。またドイツやフランスでも測定ソリューションの監査が行われています。

このような監査が行われることで、定義や測定手法が統一化され、データに客観性を与えることができるようになります。

もちろん、測定ソリューションだけでなく、アンケートで取得する意識データについても同様に信頼性が問われています。特に、昨今、安価で素早く大量のサンプルを集めることができるインターネット調査がアンケートの主流となっていますが、登録モニターの属性や特殊性など、回答するサンプルがどのような集団であるのかを認識することが大事です。アンケート対象者の属性や構成に過度の偏りがあれば、そこから得られる結果もまた特殊な回答になりがちです。そのために、その偏りを軽減させるための工夫が必要になります。また、コントロール条件が適切か、調査結果が恣意的でないかなど、調査設計や結果の導き方にも注意を払うことが求められます。

広告主／プランナーが求めるのは、意思決定に資する「相対比較ができるデータ」です。例えば、媒体の普及過程において、その到達や効果（出稿価値）を確認するためにあえて出稿するようなケースでは、媒体社自らによる「自社調べ」の情報で事足りる場合もありますが、マーケティング目標達成のために数多くある選択肢（広告媒体）に対してプランニングを行う場合、A社調べとB社調べとで測定の基準が異なるようなデータでは、データに基づいた意思決定を行うことができません。偏りのない相対評価ができるデータが存在しないことは、自らの価値を広告主に示したい媒体社側にも、広告・コミュニケーションのために媒体を活用したい広告主側にも不便な状態であり、広告媒体の成長・活性化において良い状態とはいえません。

普遍性を持つデータによって客観的に広告の効果を説明するのは当然のことでしょう。日本ではMRCのような監査団体こそ組織されていませんが、信頼関係のある事業者間において厳しい相互チェックが行われており、それ

第4章／広告指標と測定の新常識　　137

によって客観性が担保されています。また、測定ソリューションについては、仕様が確認されていて、かつ信頼のある第三者機関による測定であることが重要です。

広告効果をベンチマークと比較して検証する

広告の効果検証を行う際に大事なのは、結果を比較するという考え方です。比較する指標を決めてKPIを設定し、今回のキャンペーンの結果がどうだったのか振り返ることで、このまま同じやり方で次もキャンペーンを実施すればいいのか、改善を図るべきなのか判断できるようになります。

例えば、自社で販売する商品「化粧品A」のバナー広告を制作し、インターネット上で宣伝した広告プラン（キャンペーン）があったとします。この広告プランの効果を調べるために、広告配信時に測定タグをセットし、出稿終了後、アンケートも実施したところ、 図表4-14 のような結果が得られました。

この結果から、みなさんはどのように上司に報告しますか？ 「クリック率が1％」という数字は高いのか、低いのか？「商品購入・利用意向が30％得られた」というのは、広告出稿に成果があったといえるのか、いえないのか？ この結果だけでは判断が難しいでしょう。つまりベンチマークとなるKPIと比較したときに初めて、キャンペーン結果が良かったのかどうかが判断できるのです。

ではKPIはどのように設定すればいいのでしょうか。KPIの設定材料となる比較指標はいくつかありますが、141ページのコラムで代表的な比較方法を紹介します。

図表4-14 測定結果をベンチマークと照合して判断する

ログによる取得指標	
	今回結果
CTR	1%
CVR	3%
CPA	500円

アンケートによる取得指標	
	今回結果
商品認知率	55%
商品興味関心度	40%
商品購入・利用意向	30%

KPIと比較すると、キャンペーン結果が良かったのかどうかが判断できる

各広告指標を定義し、共通認識を持つ

　インターネット広告では、さまざまなデータが取得できることでこれまで見えなかった真の効果を確認することができるようになりました。その結果、インターネットの各施策に対する評価を容易に行えるようになっています。広告効果の各指標が可視化できるようになったことで、広告主が費用対効果を高めるべく、KPIを重視し細かな指標を突き詰めるなど、効果測定を重視する傾向は一層強まっています。

　効果指標によっては取得するデータが異なり、複数のデータベンダーより提供されることも多いです。それらのデータを組み合わせて指標を算出していくことになりますが、その際に注意しなければならない点もあります。

　それは"各指標の元となるデータが、どのような定義付けで算出されたものか"ということです。

　例えば、インプレッションを比較する際に、先にも述べたように、同じインプレッションでもカウントの定義が異なればその結果も違うものになるため、その指標がどのような定義で算出されたものかを確認することが重要になります。

　また、表示された広告がユーザーが視認できる状態（ビューアブル）で表示されたことを表す、ビューアブルインプレッションを重視する企業も増えてきました。

　ビューアブル（視認可能）でない広告は、ユーザーの目に触れていない可能性もあり、広告の到達効果が得られなくなる可能性があります。アメリカ

第4章／広告指標と測定の新常識　　139

では3MSによってビューアビリティの基準が示されており、日本でもその基準に倣っているケースが多いものの、事業者ごとの媒体特性によって基準が異なることもあります。また、同じビューアブルインプレッションといっても、デバイスや広告クリエイティブの表示面積、表示されている秒数など、測定する基準によって算出されるスコアに差が生じてしまうので、注意が必要です。

このように、測定している指標が同じであってもその基準が異なれば、同じ尺度で比較をすることができなくなりますので、結果を誤って解釈してしまう可能性があり、PDCAのCheck時の誤ったビジネス判断につながります。

インプレッションの測定基準が異なれば、効果を算出する上で母数となる数字が変わってしまいます。また、インプレッションには不正なトラフィックが含まれている場合もあるので、それらを排除した数字であるかどうかを確認する必要があります。クリック指標についてもメディアによってその定義が異なることもあります。例えば動画広告の場合、実際にクリック行動を起こさなくても、一定秒数動画を視聴することでクリックとしてカウントするケースもあり、必ずしも同じ指標が同じ定義を持つわけではありません。

測定指標だけでなく、アンケートで確認する意識データであっても、回答者の属性、聞き方、選択肢の内容が変わるだけで回答傾向が変わるため、単純比較を行うことが困難になります。

同じ意味、同じ基準で測定された数字を比較してこそ正しい効果検証が可能であり、結果を過小・過大評価しないためにも、各指標において、その定義をすり合わせること、共通認識を持つことがPDCAサイクルを実行する上で重要なのです。

COLUMN

KPI設定の参考になる
代表的な比較方法

　KPIの設定材料となる比較指標はいくつかありますが、以下に代表的な比較方法を紹介します。それぞれの比較方法の特徴を理解することが、ビジネス上のより良い決断を導くだけでなく、PDCAのCheckの崩壊を防ぐ上でも必要とされます。

テストグループとコントロールグループで比較する

　広告効果測定で一番大事なことは、その広告の接触を起因としてどれくらい態度変容や行動変容といったビジネス結果が変化したのかという因果関係を理解することです。因果関係を把握するにはいくつか方法がありますが、理想的な方法としてはRCT（Randomized Controlled Trial、ランダム化比較試験）があります。被験者がまったく同じ属性である二つのグループを作り、一方をテストグループとし、もう一方をコントロールグループとして、テストグループにのみ広告を表示するという方法です。そのために例えば性年代をそろえてランダムのグループを作ったり、それ以外の属性情報も含め統計的な処理を施すことで性別・年代を含め統合的にランダムのグループを作成する方法がとられたりします。

接触／非接触で比較する

　因果関係を理解する上ではテストグループとコントロールグループを作ることが一番理想的ではありますが、同じ属性である母集団から抽出するには統計的なサンプリングが必要となり、調査パネルからの抽出ではその前提がクリアできず、実施が難しいことがよくあります。その中で現実的な方法論としてよく使用されている方法が、広告に接触した人と接触していない人での比較です。例えば以下のように広告に接触した人と接触していない人で比較したときに広告に接触した人の方が各種指標が良好であれば、広告による効果があったものと推察できます 図表4-15 。ただし、この方法の場合必ずしも因果関係を示しているわけではないため、接触者と非接触者の違いを含め解釈する際に注意する必要があります。特にテレビと違いデジタルでの広告の場合、ターゲティングの結果により広告効果が上がりやすい人に広告が配信されやすいという特徴があるため、単純比較をするとその差が実際の効果より大きく出てしまうことになります。

図表4-15 　接触／非接触で比較する

		接触	非接触
CTR		1%	—
CVR	◎	3%	2%
CPA	◎	500円	700円

広告に接触した人の方がCVRもCPAも高い

時系列で比較する

　売り上げ同様、広告効果も「前期比」「前年比」で比較する方法です。毎月／毎年定期的に実施していない場合は、「前回の広告プランと比べてどうだったか」を比較することも多いです。ただし、

この比較の場合、季節性やマーケットサイズ、現ユーザーの数など、いわゆる広告の有無以外の要素も入ってしまうため、因果関係を把握する上では注意が必要です。そのため120ページで説明したマーケティングミックスモデリングのような統計処理を行うことで広告の純粋なインパクトを測定することが重要です。

商品・ブランド間で比較する

例えば「化粧品A」の広告プランと「化粧品B」の広告プランではどのような広告効果の違いがあるのか、といったように比較する方法です。似たような商品・ブランドで複数のキャンペーンを実施している場合、ブランド間の相違をある意味で無視しているため広告の純粋なインパクトを測るのは難しいのですが、お互いを比較することでターゲティング方法やクリエイティブなどのブラッシュアップにつながるヒントが得やすくなります。

蓄積されたデータで平均値やノームを作る

最も汎用的で、さまざまな角度から比較できるのが過去の蓄積されたデータを複数用いて平均値やNorm値（ノーム値）を算出する方法です。この方法では、蓄積されたデータの数が多ければ多いほど算出される値の精度も高まります。

調査会社をはじめとする第三者機関では、自社に限らず、競合も含めたさまざまな業種・カテゴリーの蓄積データを保有しています。自社だけでは集められない競合や異業種の値を用いた平均値やNorm値を活用することで、市場における自社の立ち位置を把握し、より適切なKPIの設定と評価につなげるための示唆を得られます。

例：「広告認知率を30％にしたい」ときに必要な出稿量

　インターネット広告を出稿するにあたり、KPIとして設定した目標値の達成にはどの程度の出稿量が必要なのか、あらかじめその"目安"が分かれば無駄打ちによる余分な費用の発生や、逆に出稿不足によるキャンペーン効果の減少などを防ぐことができます。ここではNorm値を使った参考例として、「広告認知率を30％にしたい」ときにインターネット広告の出稿量はどの程度必要かを考えてみましょう。

　テレビCMにおいて広告効果を考える場合には「生活者がどのくらいCMを見れば、どのくらい広告を認知するのか」といった視点から広告効果を考えることが多いわけですが、現在、インターネット広告においてもテレビ同様に「広告配信数と広告認知についての関係」が発表されています。

　これは、テレビCMの考え方をインターネット広告にも適用し、インターネットでもターゲット人口に対してどのくらいの広告出稿を行えば、どのくらいの「リーチ」が獲得でき、その際にどのくらいの広告認知を生むのかをモデル化したものです。

　 図表4-16 は、レクタングル広告（300×250ピクセルまたは350×240ピクセルのバナー広告）の男女20〜69歳における認知カーブです。例えば、「ターゲットの広告認知率を30％にしたい」というKPIを掲げた場合、「広告認知率」を30％獲得するのに必要な「広告延べリーチ」はおよそ300％であることが分かります。

　このように広告出稿結果を蓄積し分析・モデリングすることは、インターネット広告に限らず、広告業界で広く用いられており、より効果的・効率的な広告プランの作成に活用されています。

図表4-16 認知カーブ：レクタングル広告の場合（男女20〜69歳）

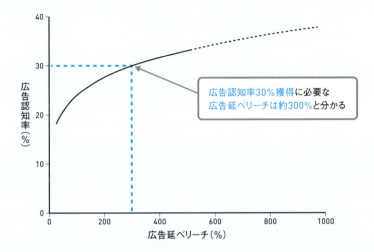

テレビCMの場合において、放送1本当たりの個人視聴率（リーチ）を合算してGRPを算出し「延べリーチ」としているように、インターネット広告では1回の広告配信（1imp）のリーチを合算した「総配信数÷想定ターゲット人口」を延べリーチと考える

出典：日本広告業協会／ビデオリサーチ／ビデオリサーチインタラクティブ「オンライン広告の認知効果の基準値整備」（2015年9月）

広告の到達を表すビューアビリティ

ビューアビリティの考え方の背景

　本章ではインターネット広告の「到達と効果」の「指標と測定」について考察していますが、広告が到達するというのはどのような状態でしょうか。ユーザーのデバイスに広告が配信されたとしても、ユーザーの目に触れる場所に表示されていなければ広告が到達したとはいえません。そこで、広告が視認可能＝ビューアブルであるかどうかを示す、ビューアビリティの考え方が広告の到達状況を示す上で重要になってきました。

　テレビ広告の視聴率指標は、テレビ受像機などの画面に番組や広告が表示・露出されたかどうかでカウントしています。実際に視聴者が広告を視聴していたかどうかまでを機械的に数えることは困難ですので、画面に映ったことをもって視聴可能＝ビューアブルであったと定義して、視聴数をカウントしています。

　さて、視聴可能性の測定においてインターネット媒体や広告がテレビと最も異なるところは、PCでもスマートフォンでも画面がスクロールして表示される点です。特定の広告メディアが閲覧されていても、そこに配信・掲載される広告表現がスクロールによって画面表示されなければ「視認可能な状態にあった」とはいえません。そこでインターネット広告では、視認可能なインプレッション（ビューアブルインプレッション）を到達と等しい指標と考えるようになりました。

　本書はここまでのところインプレッションを「配信」と説明してきており、明確に「到達」とは言っていません。

　インプレッションのカウント方法の違いにおいても「リクエストベースでの配信サーバーログのカウント」と「配信サーバーからの測定タグの配信のカウント」とを分け、後者をOTS（Opportunity to See、見られる機会）をベースにした測定方法だと説明しました。

インターネット広告に求められる広告効果が、広告の到達から始まる認知やブランディング効果よりも、クリックやコンバージョンといった直接的な獲得効果が重視されていたときは、このように本来は到達数であるべきインプレッションの定義を配信数で代用することで十分にビジネスは成り立っていました。

ところが、世界各国においてインターネット広告の市場規模が拡大し、認知やブランディング目的にも大きく活用され始め、さらにはテレビ広告との相乗効果が期待されるようになるにつれ、配信数ではなく到達数の測定が求められるようになってきたのです。

ビューアビリティの条件と定義

では、インターネット広告におけるビューアビリティはどう定義されるでしょうか。広告の「配信」から「視認可能＝ビューアブル」に至るステップは次の通りに整理できます。

①配信
②端末に到達／未表示
③短時間／小面積が表示
④視認可能に表示

もちろん、このステップの中で、①を表すインプレッションは配信単位であっても到達単位にはなりませんし、②は端末に到達はしているものの未だ画面に表示されてない以上、テレビ広告と同列に扱うことには無理があります。

米国を中心として議論検討されたのは、③「時間と面積がどの程度の基準に達したら視認可能になったといえるのか」であり、結果的には④「視認可能な表示」の基準が採用されていました。

具体的には、視認可能性＝ビューアビリティには次の四つの条件が必須とされています。

第4章／広告指標と測定の新常識　　　147

- 広告が視認可能な画面に表示されていること（裏側のページで表示されていないこと）。
- 広告の一定面積以上が視認可能な状態にあること。
- 広告が一定秒数以上視認可能な状態にあること。
- 広告が人間によって視聴可能な状態にあること（人以外からの無効トラフィックではないこと）。

図表4-17　ビューアブルとカウントしないケース

裏側のページ（非表示タブ）で広告が表示されている

広告の一定面積が可視状態にない

スクロール等で広告が一定時間可視状態にない

人以外からのアクセス等による無効なトラフィック

出典：JIAA「ビューアブルインプレッション測定ガイダンス」

　そして、次に議論されたのが「視認可能と定義する一定面積と一定秒数とは？」ということで、米国ではメディア測定の認証機関であるMRC（Media Rating Council）が2015年8月に、PC版のディスプレイ広告と動画広告のビューアブルインプレッション測定ガイドラインを策定し、広告ピクセル（≒面積）の50％以上が、ディスプレイ広告の場合は連続1秒以上、インストリーム動画広告の場合は連続2秒以上視認可能な状態を「ビューアブルインプレッション」と位置づけています。

　さらにMRCは翌2016年6月に、モバイル版のガイドラインを公開しました。

　日本でも、米国での先行ガイドラインに準拠する形でJIAAが2017年5月に「ビューアブルインプレッション測定ガイダンス」を発表しました。

　ただし、国内外共に実際のビジネスの現場では、広告メディアや広告表示形式の特性の違いや広告主が広告効果に求める基準の違いによって、上記の基本原則とは異なる指標や取引が採用されていることには留意が必要です。

　またMRCのガイドラインやJIAAのガイダンスでは、クリックやタップ

など、ユーザーの強い反応があった場合には、視認可能な表示面積や秒数が基準を満たしていなくても、ビューアブルインプレッションと「カウントすることができる」としており、実際のビジネスにおいては売り手と買い手の認識に差がないかの確認が不可欠となります。

いずれにせよ、インターネット広告に認知効果やブランディングを求める場合のみならず、獲得目的であっても消費者の態度変容は「ビューアビリティ＝視認可能性」からスタートすることには違いがなく、ビューアブルインプレッションが広告の到達度合いを示す重要な指標となってきたことは確かです。

ビューアブルインプレッションの測定と課題

さて、各測定ベンダー間の用語定義や測定結果の差異を確認する目的で、JIAAが日本におけるビューアブルインプレッションの測定を実施した結果判明したのは、「ビューアブルか否かが測定不能」となったカウントが無視できないほど大きかったことです。

つまり、「ビューアブル率」を測定する前提として、そもそも「測定率」（全インプレッションにおける測定できたインプレッションの割合）が低いケースがあり、この改善への取り組みを行うことを推奨しています。

また、ビューアビリティの定義の通り、人間以外によるアクセスである無効インプレッション（無効トラフィック＝IVT）についても、測定ベンダーの判定がつく限りカウントから排除することとしています。

その上で 図表4-18 で示す通り「ビューアブルインプレッション数」と「ノンビューアブルインプレッション数」が測定され、「ビューアブル率」が計算されますが、ここで最も留意が必要なのは「ノンビューアブルインプレッション」の定義が「配信されてはいるが基準未達」という点です。

「配信はされた」が「視認判定基準に未達成（0秒、0ピクセルを含む）」ということであり、これはすべてが「一切表示がされていない」とは異なるということです。「基準未達」ということが、必ずしも「広告効果ゼロ」を意味するわけではありません。

第4章／広告指標と測定の新常識　149

すでに測定ベンダーによっては上記を切り分けてレポートを出していますが、広告が配信されてもまったく表示されていない「真のノン・ビューアブル」と、「基準未達」とを区分するために、実務上では後者を例えば「ロー・ビューアブル」などの別な名称で呼ぶ必要があるのかもしれません。

図表4-18 インプレッションの内訳

① ビューアブル インプレッション数 （例:500imp）	② ノン・ビューアブル インプレッション数 （例:300imp）	③ ビューアブル未判定 インプレッション数 （例:200imp）	無効 インプレッション数
④ アドインプレッション数（例:500＋300＋200＝1000imp）			
⑤ メジャードインプレッション数（例:500＋300＝800imp）			

※測定ベンダーによって「計算定義」「指標名」は異なるケースがあるため注意する

① ビューアブルインプレッション数	：測定基準を満たしたインプレッション
② ノン・ビューアブルインプレッション数	：測定基準を満たしていないインプレッション
③ ビューアブル未判定インプレッション数	：判定できなかったインプレッション
④ アドインプレッション数	：無効インプレッション数を排除した総インプレッション数
⑤ メジャードインプレッション数	：ビューアビリティを測定・判定できたインプレッション数

測定率 （Measured Rate）	＝メジャードインプレッション数÷アドインプレッション数 ［例:（①500＋②300）÷④1000＝80%］
ビューアブル率 （Viewable Rate）	＝ビューアブルインプレッション数÷メジャードインプレッション数 ［例:①500÷⑤800＝62.5%］

ビューアビリティを表す主な指標。配信されたインプレッションには無効なインプレッションが含まれているだけでなく、すべてのインプレッションのビューアブル率を測定できるわけではない
出典：JIAA「ビューアブルインプレッション測定ガイダンス」をもとに著者作成

ビューアブルインプレッションの広告効果

　インターネット広告がビューアブルか否かによる広告効果の違いを検証するにあたって、まず認識しておきたい点は、ビューアブルと判定されるかどうかによって広告効果が一気に変動するわけではないということです。

　しかし、ビューアビリティの議論の中では、あたかも判定基準に満たないノンビューアブルは価値がなく、判定基準を超えたインプレッションはすべ

て等価であるかのような誤解も生まれています。

　図表4-19 でも示したように、ビューアビリティの効果は、ディスプレイ広告のビューアビリティ判定基準である広告表示秒数1秒に満たなかったとしても広告効果がゼロになるわけではなく、また1秒を超えて表示秒数が伸びると一定時間までは広告効果は高まり、その後フラットになっていくと考えられています。

図表4-19　広告の露出秒数の長さとブランドリフト効果

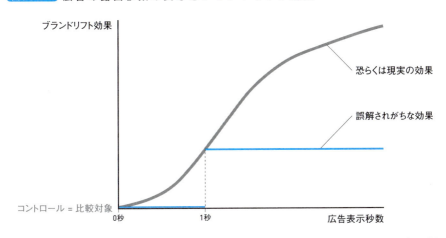

広告表示秒数が1秒に満たなくても実際には効果が生じており、広告が画面上に表示される時間が長くなればそれに応じてブランドリフト効果も高まっていく

　確かにビューアブル率が高いキャンペーンの方が広告効果は高くなるでしょうが、広告の表示秒数を長くすることも効果向上につながります。そのためには、広告クリエイティブ自体の力や広告メッセージと掲載メディアとの親和性の高さの実現も考慮すべきといえます。

　上で述べたビューアビリティの効果（ビューアブルインプレッションの価値）を裏付ける調査をJIAAが実施しています。

　2018年5月にJIAAが発表した「Viewable Impression広告価値検証調査結果」では、PCでのディスプレイ広告において5万人以上のサンプルを対象に、コントロール（広告非接触）グループとターゲット（ノンビューアブル接触およびビューアブル接触）グループを比較し精緻な検証を行いました 図表4-20 。

まず検証できたことは、ビューアブル率が基準（50％以上のピクセルが連続1秒以上表示）を満たしていない場合でも広告が画面に表示されれば一定の認知効果やブランドリフト効果が期待できるということです。

　そして、ビューアブル判定の基準を超えた場合、広告の最大表示面積や連続表示時間が広告効果に対して強い相関を持っていることも実証されました。

図表4-20　表示割合と表示秒数別の広告認知効果

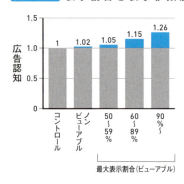
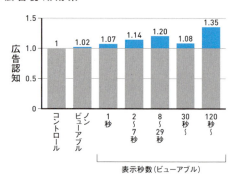

コントロール（広告非接触）グループの広告認知を1とした場合の最大表示割合と、表示秒数に応じた広告認知を示したもので、いずれもその割合、秒数がビューアブル判定の基準を超えると広告認知も上昇していく
出典：JIAA「Viewable Impression価値検証調査」

図表4-21　広告の接触状況別ブランドリフト効果

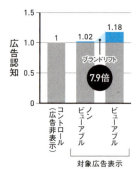
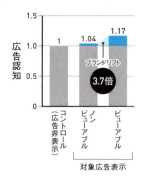
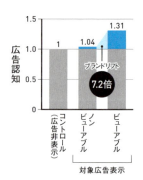

コントロール（広告非接触）グループの広告認知、商品認知、商品好意を1とした場合のノンビューアブル、ビューアブルそれぞれのスコア指数を示している
出典：JIAA「Viewable Impression価値検証調査」

さらに、ノンビューアブルインプレッションに比べ、ビューアブルインプレッションでは、広告認知で7.9倍、商品認知で3.7倍、商品好意で7.2倍の効果があることも実証されています 図表4-21 。ノンビューアブルインプレッションの広告効果はゼロではないものの、判定基準を超えたビューアブルインプレッションの広告価値はやはり大きいという当然の結果です。

一方で広告出稿や広告メニューにおける「ビューアブル率」の高低による広告効果の差異という点では、「ビューアブル率が80％の場合は20％のときに比べ、2.7倍の広告認知を獲得することが推定できる」との結果が出ています。なお、ビューアブル率が高くなるにつれ、広告認知も比例して高まっていくことが実証されており、ビューアブル率が90％あるいは80％を切ったとしても、急に認知効果が減衰するわけではありません。

ビューアブル率の高い媒体プランニングを追求すると同時に、配信先メディアの特性や相場を見極めて掲載ポジションを検討するなど、冷静な判断が求められます。

なお、この調査結果はあくまでも PC デバイスにおけるディスプレイ広告の結果です。モバイル広告や動画広告にはそれぞれの特性があり、別途調査と検証は必要ですが、現状ではモバイル広告や動画広告におけるビューアビリティの測定は技術的に困難なため、実施には至っていません。

ビューアビリティを加味した取引の実際

本章は「指標と測定」がテーマですが、ビューアビリティに関連した実際の広告の取引における留意点についても説明しておきます。

前節までに、ビューアビリティの効果を最大化するためにはクリエイティブとメディアプランニングの力量も大切なこと、ビューアブル率が高い広告掲載先がROIが良いとは限らないことに触れてきました。

ビューアビリティ指標や測定の議論がなされる以前から、長年の商取引の蓄積で視認可能性の高低がすでに単価の相場感に反映されている点も見逃せません。

ここでは、ある広告メディアにおける広告掲載ポジションごとのビューア

第 4 章 ／ 広 告 指 標 と 測 定 の 新 常 識

ブル率と平均表示時間と取引相場とを、下図のように模式的に設定しました 図表4-22 。

　まず、掲載メディアの最上部に位置する広告スペースは即座にスクロールされてしまう可能性もあり、必ずしも最もビューアブル率が高いポジションではありません。しかし「トップ枠」という掲載ステータスを重視する場合もあるでしょう。

　次に2番目の広告位置は最もビューアブル率が高いと仮定します。ビューアビリティの高さを最大の判断基準とする場合は、このスペースが優先候補となります。

　最後に、画面スクロールをしないと広告表示がされない下部の広告スペースでは、ビューアブル率は他のスペースに比べやや低いとしても、取引相場が比較的低く、コンテンツの内容に関心がある可能性が高いため、表示される時間も比較的長くなると想定されます。総合的に判断すると、この位置が最も購入価値が高いスペースとなる場合もありえます。

　インターネット広告におけるビューアビリティのテーマが、「解決すべき課題」であるとの論調もあるようですが、必ずしもそうではありません。新聞や雑誌広告でも発行部数や実売部数と実際の広告掲載ページの閲覧数には差異があり、それを折り込んだ上で取引が総合的に判断されてきたことと同様の構造だとも考えられます。

　ビューアビリティは重要な到達指標であるものの、広告効果の判断指標の一つであり、必ず取引指標（カレンシー）に結び付けなければいけないわけで

図表4-22 広告スペースのビューアブル率と取引相場

	ビューアブル率	平均表示秒数	取引相場	
AD	80%	1.5秒	1万円	トップ枠のステータスを買うのか
AD	90%	3秒	8千円	高いビューアビリティを買うのか
AD	60%	6秒	6千円	総合判断で買うのか

はありません。

ビューアビリティとユーザビリティの向上

　広告メディアがユーザビリティを損なわない範囲で広告掲載スペースの
ビューアビリティを向上するための工夫を重ねることは重要であり、実践も
されています。

　例えば、広告掲載スペースの位置やサイズ、フォーマットを再検討するこ
とや、サイトの読み込み速度を上げて広告の表示開始時間の遅延を防ぐこ
と、同じく遅延防止目的で広告表現（クリエイティブ）のデータ容量を制限す
ることなどです。

　結果的に各ページの表示速度が上がればユーザビリティを向上した上で各
広告スペースのビューアビリティが高まるので、ユーザー・広告主・媒体社
のいずれにとってもメリットとなるはずです。

4-8 PDCAサイクルを実行するための知恵

広告PDCAの管理

　インターネット広告は、手軽に実施できるだけでなく、細かいターゲティング設定もかなえられ、そして出稿結果を手元で簡単に確認することができるのが大きな特徴です。

　一方で、手軽に実施できる分、複数の広告キャンペーンを同時に実施したり、一つのキャンペーンの中でも、ターゲットを数十〜数百と細かく区分することも多々あるため、キャンペーンプランやターゲット設定が「本当にこれで良かったのか？」と振り返られることがないまま、次のキャンペーンに向けた準備に進んでしまうことも珍しくありません。

　このような場合、本来出さなくて済んだであろう広告出稿コストを無駄にし続けるだけでなく、例えば以下のような点を改善しなければ、次のキャンペーンに活かす機会を失ってしまいます。

- より広告効果を発揮できるはずだったターゲットの選定
- ターゲットに合った媒体プランの策定およびメディアの選定
- ブランディング効果を加味したクリエイティブ作り

　そのため、広告を出稿する際には、過去の出稿から得た知見をもとに適切なキャンペーンプランを策定し、出稿後はその結果をきちんと把握し、次のキャンペーンに向けた改善・改良点を抽出する……といった、広告のPDCA管理を行うことが肝要です。

　それぞれのステージごとにチェックすべきことをまとめたのが右図です 図表4-23 。

　PDCA管理にはすべきこと、考えるべきことが多く、各ステージをスムーズに回していくには非常に高いスキルが求められます。また、担当者・関係

図表4-23 広告PDCAにおけるチェックポイント例

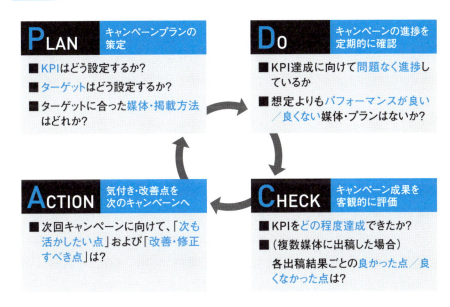

各ステージにおいて「いつ」「誰が」「何を使って」「どのように」行うのかを明確にしておくこととが重要

者のみで回していくと、客観的な視点を失いがちです。定期的に外部の専門機関に第三者視点で評価してもらうことも正しい広告効果の把握において重要な要素といえます。

Checkの崩壊を防ぐためのポイント

　ここまで述べてきたように、広告到達指標・効果測定はテクノロジーの進化、マーケティングの進化とともに、数々の進化をしてきたことが分かります。DAR、マルチチャネル態度変容調査、アトリビューション分析、マーケティングミックスモデリング、シングルソースの調査パネルなど、さまざまな手法が登場しました。またそれらがリアルタイムに存在することで、高速・高頻度でPDCAサイクルを実行するきっかけとなり、ビジネスの成長に貢献してきました。

第4章／広告指標と測定の新常識　　157

本章の最初に述べたように、それぞれの指標や測定方法には複雑性と定義の曖昧さが同居しているため、容易にPDCAのCheckの崩壊につながりえます。そこで本章では、各指標の定義および役割、調査手法の違いとその強み・弱み、測定できることとできないことをまとめてきました。最後にあらためて、PDCAサイクルを実行するためのポイントをあげておきたいと思います。

① 広告の目的とKPIの明確化

・広告効果の測定を開始する前に、広告出稿の目的がブランディング重視（企業または企業の製品・サービスの認知向上や理解促進など、ブランドへの態度変容を目的とした広告出稿）であるのか、パフォーマンス重視（企業の製品・サービスの直接的な購買や会員獲得、いわゆる行動変容を目的とした広告出稿）であるのかを明確にし、広告主が求める最終ゴール（KGI）を認識しなければ、正しく評価するための指標を設定することができません。

・KGIを達成する上で重要となる中間評価指標をKPIとして設定します。ブランディング目的であれば、認知されるための到達量や購入意向を上げるためのブランド好意度など、パフォーマンス重視であればクリック数など、数多くの指標の中でKGIに影響を与える要素を正しく分解し、KPIを設定することが重要になります。また、その中間指標が測定可能であるかどうかも含め、効果を確認する上で取得すべきデータを整理しておくことが必要になります。

・KGIに対するKPIを正しく設定したとして、そのKPIを何をもって評価するのかを事前に検討しておく必要があります。結果を見るだけではその要因を把握することが難しく、中間指標の結果の解釈にあたり、適切なベンチマークを用意しておくことが重要になります。比較対象となる指標がある場合、そのデータの仕様や定義を確認し、同じ基準で比較ができるようにデータを取得しなければベンチマークにはなりえませんし、結果として正しく評価できなくなってしまいます。

② 広告到達指標と広告効果測定の違い

- 広告効果測定で使われる数字には大きく分けて、広告到達指標と効果指標があります。広告到達指標は特にリーチ関連のデータの検証で使われる指標で、実際にどれだけ予定通り広告を届けられたかを検証します。効果指標は、実際にユーザーが広告に接触したことによりどれくらい態度変容や行動変容が起きたのかを測定したものになります。この二つを区別し、その違いを理解し、その上でPDCAサイクルを実行することが重要になります。

③ 広告到達指標検証時の単位の違い

- 広告指標検証時は何が単位なのかを理解して数字を読むことが重要になります。例えば同じリーチだとしても、その数字の単位が人数なのか、デバイス数なのか、ブラウザー数なのか、クッキー数なのかによってそのインパクトが変わるからです。
- 例えば、人数とクッキー数の関係でいうと1人当たり3カ月平均で約7つのクッキーを所有していることが分かっています（インテージ調べ）。この場合UBベースで7,000万リーチだとしても、UUベースだと1,000万人ということになります。
- また、クリックは行動変容の一つの指標として使われることが多いですがその定義は各媒体で必ずしも統一されておらず、同じ1クリックの重みが違うといったことが起きています。
- これらの単位の違いを理解することがCheck時に数字を見る上で重要になります。

④ データ取得対象の違い：全数データと調査会社のパネル

- 媒体側から出る全数データの数字と調査会社のパネル調査の長所・短所は前述した通りです。これらの数値は、効果検証の目的に合わせて使い分け、併用することが重要です。

⑤ 広告純増効果の測定

・広告効果については純増効果ということが注目されています。実は今までの広告効果は、 図表4-24 で購買ありのA＋Bと購買なしのC＋Dで比較することが主流でした。ところがこれでは広告接触がなくても買った人Bの部分まで含めてしまうことになってしまいます。これでは純粋な広告効果かどうかが分からないため、CPAが実際の値より高く出ている可能性があります。

図表4-24 広告接触と購買の関係

	購買あり	購買なし
広告接触あり	A	C
広告接触なし	B	D

・結果として広告純増効果（インクリメンタリティ）を見ることができる、広告接触あり／なしグループをそれぞれ作って比較するリフト調査が重要視されてきています。

・ただし、広告接触あり（テストグループ）、広告接触なし（コントロールグループ）の作り方は各媒体および調査会社によって違い、特にコントロールグループの作り方はそれぞれ違うので、そこを理解して効果測定をしていくことが重要です。

4-9 フルファネル時代の広告効果測定

フルファネル時代の到来

　本章の最後に広告効果測定の潮流と今後の課題について触れておきます。

　企業が行う広告キャンペーンは、テレビだけ、インターネットだけといった単体メディアに絞って出稿することは少なく、多くは複数媒体にまたがったキャンペーンが実施されています。そのため、インターネット（オンライン）と他メディア（オフライン）のそれぞれの影響も含めて効果を確認する必要があります。

　各種施策のデジタル化によって、購買・位置情報などこれまで取得できなかったデータとの紐付けが可能になりました。それにより、媒体別にどの程度広告が到達したのか、そして、その先の広告認知、態度変容はもちろんのこと、来店や購買などの接点をオンライン／オフラインそれぞれで把握できるようになり、各接点の効果と接点間の関連を示すこと、さらにその先のファン化に向けたキャンペーン全体（フルファネル）の管理が求められています 図表4-25 。

　ユーザーはある一点の広告接触で購買を決定するのではなく、さまざまな媒体における広告・情報接触の積み重ねが意識・態度変容につながると考えられています。キャンペーンのそれぞれの点を紐付け、さらに、その時点における意識・態度変容を確認することで、ユーザーが購買に至るまでのプロセスを把握することができます。

　インターネットの世界では、クッキーやIDなどの識別子があれば広告接触、サイト訪問履歴、検索行動、ECサイトでの購入履歴など、ユーザーのインターネット上の動きを線で捉えることが可能です。しかし、すべてがインターネット上で完結することは少なく、テレビをはじめとしてマス媒体での情報接触、実店舗での購入状況など、オンライン／オフラインのデータを紐付けて分析を行うことが求められています。

特に、広告キャンペーンにおいて予算的にも到達量的にも大きな影響を持つテレビCMとの関係性を明らかにすることが重要と考えられており、テレビ接触データとインターネットログデータを紐付けたキャンペーンの効果測定がさまざま行われているように、キャンペーン全体の効果把握の手法はより進化しているといえます。

　このような媒体別の広告の効果を把握する上で、シングルソースの調査パネルに全数調査を組み合わせたハイブリッド調査は重要なリソースとなっており、オフラインとオンラインの媒体間の統合リーチや統合フリークエンシーの算出、接触媒体別のブランドリフト測定など、媒体間の効果差を確認する上で活用されています。

　インターネット上のデータ同士はクッキー情報によって紐付けることができるため、自社もしくは他社が所有するさまざまなデータを紐付けることでより深い分析を行うことも可能となります。

図表4-25　フルファネル時代の広告キャンペーン

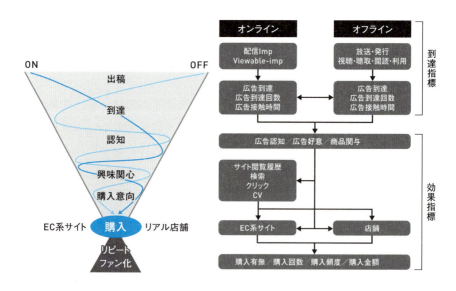

オンライン／オフラインのさまざまな情報に接触するユーザーの行動を明らかにするためには、各ポイントでの測定とデータの紐付けが重要になる

媒体を横断した共通指標の必要性

　広告キャンペーンが複雑化／多様化する中で、各媒体を横並びで管理・評価できる共通指標の必要性が高まっています。

　しかし、テレビCMはGRP（延べ視聴率）、新聞・雑誌広告は発行部数、インターネット広告はインプレッション（延べ広告配信数）と、各媒体によって管理指標に違いがあります。また、テレビ視聴データはパネル調査で取得するケースが多く、リーチの把握が可能であるため、リーチベースの指標が活用されている一方、インターネット広告の場合は広告の配信数がカウントされますが、カウントはブラウザーやアプリ単位となり、複数のデバイスを利用しているユーザーは重複してカウントされることになります。このように、媒体によって測定指標の考え方そのものに大きな違いがあります。

　さらに、各媒体の広告にはそれぞれ特徴があります。例えば、テレビCMはテレビ画面全体に映像と音声が流れることで、強いインパクトを与えます。それに対して、インターネット広告は、画面の限られたスペースに、テキスト、静止画、動画と異なるパターンで表示されるだけでなく、広告をクリックすることで、その場で容易に商品などの詳細な情報を入手できることがテレビなど他の媒体にはない特徴です。媒体の特性によって1回の広告接触で得られる効果に大きな差があると想定されます。

　到達指標をどのように合わせるか、また、到達1回当たりの効果をどう考えるのかなど、共通指標の確立にはまだまだ解決すべき課題が多く存在しています。

インターネット広告の価値

　企業活動において、広告は欠かすことのできない重要な施策です。直接売り上げにつながらなかったとしても、商品や企業に対する何かしらの意識・態度変容を起こさせることで、将来的な売り上げ・顧客獲得につながれば、広告を出稿する意味があるといえます。

　しかし、広告出稿効果を短絡的に目先の売り上げだけで評価すると、その

中間にあるさまざまな効果が見えなくなり、長期的には利益損失につながる可能性もあるのです。

　これまで述べてきたように、広告の効果把握においては、広告目的に即したKPIの設定、各指標の意味と意義の理解、測定における注意点、測定・調査データの取得方法の確認など、正しく結果を解釈するためにチェックすべきポイントがあることを認識しておく必要があります。

　企業の各施策がデジタル化し、マーケティングにおけるインターネットの活用が今後もさまざまな分野に広がっていくと予想されています。データの取得やデータ同士の紐付けが容易に行えるインターネットの世界において、その効果を示す方法もこれまで述べたように日々進化しています。

　まだまだ多くの課題が目の前に積み重なっていますが、それらを乗り越えた先に見える世界では、これまでとは比べものにならないほどのインターネット広告の価値と重要性を示すことができるはずです。

　デジタル時代におけるインターネット広告の活用をこれまで以上に拡大させていくためには、その効果・価値を正確に把握することが今後もより一層求められることになるでしょう。

第 **5** 章

業界の構造と存在意義

四半世紀にわたる歩みの中で、インターネット
広告業界は複雑に発展してきました。本章では
業界構造と業務の実際を解説しながら、各プレ
イヤーの存在意義や課題を見据え、業界の未
来を展望します。

5-1 "カオスマップ"＝バリューチェーンマップの形成

2000年代前半までの業界構造

　戦前の新聞や雑誌広告から、戦後のラジオ・テレビ広告に至るまで、広告ビジネスにおけるメディア業務はシンプルに「広告主→広告会社→媒体社」という商流（受発注やお金の流れ）となっていました。

　多くの場合、広告主は広告会社にメディアへの掲載発注を行い、広告会社は広告を掲載するスペースや時間帯（広告枠）の確保を行います。一方で媒体社は自社の広告枠の販売を広告会社に委託して販売手数料を支払います。時には広告会社が広告主の与信や媒体社に対する債務保証の役割も担います。これは、現在でも大半の媒体取引において継続しています。

　すなわちインターネット広告市場においても「広告主→広告会社→媒体社」という業界構造で世界的にスタートしたのですが、特に日本において一点だけ異なったのは「メディアレップ」の存在感の大きさでした。

　テクノロジーやエンジニアリングに詳しい人々が立ち上げたインターネット媒体においては、広告の事業や営業に精通した人材が少なかったこともあり、媒体社の代理（Representative）として、媒体社の広告営業部門の仕事を担うメディアレップというプレイヤー（業態）が登場し、「広告主→広告会社→メディアレップ→媒体社」という構造となりました。

　それでもインターネット広告がまだデジタル技術（アドテク）の本領を発揮する前の2000年代前半までは、次の図のようなシンプルな業界構造でした 図表5-01 。

図表5-01 2000年代前半までの商流

広告主から媒体社までの商流はシンプルだった

業界構造の「カオス」化

　2000年代後半に入り、検索連動型広告からスタートした「アルゴリズムによる需要と供給の最適マッチング」の技術が、その他の広告取引にも応用され始めました。

　広告市場に関わるさまざまな事業者が、それぞれの立場と発想で必要かつ有用な機能を追加してきた結果として、国内で俗に「カオスマップ」と称される業界構造ができ上がってきました 図表5-02 。

　そして、広告主と媒体社の間に多種多様なプレイヤーが登場し、広告会社やメディアレップを経由しない取引も発生するようになりました。また、各プレイヤーが他のプレイヤーの機能をも取り込むなど、複雑な業界構造となり、今もなお変貌を続けています。

　このことが「インターネット広告に相当詳しくないと、広告関係者でも全体像や関係性が理解しにくい」というニュアンスで「カオス＝混沌」と称されたり、「誰かが全体構造を合理的に計画・設計したのではなく、各プレイヤーの部分最適の結果としてでき上がってきた」という意味で「カオス＝無秩序」と受け止められたりしているのでしょう。

　これら複雑な業界構造や関係性を、機能別、プレイヤーごとに分類した図表が日本では「カオスマップ」の名称で広く知られることとなりました。

　しかし、カオスマップ内のそれぞれの機能はどれもビジネス上のニーズがあって生まれてきたものであって、各プレイヤーは広告主や媒体社に対して各々の立場で付加価値を提供しています。

つまり、初見では「カオス」であるかのように見えるこの業界構造も、本質的には広告主と媒体社との間で付加価値の連鎖を実現している「バリューチェーンマップ」であるともいえるのです。

図表5-02 インターネット広告業界における「カオスマップ」の概念図

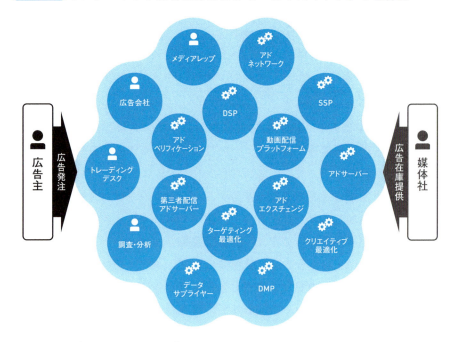

広告主と広告メディアの間に多種多様なプレイヤーが存在し、「カオス」に見える構造。実際には多様な付加価値が連鎖する「バリューチェーンマップ」と呼ぶべきものに進化している

バリューチェーン内の機能と役割

広告の「同梱」をデジタルで実現する仕組み

　新聞や雑誌では広告メディア自体に印刷されて届けられる広告と、主に定期購読者等に対してメディアに同梱されて届けられる折込広告・チラシとが併存しています。そして、この「同梱」される広告は、届け先（購読者）ごとに差し替えることができます。

　インターネット広告では、この「届け先ごとに広告を差し替える」ことが容易なため、配信先ユーザーごとに広告主や広告クリエイティブを差し替えることができます。インターネット広告における「同梱」という考え方は、広告メディアのコンテンツと広告クリエイティブが別々に、異なるサーバーから配信され、ユーザーが使用しているPCやスマートフォンの画面上で統合（同梱）され表示されることで実現しています。

　ちょうど別々に印刷された折込広告と、新聞社が印刷したコンテンツ（新聞紙）が同梱されて各家庭に届けられるのと似た仕組みといえます。

広告の出し分けを可能にするプレイヤーの存在

　さて、ユーザーごと（正しくいえば端末やブラウザーごと）に広告の出し分けができるならば、ユーザーの属性や嗜好に応じて配信を仕分けたいというニーズが生まれるのは自然の流れです。

　インターネットでは、個々の端末やブラウザーがどのようなコンテンツや広告に、どのくらいの頻度で接触し、その後ページ遷移やクリックなどの行動を取ったか否かなどのデータを収集し分析することが可能なため、そのデータをもとに広告配信のロジックを組み立てることができます。

　このように、ユーザー（端末・ブラウザー）ごとに広告を出し分けするため

のデータを取り扱うプレイヤーもバリューチェーン内では多数活躍しています。

複数のメディアをまたいだ配信ログデータを収集し、加工・分析して提供する事業者もありますし、自社が所有するデータを外部に提供するメディア企業も存在します。無論、どちらの場合も関連事業者間で適切な契約を交わすことが前提になります。

そして、複数の広告クリエイティブをユーザーのセグメントに合わせて最適に出し分けるオプティマイズ配信を提供する事業者もいます。

また、多くのパターンのビジュアル表現や色使い、さまざまなキャッチコピーを順列組み合わせ的に何万種類も自動生成して広告効果（最も簡単には短期的なクリック率）を確認しながら、より効果の高いものに絞り込み、クリエイティブの最適化を行う技術を提供する事業者も存在します。

「同梱」という考え方は、広告メディアの内容と広告クリエイティブの内容とが、データで連携されながらも別々に、異なるサーバーから配信されることによって実現されているのです。

図表5-03 広告配信の役割分担

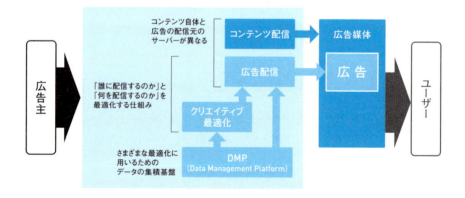

DMPによるデータ管理

　広くデータの管理をするシステムやその提供者をDMP（Data Management Platform）といいます。DMPを利用したサービスには、最適な広告配信のためのデータを収集したり、統合・分析したり、推論し予測したりなど、さまざまな機能が存在します。

　例えば、同一ユーザーでも複数の端末やブラウザーを利用していることがあり、これを一意のIDで紐付けたり、類推から統合したりすることも重要です。日本国内のユーザーデータが日本の人口を超えて「何億もある」といったことは単にユーザーデータが統合できていないからで、これもDMPに期待されている役割の一つです。

　また、どれほど量が多く質の高いデータを集めて統合したとしても、それは過去のデータです。過去のメディア接触や広告への反応データをもとに近未来のユーザーの行動や心理を予測して広告配信に活用するためには、AIなども用いた高度なシミュレーションや推論モデルも必要になってくるでしょう。

広告配信を最適化するさまざまな事業

　広告が媒体コンテンツと分離され、ユーザー端末上で統合（同梱）されて表示されるということは、「媒体単位での広告露出（配信）」という概念を超越しています。

　異なる広告メディアを横断した複数の広告枠を束ねて、その中で個別の広告目的に沿って最適な配信先を選定することも可能になります。

　まずは複数の媒体の広告枠を束ねて販売する「アドネットワーク（Ad Network）」という事業が登場し、次に媒体やアドネットワークの広告在庫を束ねる「アドエクスチェンジ（Ad Exchange）」という広告在庫市場が立ち上がりました。

　さらに、市場のデマンドサイド（広告主や広告会社側）に立って最適な配信先や視聴者ユーザーを判断する「DSP（Demand Side Platform）」や、逆にサプ

ライサイド（広告メディア側）の在庫を市場に供出して複数のアドネットワークやDSPからの入札を受けて最適な広告の買い手を判断する「SSP(Supply Side Platform)」が登場しました。

また、アドエクスチェンジを経由せずにDSPとSSPが直接取引するケースもあります。

業界の構造はかなり複雑に見えますが、実はこれらの事業の基本的な概念はすべて一緒で、総体としては「多数の需要と多数の供給の最適マッチング」を目指して機能しています。つまりは需要と供給のバランスを図りながら、それぞれの広告の効果を最大にするための仕組みであり、もともとは検索連動型広告のオークション＝入札の仕組みの応用です。

この役割を買い手側（デマンド側）で担うか、売り手側（サプライ側）で担うか、その中間で在庫の融通をするかなどによってサービスの呼称や提供意図が変わります。実際には、同一の事業者が複数の機能（「DSPとSSP」等）を提供するケースもあり、明確な区分ができない場合もあります。

図表5-04　インターネット広告のワークフロー

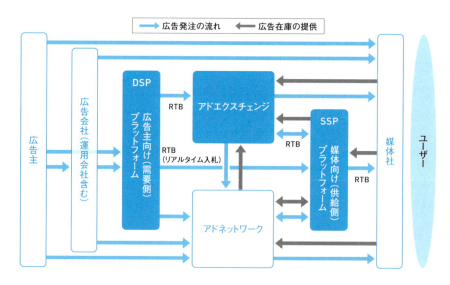

媒体社への広告掲載までのフローには、国内・海外の多数のプレイヤーが複雑・多様に関連している

市場の全体最適を目指して

　インターネット広告業界は一見、カオスに見えながらも、効率性を優先した部分最適の蓄積の結果として形成され有効に機能してきましたが、一方で第6章で詳述する通り、品質管理面での課題も顕在化してきています。そのため、インターネット広告業界全体で技術をコントロールしながら市場の全体最適を実現しつつ、さらなる品質の確保と向上をもたらす取り組みが進んでいます。

　配信先の品質が、広告が表示される場として不適切なのではないか、配信された広告表現は適切に端末上に表示されているのか、人以外に配信されていないか等を第三者の視点からチェックするツールを提供するアドベリフィケーション事業者も登場し、バリューチェーン内における品質チェックの機能を果たし始めています。

　業界の構造が一見複雑でカオスに見えたとしても、部分ごとにきちんと連携しながら役割を果たし、取引マッチング結果の品質が確保され、正しく広告主の意図に沿ったものであるならば、「カオスマップ」に記載されている各事業者のサービスはより一層存在価値の高いものといえるでしょう。

　そして、このように複雑なバリューチェーンの中でも、広告会社のデジタル部門やメディアレップの現場オペレーターたちは、取引プラットフォームや媒体社が提供するさまざまな配信データを分析しながら、最適な広告の配信条件の設定や変更を行い、常に配信状況を管理しています。彼らの効率向上の活動が結果的にバリューチェーン全体の価値を高めている側面も見逃せません。

　広告予算を効率良く効果的に配分するメディアプランの作成支援システムや複数のデータダッシュボードを一つの管理画面に集約するテクノロジー、広告配信の結果を正しく広告主にレポートして次に活かすための分析を行う技術なども開発され、活用されています。

　このような広告取引運用業務のことを「トレーディングデスク」とも呼びます。為替や証券の取引を行う金融トレーディング業務との類似性からの造

語ではないかと思われます。

　現在、人間の判断や設定業務をテクノロジーが支援する形で進んでいます。今後さらにAI＝人工知能などの技術の進展によって、業務全体の効率化やルーティンワーク等の負担軽減が進むことが期待されます。

図表5-05 バリューチェーンへの向き合い

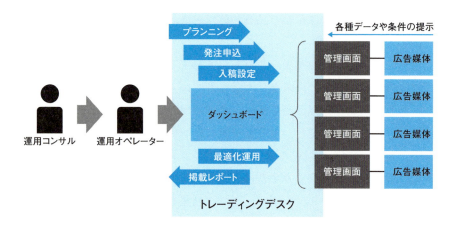

発注側はさまざまなアドテクベンダーが提供する技術や情報を用いて、最適な運用成果を目指す

5 -3 アドテクノロジーとの 向き合い方

アドテクノロジー（アドテク）は使い方次第

　インターネット広告の業界構造の中には、自然発生的に生まれた技術やプレイヤーが多く存在し、その意味では部分最適の集積であり、全体最適についての司令塔は特に存在していません。もともとインターネット自体の概念が「中心の存在」を否定した平等なネットワークという点にありますので、これには不可避な側面もあります。

　ここまで見てきた通り、バリューチェーンを構成するサービスや技術にはそれぞれの存在意義と価値があり、部分最適の積み重ねとして業界価値向上に大きな寄与を果たしてきています。

　それらをより高い視座から関連付け、インターネット広告市場全体の最適化を図るためには、行政や法律による規制だけに頼るのではなく、巨大企業のモラルに委ねるのでもなく、各事業者や業界団体が志を同じくして、これまで以上に業界全体の健全な発展に向けて連携を深め、自主的な取り組みを続けていくことが不可欠でしょう。

　広告ビジネスに限らず、テクノロジーとはあくまでもツールであって、人間が知恵と見識をもって利用すべきものです。アドテクもツールであって、それが価値をもたらすか害悪となるかは私たちの使い方次第です。

　本来「エンジニアリング」とは、単に技術構築をするだけにとどまらず、顧客や市場、社会への悪影響を防ぐための工夫を折り込むことまでを含むはずです。

アドテクノロジーの透明性への課題

　ところで、国内外を問わず一部の広告主からは、広告に投資する予算の多くが、バリューチェーン内の数多くのアドテクベンダーに費やされ、最終的に媒体社に到達するのは、投資予算の半分以下になるのではないかと指摘さ

れたり、そのため「透明性（Transparency）が不十分ではないか」と言われたりすることがあります。

米国では、この「アドテクノロジー（Ad Tech）の多重構造の中で媒体社への予算到達が目減りしてしまう構造」を、商流の途中で多様な税金（Tax）が課され実質予算が減ってしまう状況に例えて、俗に「Tech-Tax」と呼ぶことがあります 図表5-06 。

しかし、ここであらためて冷静に考えるべきは本来のアドテクの存在価値です。かれらの貢献価値はきちんと説明され、対価が支払われているわけであって、またその貢献度合いは常に発注先や受注先からの比較・検証にさらされています。

もし問題が生じているとするならば、個々の部分が最適化を果たしていても、それらが組み合わさった全体として何らかの不具合が生じうるという、いわゆる「合成の誤謬」であるといえるでしょう。したがって、これを発見・指摘し修正を加えていくためには、業界全体を見渡す視点と役割とが欠かせません。

図表5-06 俗に言う「Tech-Tax」

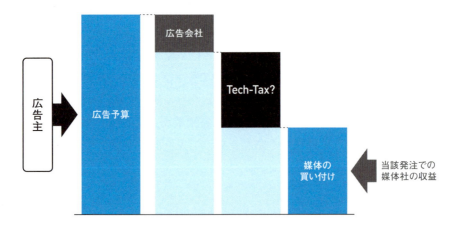

アドテクにコストがかかるため、広告予算の半分以下しか広告媒体には届かない……？

広告在庫を最適活用するアドテクノロジーの意義

　前節で見た通り、インターネット広告では、さまざまな技術を活用して、最適な掲載面に、最適なクリエイティブを、最適なユーザーセグメントに対して届けるための、データを活用した最適なマッチングを実施することができます。

　マス媒体や予約型インターネット広告のようにコンテンツや情報を見に来るユーザーに対して広告を表示するという発想ではなく、効果的と思われるユーザーを選び出して広告を配信することができるようになりました。このことを、広告枠ではなくユーザー(人)を対象に広告を配信することから「枠から人へ」と表現するようになりました。

　20世紀の実業家ジョン・ワナメーカーが、広告について「広告出稿の半分は無駄だと分かっているが、問題はどっちの半分が無駄なのかが分からないことだ」という言葉を残していますが、「枠から人へ」という発想によって、どちらが無駄か分かるようになったともいえるでしょう。

　当該広告主にとって「無駄」だと思われるユーザー（消費者）への配信を除外するのですから、この場合広告メディアに支払う金額はその分だけ少なくなると考えられます。無駄を判別するためにはターゲティング技術やユーザーデータの利用料が必要ですし、クリエイティブの最適マッチングにも当然コストがかかります。しかし、ここでは、コストをかけて「無駄の抑制」をしたと考えることができます。

　また媒体社側の視点に立てば、これは値引きを強要されたわけではありません。当該発注において必要な配信先（ユーザー）が選別されたのであって、この発注で購入されなかった広告在庫（ユーザー）は、その価値を認める他の広告主やキャンペーンで販売することが可能になったとも考えられます。

　つまりアドテクが可能にしたことは、「買い手と売り手のマッチングの効率化」です。広告主が「不必要な在庫を買わない」のは自然な発想ですが、媒体社としても「無駄だと考える人に売るよりは、必要な人に売れた方がいい」と考えることもできます。媒体社としても広告在庫の有効活用と収益化の最大化を追求するチャンスでもあるのです。

「アドテク投資」の効果

　多くのプレイヤーが介在する運用型広告取引では、最終的に媒体社に支払われる金額が、予約型より目減りしているように誤解されがちです。

　しかし運用型広告では、広告効率・効果はメディアだけで実現されるものではなく、各アドテク事業者がそれぞれの分野で「無駄の抑制」や効果の「最適化」に貢献することで、より広告投資のレバレッジ（効果の向上）を高めていると考えることができます 図表5-07 。

　もちろん広告主の投資額に見合った効率や効果の向上が実現されていることが前提の話であり、それが反映できていないとすれば、媒体社にとっては

図表5-07　アドテク投資による広告効果のレバレッジ

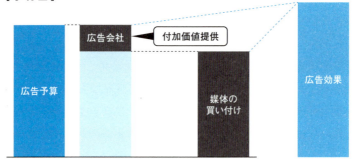

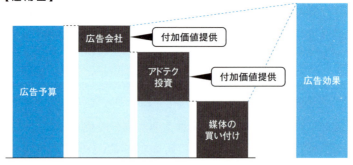

予約型では広告掲載枠の選定とプランニングの付加価値で広告効果を高める。これに対し、運用型ではアドテクを駆使したターゲティングや最適化によって、広告配信先を人単位で選び抜き広告効果を高める

目減りと映り、広告主にとっては効率低下と捉えられても仕方がありません。

これがまさに、カオスマップをバリューチェーンマップと呼ぶべきゆえんであり、アドテクに支払われる金額は広告投資額の内訳としての「アドテク投資」とでも認識されるべきでしょう。

もとより「媒体投資以外は無駄なコスト」と考える業界関係者はいないと思いますが、報道等で「Tech-Tax」とか「カオスマップの不透明性」等と取り上げられると、「各アドテク事業者の付加価値（バリュー）や広告効果最大化への貢献（正当な対価)」という当たり前のことが忘れられているのではないかと懸念されます。

アドテクノロジーが目指すもの

インターネット広告の高度化に携わる各アドテクプレイヤーの役割・機能には、以下の効果が期待されます。

- 広告主にとって、広告の投資対効果を最大化する
- 媒体社にとって、在庫価値を高め収益を最大化する
- 消費者にとって、より関連性の高い有益な情報を受け入れる

アドテク事業者間の競争は、表層的なパフォーマンス追求の結果ではなく、本来、上記のメリットをより良く実現するために必然的に発生するものです。

実は、各プレイヤーの多様な役割は、同一事業者が手がけた方がデータの連携もしやすく、相互の契約交渉もなく、エンジニアリングの根幹が統一され、技術的にもビジネス的にも効率的に機能する可能性があります。そして、そのような役割の統合によって全体最適化が進む可能性もあります。

アドテク事業者が統合されたり、巨大なプレイヤーがこれらを買収したりすることで、カオスマップ内に散らばっている異なるサービスブランドが実は同じ企業の事業というケースもすでに生じています。実際、カオスマップ内の群雄割拠は、戦国時代の国盗り合戦のような様相を帯びています。しかし、このような合従連衡がどのような影響をもたらすのか、誰も予測できません。

5 -4 メディアのマネタイズ戦略としての広告ビジネス

メディアを支える広告ビジネスの意義

あらためて「広告の社会的な意義は」と問えば、消費者への商品情報の伝達、企業の活性化を通じた経済全体への消費刺激などはもちろんですが、一方で「メディアの経営を支えている」という側面や「メディア消費を無料または安価にしている」という側面もあります。

新聞広告や折込広告があるから、月額数千円で新聞が購読でき、家庭まで配達されていることや、CMが存在するから民放テレビ放送が無料で視聴できていることは社会的に広く認知されている事実といえるでしょう。

しかし、インターネット広告ビジネスが成立しているからPCやモバイル上でのさまざまなサービスや多くのアプリが無料で使えていることに関しては、どれだけ一般ユーザーに意識されているでしょうか。通信キャリアに支払っている月額料金はあくまでも通信にかかるものであって、無料で利用できるニュースや検索、SNSなどのサービスが存在しているのは広告収入でメディア事業が支えられているからです。

余談ですが、海外の企業では、広告支出を"media investment"と呼ぶことがあるそうです。広告は、広告商品の魅力や販売力を高めるための「投資」であり、媒体社は投資先という考え方です。本来、広告とはコストではなく投資であるべきなのでしょう。その意味では、広告メディアには投資を受けるだけの品質やポリシーが不可欠だといえますし、一方広告会社は広告主のために、投資に適した広告メディアをきちんと選別することが求められるはずです。なぜなら、メディアが広告投資に支えられていることを消費者が理解すればするほど、広告主の投資先（掲載先）が、消費者のブランド評価に与える影響は大きくなるはずだからです。

広告メディアの持続性の課題

　サイトかアプリかを問わず、ネット媒体がビジネスを成立させる手段としては、広告収入や課金収入、物品販売などのトランザクション収入、各種データの販売などが考えられます。そのなかでも、「無料」からスタートしたインターネットにおいては、コンテンツや情報、各種サービスの提供に対し、ユーザーに課金をすることは容易ではありません。

　事業者が広告ビジネスを目指す場合、越えなければならない壁は、十分なスケールの確保です。「広告＝広く告げる」と言うように、不特定セグメントが対象であろうとも、特定の関心層向けの広告メディアであろうとも、一定規模のユーザーがコンスタントに訪れてくれなければビジネスの成立は困難です。

　他方、広告による媒体ビジネスの成立は、ユーザーの所得水準にかかわらず、ジャーナリズムやエンターテインメントを広く伝えたり、有用なサービスを提供し続けることを可能にしており、メディアや情報の「民主化」に貢献しているともいえます。

　実際、新聞・雑誌・ラジオ・テレビなどでは、個々の事業者の栄枯盛衰はあるものの、広告メディアとして適正な収支バランスと業界構造が長年にわたって成立し、広告が「報道や娯楽の民主化」に貢献してきました。

　そして今、インターネット広告市場に問われているのは、インターネットメディアもこの「報道や娯楽の民主化」に資することができるかという点です。

　海外の巨大資本による寡占は、適正な競争環境を阻害しているのではないかと世界的にも問題視されています。適正な競争環境がなければ、多様なメディアやサービスの持続性が損なわれるおそれがあります。メディアやサービスの持続性が損なわれれば、ユーザーが無料または安価でメディアに接触し・コンテンツ消費を行うことは困難になります。高額な有料課金メディアが主流になってしまっては、情報接触やSNS利用に所得格差が生じかねません。

　実は「広告メディア業界」というのは、その金額規模以上に社会全体や生

活全体に広く影響を及ぼしうるのです。

このような情報環境の実現は、社会的な視点で見れば「インターネット広告市場の健全で持続的な発展と成熟」ということであり、メディア視点で見れば「広告メディア企業の健全で持続的な経営」であり、それを可能にするものは「広告メディアのマネタイズ」ということになるでしょう。

インターネット広告では広告主に販売する広告掲載のスペースを「在庫（インベントリ）」といいますが、「広告メディアのマネタイズ」とは文字通り「各媒体社の広告在庫の収益化」ということです。これが実現できず、多数のネット媒体が経営危機に追い込まれるようでは、広告市場だけでなくインターネット社会全体のエコシステムも崩れかねません。

日本におけるインターネット広告単価の状況

インターネット広告は、黎明期には新聞や雑誌の広告販売と同様、予約型による「枠売り」から始まりました。やがて、広告配信数の急増に伴い、一つの広告枠を複数の広告主に分割・ローテーションして販売するようになります。その後1配信（インプレッション）単位で販売する方法が主流となっていき、そして従来の広告媒体との効果の比較や需要と供給のバランスにより、広告単価の相場は少しずつ平準化されていきました（もちろんそうはいっても、テレビと新聞の比較でさえも難しいように、異なる媒体間の効果比較は極めて困難です）。媒体社は、配信規模からおおよその収支予測を立てることが可能となり、規模拡大を実現するために自社広告やPRなどの誘導施策も行いました。

しかし特に日本のインターネット広告市場においてはその後、「広告単価の過剰な下落」が生じ、現在にまで影響が及んでいます。主要先進国との比較では数分の1程度の単価相場だといわれることもあります。

この原因はさまざまにいわれています。ネットユーザー急増に伴う在庫急増に価格政策等が対応していけなかった。効果を高めて単価を上げるよりも、単価を下げて販売量を増やす方に注力してしまった。初期のシェア争いの中でダンピング競争が過剰になった。広告掲出先を広げることで広告在庫

は無限に創出できるかのような幻想が広がり、需給バランスが崩れた、等々。

　短期的に見れば、低単価は広告主側にとっては恩恵で、少ない予算でより効率的な広告戦略を展開できることになります。しかし長期的には、低単価の継続は媒体社の経営を悪化させ、悪貨が良貨を駆逐するように品質にコストをかけない広告収益だけが目的のメディアの台頭を許すことになります。このことは結果的に買い手側である広告主にとって、広告活動のためのメディアプランの選択肢を狭め、広告掲出先の品質を劣化させ、市場全体の健全性を危うくすることにもつながります。

価 格 下 落 の 悪 循 環

　広告単価相場の形成に影響を及ぼした要因の一つに、広告の掲載媒体や掲載時期、掲載規模を予約指定しない運用型広告取引の登場があります。

　認知等のブランディング効果を求めるブランド広告主が市場にまだ少なかった当初、運用型に主に求められたのはダイレクトな広告効果（クリックやコンバージョン）であり、効率の良い配信セグメンテーションでした。

　媒体各社は、パブリッシャーやプラットフォームとしてのポリシーよりも、広告主側から求められる数値の達成に注力し、目先の広告効果を上げる施策を重視するケースも散見されるようになりました。これは広告メディアの画一化を生み、ユーザーからは品質の劣化に見え、メディアとしての価値、つまり広告単価がより低下する方向へと市場機能が働いてしまいました。

　それでも「枠から人へ」というように、広告在庫が接触ユーザーの価値によって選別され、残った在庫が他の案件で約定していけば、在庫全体としての売り上げは維持でき、需給はバランスするはずです。しかし現実は、残在庫が減少したケースもあるものの、収益向上は難しい状況が続きました。

　もちろん広告メディアとしては、SSPに在庫を供出する際に最低入札単価を高めに設定すれば極端なダンピングは招きません。しかし、単価下落の続く市場環境においては、それでは在庫が約定せず、それに耐えられなくなって最低入札単価を下げる判断も容易に起こりえます。広告営業のKPIをセル

スルーレート（在庫販売率）に設定すると、単価を下げても販売量を増やす指向に歯止めはかかりません。

最後には、本来は予約型取引によって高値で販売できていた広告掲載枠までも運用型に供出されるようになりましたが、相場全体の下落傾向は変わりませんでした。

運用型取引の自由市場においては広告主や広告クリエイティブの事前審査が困難なため、事後審査のケースも多く、質の悪い広告も掲載されるようになり、媒体の品質やイメージを落とす結果を生じることもありました。

あるいは広告単価の下落に対応しようとした広告メディアが、ユーザビリティをあまり考慮せずに1ページに大量の広告を掲載しようとしたり、ユーザーの不快感を無視して強制的に広告を見せようとすることで、利用者の離反を招くこともありました。メディアとしての利便性・快適性と広告によるマネタイズは一般的にはトレードオフの関係になることが多く、その絶妙なバランスを繊細に保ち続けることこそ広告メディア経営の要でもあります。

健全なマネタイズ＝経営を目指して

インターネットに限らず広告市場というものは、単に広告マーケットでの売り手と買い手の関係にとどまりません。それは、広く一般ユーザーが、無料や安価で、報道や情報、サービスを消費できる環境の健全な発展と維持に寄与するはずのものです。インターネット広告市場および健全な広告メディアの経営が失敗すれば、インターネット空間そのものの品質や機能を大きく損ないます。

また、価値あるメディアの広告営業を行うということには、価値に見合う価格を維持する責務も伴っており、もしビジネスの基本を逸脱して適正な価格を下落させてしまうことがあるならば、それはユーザーにとっても広告主にとっても実は不幸なことです。

人間の知恵でテクノロジーを制御し、広告取引を正しく機能させて、媒体に適正な収益を還元するように修正していくことは業界全体の社会的な使命です。そのためには、個々の広告メディアが経営戦略を向上させていくこと

も欠かせません。

　最近ではヘッダービディングとPMP（Private Marketplace）の組み合わせといったテクノロジーの進化や、ブランド広告主によるプログラマティック取引の利用拡大などに伴い、メディアの広告価値の向上とマネタイズの改善につながる潮流も出てきています。

　広告メディア側もアドテクベンダー側も、広告市場を形成するすべての事業者は、競争と連携を重ねながら、広告効果の価値を高め、媒体社の適正なマネタイズをサポートする不断の創意工夫が欠かせないのです。

広告会社の存在意義と明日

広告会社の役割

　さて、広告業界の中核の一つは広告会社（あるいは広告代理店）ですが、インターネット広告のビジネスにおいて広告会社に求められている存在意義と役割は、どう変遷してきているのでしょうか。

　旅行代理店や証券会社のように、売り手と買い手を仲介する市場機能を担う点では、広告会社も本質的には同じです。そして同様に、多様な需要と多様な供給とのマッチングの自動化が進んでいる分野でもあります。自動化の進展に伴い需給を仲介してきた「広告会社の役割は終わるのではないか」と言われながらも、業界全体として、広告会社は存在し続けています。

広告業務と広告主

　広告関連業務を、広告会社だけに任せず、広告主自らがよりコントロールしようという意図で設立された会社組織がハウスエージェンシーです。広告主の子会社あるいは関係会社であり、広告主の宣伝部門を補完する人数規模と専門のスタッフで構成されます。ハウスエージェンシー自体の組織形態や資本関係、スタッフの雇用状況にはさまざまな形態があります。

　また、会社の形態を取らずに広告業務を社内で行うことをインハウスまたは、インハウス業務といいます。

　マス媒体への出稿の場合は伝統的に、媒体側が認定した、限られた広告会社だけが広告発注を行うことができるという商習慣があり、だからこそ広告会社にこの領域特有のノウハウや既得権が集約されているため、ハウスエージェンシーのみで完結する業務形態はあまり普及していません。

　ところがインターネット広告においては、広告主自身が（中小企業や個人事業主だけでなく個人も）直接広告メディアに広告出稿を発注できる仕組みが用

意されています（例えばGoogleやFacebook）。広告メディアが提供する管理画面を通して発注しクレジットカードで決済する手法は、Web上でホテルや飛行機の予約発注ができるのと同じです。

こうなると広告主がハウスエージェンシーのみを活用したり、インハウスでインターネット広告の発注をしたりすることに、ほとんど何の制約もありません。そのため今あらためて、広告会社の役割が問われているのです。

広告会社の基本的な業務

インターネット広告業務における従来の広告会社の役割を整理してみましょう。

広告主の目的・要望・条件に沿って広告戦略を策定し、その中でインターネット広告メディアへの出稿に関しても、最適なメディアプランの作成と、それに沿った広告配信先・掲載先への発注を行うということは第3章でも詳述した通りです。

インターネット広告に関する具体的な業務の流れを以下に示します。

① インターネット広告の出稿目的と条件等を広告主側と入念に確認
② 広告掲載や広告配信のメディアプランの立案と見積もりの作成
③ 承認されたメディアプランに沿った広告掲載の発注（予約型の場合）
④ 広告原稿の入稿、原稿審査への対応（予約型の場合）
⑤ 広告原稿、配信条件設定、各種タグの発行と実装（運用型の場合）
⑥ 広告配信の速報値を見ながらの最適化運用（運用型の場合）
⑦ 配信結果のレポート提出
⑧ 次回への改善施策の検討と提案

もちろんこれらの基本業務以前に、広告会社の営業部門は広告主側とメディア領域を超えたマーケティング戦略全体の提案と確認を重ねます。また広告会社の媒体部門は、広告メディアやアドテク企業側と契約を締結し、広告目的に応じた最適なプランニングのためのバイイング力を向上させ、必要

なシステムやデータをそろえ、ときには広告メディアに対して広告掲載メニューやフォーマットの開発や改善の提案をも行っています。

そして、予約型広告の業務では、広告原稿の最適な掲載先（掲載面・掲載枠）を選定し、広告枠や掲載期間・掲載費等を指定して発注します。運用型広告業務では、設定管理画面から予算やKPIに応じて入札を行い、運用で最適化しながら、約定（条件合致）を目指します。

図表5-08 運用型広告の標準的な業務プロセス

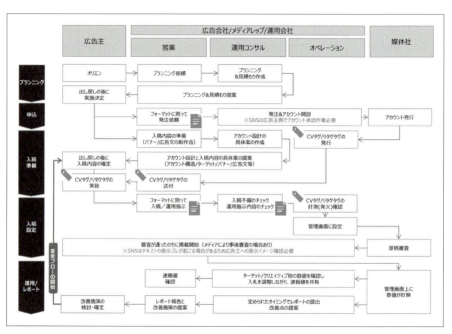

運用型広告の業務は、一般的イメージに反して必ずしも自動化は進んでおらず、受発注間の人的コミュニケーションが何往復も必要になる

広告会社の存在意義

　広告会社の存在意義の一つは、広告業務のプロとして広告主からのアウトソーシングで広告業務を受託していることでしょう。広告主がインハウスで、あるいはハウスエージェンシーを設立して担うよりも、専門性や規模の面で優位性が高いため、広告会社が独立して存在していることには意味があります。

　現在のインターネット広告業務の自動化はまだ発展途上であり、まだまだ人海戦術に負うところが大きいという実態があります。インハウスでこれを担おうとすると、需要の高低によってリソースに過不足が生じたり、また業界の移り変わりが速く必要なスキルにも変化が生じるため、外部の広告会社にアウトソーシングする方が合理的な場合も多いのです。

　広告会社のもう一つの存在意義としては、社会のデジタル化やインターネット広告の進化や複雑化に対応するための「付加価値」の提供です。その付加価値には、メディア業務の上流にさかのぼる領域のものもあれば、メディア業務領域そのものにおけるものもあります。

　前者の付加価値は、クライアント企業の広告マーケティング戦略全体における提案や、商品やサービスの事業戦略全体への関与やコンサルティングまでを含みます。

　後者のメディア業務領域における付加価値としては、インターネット広告領域における、より高度な役割の提供です。

　例えば、限りある予算を多数の広告媒体に配分し、掲載先のコンテンツやターゲットを精緻に分析し、より効果の高いクリエイティブ素材を配信していく「最適化」には、高度な専門知識やAIなどの最新技術を組み合わせた高付加価値領域への対応が必要です。広告会社として多種多様な実務を担うことで蓄積された知見やデータは強力です。

　あるいは、インターネット広告市場の中で需要の高い広告掲載・配信先は広告在庫に限りがあります。そのような希少価値が高い優良広告商品を媒体社とともに開発することや、その在庫を独占的に確保するならば、それもまた高い付加価値となります。

一方、広告会社の役割をメディア企業側から見ると、広告会社の役割には、自社の広告商品の営業代行という側面があります。また、メディアレップなどは、文字通りメディア企業の営業部門の代表・代理（Representative）として登場し、存在しています。「自社の広告商品を他社のものと差別化し、あるいは他社の商品と組み合わせて、広告会社経由で販売してもらいたい」というメディア企業のニーズに応えるために、メディアレップは広告会社の媒体部門とも連携し役割分担をすることでその機能を果たしています。さらに現在ではメディアレップはメディア企業の広告商品の運用・オペレーションの一部を担うケースもあります。

運用型広告業務の受注内容

このように広告会社の役割が、「基本業務のアウトソーシング受託」から「専門的な付加価値の提供」へと拡大するにつれて、広告会社の報酬モデルのあり方にも矛盾が生じてきました。その矛盾を解消するには、価値提供と報酬をいくつかのシンプルなモデルに因数分解し、その複合＝ハイブリッドとして考察するのが有効です。

しかしその前に運用型広告業務における2パターンの受注内容について見ていきましょう。

検索連動型広告も含めた広義の運用型広告業務とは、絶え間なく変動する需給状況をダッシュボードで確認分析し、最適化判断に基づき設定条件を変更し運用していくことです。

国境もなければ市場の開閉時刻もないインターネット広告市場は24時間365日稼働しており、運用は間断なく続いていきます。現状ではAI化へと向かう自動運用技術とマンパワーとのハイブリッドの作業となっており、大局的な判断を下す運用コンサルタント以上に、実際の運用業務に携わるオペレーターに労働負荷がかかりやすい状況が続いています。

広告会社が請け負う業務の一つが運用実務のアウトソーシングだとすると、自動運用への投資額と専門要員の労働リソースの合計が対価としての報酬になるはずです。この場合、広告会社が請け負う業務内容と対価について

受発注双方で確認し合いサービスレベルアグリーメント（SLA）を締結することが大切です。

　一方で、広告会社のアウトプット（成果）が運用の対価だとすると、運用実務に関わる人件費とシステムのコストを成果に対して最小限に抑える最適化が必要となります。この場合は対価に対する対価をあらかじめ取り決めることが重要になります。

　このように理論的には労働対価型と成果対価型の2パターンの報酬モデルがあるのですが、現実にはこれらの混合型となることが多いでしょう。

　一定量のマンパワーとシステムの提供の場合であっても、期待される成果はあるわけで、少しでもそれを上回ろうとすると、SLAを超えたリソースの投下が増えがちになります。

　成果のみを追求する場合でも、リソース投下やコストを最小限に抑えることが躊躇されることもあるでしょう。市場の競争は激しく次期の受注を確実にするためにも、目標成果やSLAを越えてサービス提供をしようとすることは、戦略的には自然な考えです。

　しかし、運用型業務における労働適正化を妨げる要因については、業界全体として正しく認識し改善していくことが大切です。具体的には、事業者ごとの用語・定義・基準の不統一による混乱や免責事項、最低必要日数などの事前説明不足に伴うトラブル、広告掲載事故の分析と防止措置の共有不徹底などがあげられます。

広告会社の報酬の基本モデル

　さて、以上を踏まえて、あらためて広告会社の業務と報酬の基本モデルを考察していきます。広告業務に限らず、需給双方の間に立って価値を提供する事業の報酬形態は、おおむね次の通りに整理できます。

①　受発注金額に対して一定割合（マージン率）での報酬
②　労働力・労働量に対する報酬
③　成果における付加価値に対する報酬

① 一定割合での報酬

　広告業界におけるメディア業務（プランニングやバイイング）は①が主流です。マージンやコミッションといわれます。交渉も計算も簡単というメリットがありますが、本来は受発注額と労働や付加価値の量とが正比例に近い場合に有効な報酬形態です。得てして媒体業務の場合、金額の多寡に比べて業務作業量の差異は小さいため、大きな金額の場合は広告会社が有利で、少額の場合には不利であるとも考えられます。

　インターネット広告の場合は、現状ではまだマス媒体業務に比べて一発注当たりの金額規模が小さいにもかかわらず、運用型業務にはかなりのリソースが必要となり、①の報酬形態では矛盾が生じることもあります。

　もとよりマス媒体は最低発注金額がそれなりに大きい限りは、リソースが過剰にかさむような仕事は生じにくくなっていますが、運用型のインターネット広告は少額の発注も多いため、広告会社としては「最低発注金額」や「最低報酬額」を設定することでカバーするという発想もあります。

　一方で、発注が巨額な場合に生じうる矛盾に対しては、例えばボリュームディスカウントのような個別契約で修正していくことも考えられます。

　広告主にとっても広告会社にとっても「正比例しない場合の余剰コストをいかに圧縮するか」というテーマは共通の課題になっています。

図表5-09 マージン報酬の修正例

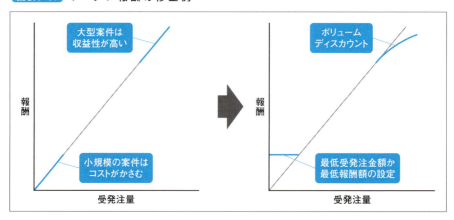

いずれにしてもマージン型の報酬形態において、受発注金額がリソースと正比例しない場合の矛盾を低減する手法は、実際の個々のビジネスに即して解決することになるでしょう 図表5-09 。

② 労 務 対 価 ／ ③ 付 加 価 値 へ の 対 価

一方で、運用型を中心とする媒体業務について「広告主側が管理画面を通して直接発注する労力を広告会社にアウトソーシングする」という発想に立つならば、報酬形態は①の一定割合での報酬ではなく②の労務対価となるはずです。自社で専門スタッフを雇用して運用業務を行う場合と、労力をアウトソーシングする場合のコスト比較となります。この場合、媒体への発注規模と人件費の比例関係を考慮したり、また基本業務が中心なので専門性の高低による付加価値の差を想定したりする必要はありません。

この「労働力のアウトソーシング」は、東京を離れて地方で実施することを「ニアショア」、国境を越えて海外で実施することを「オフショア」と呼びます。労働コストと成果品質とのバランスによって外注先が判断されることになります。

そして、もし広告業界におけるメディア業務が、発注金額によってでもなく、必要な労働リソースによってでもなく、プランニングやバイイング業務、運用の実績による付加価値で評価されるのであれば、③の付加価値への対価ということになるでしょう。

媒体プランニングは多種多様ですが、その成果は何と比較して付加価値と考えるのでしょうか。広告の掲載や配信による認知向上や獲得数は宣伝した商品自体の魅力やクリエイティブの影響が大きいため、メディア業務の成果としては必ずしも妥当ではありません。

媒体業務の付加価値はバイイングにおいて、決められたタイミングとボリュームで必要な指定媒体を確保するという成果なのかもしれません。

結局のところ、媒体業務における付加価値とは、客観性やベンチマークとの比較というよりも、会社や組織としての力量や実績をベースとしながら、個別のプロジェクトごとに集められたメンバーの力量や評価、経験年数など

第 5 章 ／ 業 界 の 構 造 と 存 在 意 義　　193

をもって総合的に示すべきものなのでしょう。しかし、これもなかなか机上論の域を出ません。

報酬体系の健全化に向けて

　報酬体系について明解な答えを出すのは困難ですが、業界全体として、課題や論点を整理した上で「広告会社のサービス価値に対する正当な報酬とは何か」をあらためて考える時期に来ているのではないでしょうか。その上で、広告主と広告会社の間の個別契約が見直されていくべきなのでしょう。

　例えば「①一定比率をベースとしながら、②労働量や作業量の極端な多寡を考慮・補正し、③付加価値部分の評価を、その発注自体に反映させずとも次回以降に加味していく」というハイブリッド体系も検討できるかもしれません。

　いずれにしても、広告のメディア業務の受発注にあたり、双方の発注金額の合意に加えて、その実現にとって合理的に不可欠な作業量・労働量をSLAとともに取り決め、付加価値の基準と過不足の場合の対価のあり方についての考え方を一致させておくことが求められます。

　これによって初めて、広告媒体業務における対等な受発注関係と、適正な労働負荷と報酬形態が実現し、市場の健全な発展が望めるようになるのです。

これからの広告会社が果たす役割

　このように「受発注や報酬形態のあるべき姿」を深く考え、議論した上で、受発注双方が認識を共有することを前提とする場合、広告会社がインターネット広告領域で今後果たすべき役割は次の通り拡大し高度化していくことになるでしょう 図表5-10 。

　このことが示すのは、単に「広告主のアウトソーシングコストに見合った労働力の調達」という発想だけでは広告会社の役割はコモディティ化するということです。

図表5-10 広告会社に期待されている役割

役割	内容
広告主側の事業目標とKPIのブリッジ設計	「計測可能な指標」と「より正しく類推すべき指標」の拡大に伴う解析・判断能力の高度化
アドテクリテラシー	計測タグ、SDK、フィードなどの理解、各種ツールの導入支援・コンサルティング
クリエイティブプランニング	広告目的(認知/獲得)×メディア種類×制作種類(静止画/動画)の多様化を仕切るプランニング力
広告配信における高度なプランニング・トレーディング・オペレーション	多岐にわたる広告メディアや配信メニューの把握力と、最適化項目を理解した効率のいい運用能力
アナリティクス	各種KPIの因果関係分析・優先順位判断、アトリビューション等
的確なレポーティング	広告目的ごと、広告メディアごとに異なる多様な指標を的確にさばく力量

　加えてエージェンシーのデジタル業務拡大に伴い、戦略コンサルタントやITコンサルタントとの業務の重複や協業も増えてきています。「インターネット広告についての高度な専門性」と「広範なマーケティングリテラシー」、そして「広告主の課題の本質に迫る解決力」を兼ね備えた、市場価値の高いプロフェッショナル人材を確保し、組織として高度に機能させることが、現在各広告会社の大きな経営課題となっています。

　そして、業界全体としては、そのような優れた才能を魅了する場所であり続けなければなりませんし、個別企業の垣根を越える成長機会と切磋琢磨とが不可欠でもあるでしょう。また、彼らの力量が所属企業内のみならず、広告主からも、市場からも正しく評価されることが望まれます。

インターネット広告業界の明日

　本章では、インターネット広告の業界構造と実務について、その現状と課題をまとめてきました。市場が誕生して四半世紀が過ぎてなお、この業界はまだまだ成長の途上にあるといえます。

　テクノロジーの発展によって、広告ビジネスの高度化が促進された反面、

技術活用や数値指標の最適化に傾倒するあまり、広告の本質や目的が軽視されてしまった面もあったかもしれません。しかし、その修正は常に試み続けられています。

インターネット広告のさまざまな側面における品質課題も、ようやく世界的に議論されるようになり、これまでの発展の副作用についても社会や業界のコンセンサスとなり、その対処が進められています。

引き続きダイナミックに変貌していくであろうインターネット広告ビジネスにおいて、その目的や本質を忘れないためには、常に原点に立ち戻る考察と議論を重ね、さらに進化していく技術を人間の知恵でコントロールしていくことが欠かせません。

また、インターネット広告の社会全体に対する責任を果たし、業界内の正当な付加価値と競争と対価のあり方を突き詰め、さらには労働環境適正化のための「働き方改革」を推進していくためには、インターネット以前の広告業務や他業界の事例にも多くの本質的なヒントを見いだすことができるかもしれません。

最新の技術を人の叡智で最適活用し、個別のビジネス案件に集中しながらも大局観や原点を忘れず、先例に学びながらも過去にこだわらないこと。このような個々のプロフェッショナルの姿勢と、それを受け止め高度に統合していく個々の企業の活動とこそが、インターネット広告の明日を切り拓いていくのです。

第 **6** 章

品質向上への取り組み

インターネット広告が発展する過程で、広告の
品質について新たな課題が生まれてきました。
本章ではインターネット広告の品質課題につい
て、その本質的な原因と対策を探り、取り組
みの状況を概観します。

インターネット広告の品質課題の本質

インターネット広告の品質課題

インターネット広告の歴史が20年を超えてきたころから、インターネット広告にまつわるさまざまな品質上の課題が指摘され、注目を集め始めました。それらの課題は、おおむね下記のように分類整理することができます。

① ユーザーの体験を損なう不快な広告フォーマット（アドエクスペリエンス）
② ユーザーに直接被害をもたらす不正な仕様の広告（マルバタイジング）
③ 違法・不当な広告表示や不適切な広告表現（虚偽広告、いわゆるフェイク広告も含む）
④ 広告であることを隠して消費者を欺く宣伝手法（ステルスマーケティング）
⑤ ブランドにとって不適切な掲載先への広告配信（ブランド毀損）
⑥ 広告費を不正に詐取する手法（アドフラウド）

どの課題も、インターネット広告に対する不信感や忌避感につながり、広告やメディアの価値を損なうおそれのあるものです。その上、経済の健全な発展を妨げ、社会の安全を脅かすものとして、大きな社会問題にもなりかねません。

これらの課題は、デジタル技術特有の複雑さに起因するインターネット広告ならではの問題であると誤解されがちですが、その本質は、アナログ時代にも散見されていた広告全般に関わる問題であるものが多く、それが新たな形で顕在化してきたものです。

そのことを理解するために、まずインターネット広告と、マスメディア広告などの従来の広告との違いを考察してみましょう。

マスメディアとプロモーションメディアの混在

マスメディアの定義には諸説ありますが、ここでは「自らの責任でコンテンツを編集・編成してマス（大衆）に伝達する社会的役割を担うメディア」とし、そこに掲載される広告を「マスメディア広告」とします。コンテンツを伴わない屋外広告や交通広告は、マスメディアではなくプロモーションメディアに分類されます。

プロモーションメディアは他に、折込広告・チラシ、ダイレクトメール、イベント、フリーペーパー・フリーマガジン、店頭のPOP、電話帳広告などを含みます。その市場の裾野はかなり広範に及び、市場統計には表れないブラック市場もあります 図表6-01 。

マスメディアとプロモーションメディアは、その定義の違いにより、消費者の接触環境や態度、信頼度が異なっており、受け手側も暗黙知としてその差異を認識しています。しかしインターネットメディアに関しては、その境界線が曖昧です。メディアの信頼度や、消費者の接触環境や態度もさまざまです。

つまり、もし広告主がマスメディアや信頼できるプロモーションメディアに対するのと同様な認識でインターネット広告の掲載発注を行うと、思わぬ齟齬やトラブルが生じかねません。また、消費者側がマスメディアや信頼できるプロモーションメディアの広告に接触するのと同じ受け止め方でインターネット広告全般に接した場合、不快感を覚えたり予想外の不利益を被るおそれがあります。

本章で詳述する、インターネット広告の品質課題を考えるときにポイントとなるのは、インターネット広告にはプロモーションメディア広告由来の領域が多く、ブラック市場からの参入もありえるという事実です 図表6-02 。

第6章／品質向上への取り組み　　199

図表6-01 プロモーションメディア広告費の内訳推移

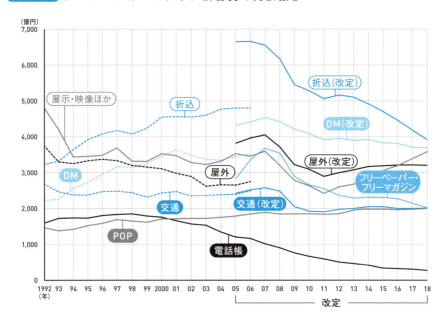

プロモーションメディアの広告費も減少が続いており、その多くがインターネット広告に流れていったことは想像に難くない
出典：電通「2018年 日本の広告費」

図表6-02 インターネット（広告）は何を置き換えたのか

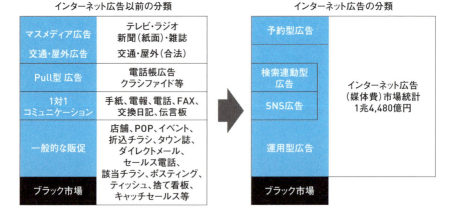

インターネット広告は、突然出現した市場ではなく、さまざまな広告メディアを置き換えたものと捉えられる

不当な広告市場を分断できない状況

インターネット登場以前の広告取引においては、広告会社や媒体社による健全な広告市場とアンダーグラウンドで活動する非合法や非倫理的ブラック広告市場とは比較的明確に分断されていました。

新聞やテレビをはじめとするマスメディア広告や交通広告などは、社会的な責任を背負った事業者のみが運営をしています。屋外広告やその他メディアの多くも、同様に社会的な責任と倫理感をもって広告スペースを提供しています。

しかしながら、現実には違法・不当あるいは境界線スレスレの広告メディアが世の中には存在しており、同様に悪質な広告主や倫理的に問題のある広告主も存在しています。

従来の広告市場では、取引先となる広告主、媒体社を各事業者が審査・選別することで健全な市場とブラック市場との分断が機能しており、一般の広告主が無自覚に不適切な媒体に広告を掲載したり、一般消費者が健全な媒体で違法・不当な広告に接触して被害に遭うようなケースはまれでした 図表6-03 。

これに対してインターネット広告市場では、こうした分断が機能しづらい状況があります 図表6-04 。巨額な広告予算がなくとも、厳格な法人審査や広告審査を経ずとも、誰でも広告主となって自由に広告宣伝や販売促進活動ができるためです。あるいは誰でも自由に広告媒体を立ち上げて、広告の掲載量などに応じた報酬を受け取ることができる仕組みができ上がっているためです。

このようなインターネット広告市場の開かれたエコシステムは性善説を前提に発展してきましたが、それは同時に、インターネット以前から世に存在する違法・不当な媒体社や広告主を区別することなく市場に招き入れてしまう結果となったのです。

図表6-03 従来の広告市場の分断

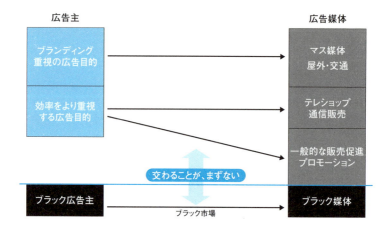

広告業界の審査・選別機能が働き、健全な市場とブラックな市場は交わることがまれだった

図表6-04 デジタル時代における棲み分けの不在

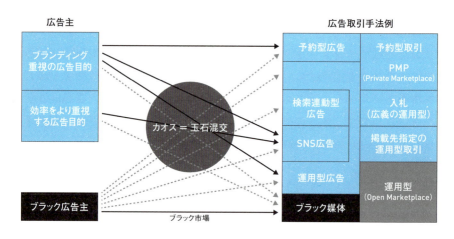

デジタル時代においては、誰もが広告主になれる自由な市場が形成された結果、ブラックな市場との分断が機能しづらくなってしまった

市場の健全性を守るために

　このように、広告の売り手も買い手も玉石混交となっているカオス（無秩序）な市場状況が、本章で説明していくインターネット広告の諸課題の真因となっています。課題ごとに対症療法はあるものの、根本的な解決策とはいえません。違法・不当や不適切な売り手と買い手を何らかの判断と手段で区別することで、健全な広告市場とそれ以外を分断することが真の解決策ではないでしょうか 図表6-05 。

　反社会的勢力や悪意ある法人・個人を市場から排除するとともに、知識や認識不足による不適切な売り買いも正すという努力を業界をあげて続けることが、インターネットの本来の自由さを守ることにつながるのです。

図表6-05　市場の健全さを守る本質的な対策

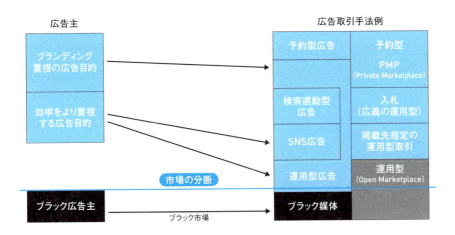

ブラック市場を分断することが、本来のインターネット市場の自由を守る

ユーザー体験を損なう広告
～アドエクスペリエンスの問題

広告を拒否する「アドブロック」

　インターネット広告の品質課題を語るにあたっては、「アドブロック」という課題を避けては通れません。

　ブラウザーでWebサイトを閲覧する際、ブラウザーの拡張機能やモバイルアプリなどを利用して広告の配信だけをブロックする機能のことをいい、残念ながら国内外において人気アプリランキングの上位に位置することもあります。

　ユーザーがアドブロック機能を導入しようと考える動機はさまざまです。アドブロックとは、ユーザーが使用しているブラウザーが広告を「取りに行く（配信リクエストを出す）」こと自体をブロックするため、広告に関わる通信が行われず、通信速度が向上し、パケット通信量も節約できます。スマートフォンの通信速度が遅く、パケット定額制の上限が低い地域において特に重宝され、普及率も高いゆえんです。

　その他、一般的にアドブロック機能を導入する動機としては、単に「広告が邪魔、見たくない」ということや、プライバシー侵害やデータ漏洩への懸念があります。日本のユーザーの導入動機としては、こちらの方が強いでしょう。

　アドブロック機能の導入がどのような動機からであったとしても、広告の配信自体を止められるということは、広告メディアとしては広告収入の減少となります。広告主としてもマーケティング活動の場が狭まることを意味し、インターネット広告市場全体の縮小につながるおそれがあります。

　広告市場のエコシステムが機能しなくなると、広告がもたらす経済循環が滞るだけではなく、これまでユーザーが無料で享受してきたさまざまなメディア（ニュースや天気など）やサービス（SNSやグルメサイトなど）も成り立たなくなります。メディアは広告以外の収益源を求めて、有料化に舵

を切り、広告ビジネスがもたらしてきた「ジャーナリズムや情報流通、エンターテインメントの民主化」に影を落とすことになるでしょう。

単に自分たちのビジネスを守るためだけではなく、インターネット広告のより良い接触体験を追求し、広告が社会に果たす貢献価値を高めることは、広告業界の使命です。

より良い広告体験を提供する必要性

ユーザーがアドブロックを導入する動機の一つとなっているインターネット広告が「邪魔である（annoying、俗に言う"ウザい"）」という状況は、いくつかの原因に要素分解できます。

一つには、広告の表現や内容自体に問題があり、消費者に不快感や不信感をもたらす場合です。また、広告自体には大きな問題がなくとも、「同じ広告が何度も表示される」とか「自分の好みが把握され、追いかけられているようで気持ち悪い」という場合もあるでしょう。

しかし、スマートフォンやPCでのコンテンツの利用体験を最も損なう、広告が邪魔に感じられる要因として考えられるのが、デバイス画面上における広告の表示のされ方、つまり「広告フォーマット」によるものです。

「広告を確実に見てもらいたい」「より多くの反応を獲得したい」という広告主や広告メディア側の意図から、さまざまな広告フォーマットが考案されてきました。しかし、広告フォーマットに起因するユーザーの不快感は広告される製品・サービスや広告主に対しての不快感につながりかねず、逆効果になりかねません。

アドエクスペリエンスへの取り組み

JIAAでは、バナー広告の初期から、ユーザーの意思に反する広告の挙動や不快感を与えるような仕掛け（振動や点滅など）を非推奨とするガイドラインを定めています。また、動画広告が登場した際には、サイト自体が音声再生を前提としていない場合は、ユーザーの操作がなされたときにのみ音声を

再生可能とすること（デフォルトオフ）を規定しました。スマートフォンでは、誤タップを誘発するようなフォーマットや広告表現も自粛することとしています。

世界的にもインターネット広告市場全体としての標準ルールを作る目的で「Coalition for Better Ads」（CBA）という団体が組織されています。CBAは広告フォーマット（仕様）をPC、スマートフォンそれぞれ50種類ほどピックアップし、消費者への意識調査を行い、ユーザー評価が低かった合計12種のフォーマットを非推奨として公表しています 図表6-06 。

記事を読み始めると画面上にポップアップで表示される広告や、広告の表示面積が大きく記事をスクロールしても画面に固定して表示され続けるもの、ページを開くと自動的に音声が再生される広告などが対象となっています。

日本でも同様の取り組みが始まっています。しかし世界共通の取り組みとは別に、例えばスマートフォンの画面上をバナー広告が浮遊するように動くものや、広告枠の外側に触れてもリンク先に飛んでしまうものなども存在しており、これら日本特有のフォーマットへの独自の判断と対応も必要となるでしょう。

広告の過剰掲載と多重掲載

個々の広告フォーマット自体に問題がなくても、同一の画面に極めて多くの広告枠を設置し、1回のページビュー（PV）で多数の広告配信（インプレッション）を得ようとする行為も、ユーザーのコンテンツ体験を広告体験とともに損ないかねません。

また、同一のまたは非常に似通った広告クリエイティブが同一画面上に多数表示されるものも、ユーザーの広告への忌避感を招く場合があります。

前者のような広告枠の過剰掲載は「Clutter（乱雑）」という単語から「アドクラッター（Ad Clutter）」と呼ばれ、後者のような同一広告内容の多重掲載は「Collision（衝突・激突）」という単語を用いて「アドコリジョン（Ad Collision）」といわれています 図表6-07 。

図表6-06 アドエクスペリエンスに関する取り組み例

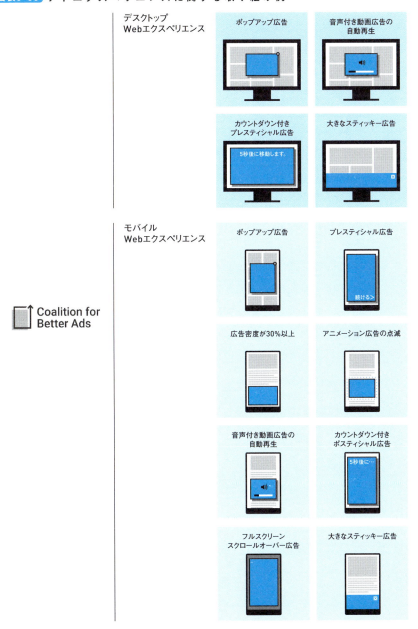

Coalition for Better Ads（CBA）では、消費者の受け入れ可能性が低い、非推奨の広告フォーマット（上12例）を選定して、「Better Ads Standards」として公開している

図表6-07 広告表現の過剰掲載と多重掲載

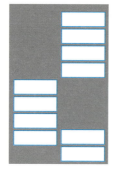

アドクラッター（Ad Clutter）
同一画面上に、あまりにも多くの広告が並ぶ状態

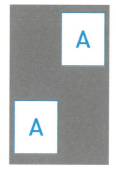

アドコリジョン（Ad Collision）
同一画面上に、まったく同じか非常に似通った広告が並ぶ状態

　これらは皆、新しい媒体や広告サービスが急速に立ち上がったことで、社会通念上許容されうる広告フォーマットや掲出方法に関する共通認識の醸成が未熟で、ユーザー体験を考慮せず、効率や目先のパフォーマンスばかりを優先した施策が裏目に出たものともいえます。

　またアドネットワークなどの広告サービスでは、配信先のサイトにおいて不適切な形式で広告が掲出されてしまうことがあります。各サービスはあらかじめ表示形式などに関する規定を設け、もし配信先サイトで違反行為を発見した場合は、そのサイトを配信先から除外するなどの対策も必要です。

　いずれにせよ、ユーザーに対してコンテンツ閲覧や広告体験を優先し、「記事やコンテンツをストレスなく閲覧していただいた上で、広告にも着目してほしい」という謙虚な姿勢を貫くことこそが本来の広告業界のスタンスであると考えます。

6-3 被害をもたらす不正な広告 〜マルバタイジングへの対策

ユーザーに直接被害をもたらすマルバタイジング

　ユーザーのメディア体験や広告体験を向上させることは、ユーザーの心理的なマイナスを払拭する試みです。一方マルバタイジングとは、広告自体が物理的、具体的にユーザーに害を与えてしまう事象です。

　悪意のある（Malicious）ソフトウェアである、不正なプログラムのことをマルウェア（Malware）といいます。広告クリエイティブや広告のリンク先サイトに仕込まれたプログラムによって、ユーザー端末にコンピューターウイルスを感染させるなど、何らかの不正を働くことを目的とした不正広告を「マルバタイジング（Malvertising）」と呼びます（「Malware ＋ Advertising」の造語）。

　広告をクリックさせることでユーザーのPCやスマートフォンをウイルスに感染させるケースだけでなく、広告を画面上に表示しただけで自動的に不正サイトへ遷移させ、ウイルス感染などの被害を与えるケースもあります。加害者が一般の広告主を装っている場合や、一般広告主が外部からの攻撃を受けて広告やサイトを不正に改ざんされているケースもあるとみられます。

　実際に2015年7月、海外から日本のユーザーをターゲットにしたマルバタイジングが配信されました。ユーザー端末の脆弱性が利用されて、広告を表示した途端、ウイルスに感染し、データを漏洩してしまったという事象でした。事象発生の当事者となった媒体社は、当初、感染源の広告を特定できず、いったん、すべてのアドネットワークやアドエクスチェンジへの広告在庫提供を停止する措置を取りました。当然、広告収益へのダメージはありますが、ユーザーの安全を最優先したためです。その後、各プラットフォームと連携、協力して調査を行い、安全が確認できたサービスから順次提供を再開しました。

　これを受けてJIAAではマルバタイジングへの対応マニュアルを作成し、

警察庁やセキュリティベンダーとも連携して対策を共有しました。マルバタイジングはサイバーテロに応用可能な手口であり、社会にとっても大きな脅威となりえます。

ウイルス感染だけでなく、ユーザーが広告やサイトを閲覧した際に不正サイトに自動的に遷移させられ（オートリダイレクト）、その遷移先サイトで詐欺被害に遭うこともあります。例えば、広告が表示された後に、時間差でポップアップ画面に詐欺メッセージが表示され、ユーザーに個人情報の入力やアプリのダウンロードをさせようとする事例も多数生じています。

このようなマルバタイジング被害を防ぐには、健全なサイトや広告配信サービスが、脆弱性を突かれて不正に利用されてしまうことを防ぐために、業界全体で対策を高め続ける必要があります。万が一、マルバタイジングが配信されたことを検知した場合には、当事者間での情報共有と調査、広告配信の一時停止と安全の確認など、まずはユーザーへの被害の拡大を防ぐために、速やかに可能な限りの手段を講じることが最も重要です。

また、ユーザーに、怪しいサイトにアクセスしないことや、OSやブラウザー、セキュリティソフトを常に更新しておくなどのセキュリティ対策を啓発することも必要です。

図表6-08 マルバタイジングの構造

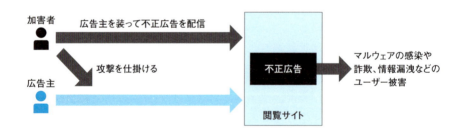

6-4 広告の不当表示
～広告の適正化に向けて

広告適正化の原則

　広告とは広告主から製品やサービスに関するメッセージを一方的に伝えようとするものです。そのメッセージが、受け手である消費者の誤解を招いたり、消費者に不快感を与えたりしないように、最大限の努力をすることは当然です。また消費者を守るのみならず、広告業界全体の信頼を守るためにも、広告の不当性（虚偽・誇大など）を排除することが大切です。

　広告内容の第一義的責任は広告主にあります。広告主から依頼を受けて広告を掲載する媒体社は、基本的には広告内容に責任を負いません。しかしマス媒体の責任に言及した過去の判例では、広告内容が明らかに虚偽であると分かる特別な事情があり、消費者に被害の発生の予見可能性がある場合は、広告を掲載した媒体社に責任が生じることもありえるとの考えも示されています。

　広告の適正性の観点からは、広告倫理も重要です。JIAAは設立の翌2000年に「インターネット広告倫理綱領」を制定し、その後、その趣旨に基づいて「広告掲載基準ガイドライン」を標準的な指針として策定しました 図表6-09 。

図表6-09 インターネット広告倫理綱領（2000年制定）

- 広告は社会の信頼にこたえるものでなければならない
- 広告は公明正大にして、真実でなければならない
- 広告は関連諸法規に違反するものであってはならない
- 広告は公序良俗に反するものであってはならない

　綱領のもと、媒体社、広告配信会社、広告会社はそれぞれ独自に自社の基準を持ち、その基準に照らして、不適切と判断した広告主とは取引をしない、基準に沿わない広告は広告主に改稿を要求する、もしくは広告の掲載を

拒否する、掲載後に不適切であることが判明した場合は広告を停止する、などといった運用を原則としています。このような取引審査や広告審査・考査は、消費者の利益を保護し、トラブルを未然に防ぐ役割を担っています。

広告審査とは

広告メディアの種類を問わず、広告審査の目的には、消費者（ユーザー）の保護、媒体価値の維持があります。また、広告主による法令遵守と公序良俗の維持や、企業間の公正な競争の確保があります。いずれも広告業界が広く社会に果たすべき責任です。

審査の内容には、広告主の業態や広告商品などの内容の審査、広告表示の審査、広告表現の審査があります。

広告表示の審査とは、不当表示防止法（景品表示法）や医薬品医療機器等法（薬機法）等の関係法令や、各業界の公正競争規約、ガイドライン等の規程を遵守しているかどうかをチェックすることです。

広告表現の審査のポイントは、消費者に悪影響、不快感、不安などを与える表現の排除です。具体的には、犯罪の肯定や美化、露骨な性表現、醜悪・残虐な表現、消費者を騙す・脅す・欺く・惑わせる・不安にさせたりするもの、他者を一方的に攻撃・差別・嘲笑するようなもの ──などです。

加えてインターネット広告では新しい広告手法やデバイス特性への配慮も必要です。広告クリエイティブを確認する際は、消費者の閲覧シーンや利用方法も理解した上で、視認性や操作性なども考慮する必要があります。

なお、広告審査とは各媒体社が定めた固有の基準に沿って実施するものであり、各媒体社が不適切であると判断した場合には、理由を述べずにその広告の掲載を拒否することができます。媒体社が不当な広告を排除することは、自らの媒体価値を守ることでもあります。ただし、媒体社が行う掲載判断は、広告内容に対する広告主の責任を軽減するものではなく、広告の内容に対する責任は、広告主自らが負うことに変わりはありません。

広告掲載をめぐる適正化の課題

インターネット広告においても、運用型広告の登場までは、マス媒体に倣って広告の事前審査が行われてきました。しかし、誰もが広告主にも媒体にもなれる環境の進展と市場の拡大によって、関係するプレイヤーの数が増大し、またそれらの間で取引される案件の数も膨大になりました。その結果、事前審査が困難な状況が生まれています。

また、広告メディアへの入稿の際に広告原稿（クリエイティブ）そのもののデータを入稿するのではなく、広告を配信する瞬間にクリエイティブを呼び出すための「タグ」のみを入稿する「タグ入稿」が増えたことも、事前審査をさらに困難にしています。

媒体社側でも自社のメディアにどの広告主のどのようなクリエイティブが掲載されるか事前には分からず、また膨大な種類のクリエイティブが細かいターゲットごとに配信されるため、事後の把握も困難な状況を生んでいます。

こうした広告配信の仕組みが、収益を上げることだけを考えている広告主や広告仲介者（アフィリエイト仲介業者やアフィリエイターなど）に利用され、虚偽広告（いわゆるフェイク広告）などの不当な広告が健全なメディアに掲載されてしまう問題が起きているのです。

このような広告掲載の状況を改善し、広告の適正化を図るためには、広告主、広告会社、アドテクベンダー、媒体社が、不当な広告の排除に一致結束して取り組むことが必要です。

不当広告の排除に向けて

一部の広告プラットフォームでは、人による目視の他にも、システムによる監視やユーザーからの通報受け付けなど、さまざまな取り組みを行っています。また、掲載判断に用いた情報は、業界内で可能な限り共有していくことも重要です。悪質な広告主や広告仲介業者に対しては、アカウント単位、広告主単位での判断も必要となっています。不当なクリエイティブの排除だ

第 6 章／品質向上への取り組み　　213

けでなく、悪意を持って不当行為を働く事業者を健全な広告市場から排除していく必要があるのです。JIAAでは会員社による情報共有を行うと同時に、自主的な取り組みだけでは対応が難しい悪質な事案に関しては、行政機関との連携や消費者相談機関との情報共有も行いながら、適正化を進めていくことが有効だと考えています。

消費者を欺くステマ行為
～関係性を明示する必要性

ステルスマーケティングとは

　実際は広告主からの対価が発生しているマーケティング活動（広告宣伝や販売促進）であるにもかかわらず、そのことを隠し、気付かれないように行われるものを「ステルスマーケティング」（俗称：ステマ）といいます。「ステルス」の語義は「知覚できない」であり、そのような手法はマーケティング手法と呼べるものではなく、決して行ってはならない行為です。

　例えば、企業から金銭や物品などの提供を受けて執筆した記事を、客観的で中立・公正な記事であるかのように装うことや、事業者が一般の消費者になりすまして口コミサイトなどで自らの商品を推奨する行為、あるいは有名人や一般ユーザーに謝礼を渡してSNSに好意的なコメントを投稿させる行為などが典型例です。

　また、積極的に騙す意図がなくても、媒体社に広告費用が支払われている広告を、あたかも媒体の編集記事であるかのような体裁で掲載している場合、「ステマ」と呼ばれても致し方ありません。広告費用としての金銭の授受がなかったとしても、媒体側の編集判断に何らかの影響を与えた「便益の供与」を伴った場合はそれを一種の対価と考えるべきで、その関係性の明示がなければ「ステマ」になりえます。

　媒体社も広告会社も広告主も、「ステマ」と疑われかねないような業務や受発注はすべきではありません。「ステマ」によって一時的に何らかのメリットが得られたとしても、その行為が明らかになれば、どの立場であっても関わった関係者は信頼を大きく失うことになります。

関係性の明示が必要な理由

　消費者が商品を購入するまでに、より良い選択のために情報を利用する場

第6章／品質向上への取り組み　　215

合、情報の内容だけでなく、その情報をもたらしているのが誰か（情報の主体）によっても購入意思決定の判断への影響度は異なると考えられます。「ステマ」は、消費者に対して情報の主体を偽り、消費行動を誤らせて不利益を与えるおそれのある行為です。記事や広告の内容が真実であるかどうかとは別の問題です。

インターネットは情報の流通がグローバルで、国境がなく、誰もが手軽に情報発信を行えるため、信頼度の高い情報から低い情報までが混在しています。また、インターネットは、新聞・雑誌・テレビ・ラジオとは異なり、個々の記事や画像などの情報が広く伝播・拡散していくため、情報の作成・発信元が分からなくなることが多いという特性があります。多様かつ多量の情報があふれる中で、情報の信頼性の判断は、情報の受け手であるユーザーに委ねられているといえるでしょう。

ゆえに、正当なメディアは自主的な規律によって自らの信頼を高め、ユーザーが安心して享受しうる情報を提供する努力が必要です。また、広告主は、自らが管理可能なオウンドメディアや出稿する広告においては、情報を適正にコントロールして発信し、信頼性を高めることが求められるのです。

「広告であることの明示」と「広告主体者の明示」

JIAAの広告掲載基準ガイドラインでは、「広告であることの明示」と「広告主体者の明示」を規定しています。「広告であることの明示」とは、広告エリアと記事・コンテンツのエリアの区分を明確にすることをいいます。また、「広告主体者の明示」とは、広告メッセージの送り手である広告主を明示し、加えて媒体社が関与している場合には両者の関係性を明らかにし、広告の責任の所在を明確にすることをいいます。この規定は、新聞・雑誌・テレビ・ラジオといったマス媒体の業界標準と同様です。

消費者から見て広告であることが分かりにくい場合には、広告であることが明確に分かる表記（「広告」「AD」「PR」など）を推奨しています。口コミやパブリシティなどの広告以外の領域については規定していませんが、金銭の授受はないが便益の供与がある場合は、例えば「商品をもらって使って

みた」「イベントに招待された」といった内容を冒頭の文中に記載することで、「関係性の明示」は成立すると考えられます。

　いずれにしても、消費者を「騙さない」「欺かない」ということが、媒体、広告、ブランドの価値を毀損しないためにも重要であり、誤認のないように「関係性の明示」を徹底し、「ステマ」行為と一線を画すことが必要なのです。

不適切な掲載先への広告費流出
～ブランドセーフティの実現

「不適切な広告掲載先」によるブランド毀損

　インターネット広告において議論されている課題には、広告掲載先の品質という課題も存在します。広告が掲載される場所（枠）よりも広告に接触する対象（人）を優先する「枠から人へ」の潮流と効率重視の発想が、広告掲載先の品質の軽視につながった可能性を否定できません。

　Webサイト、アプリを問わず、ブランドにとって不適切なメディアやコンテンツに広告が掲載されてしまうと、ブランドイメージに対する安全性（ブランドセーフティ）が損なわれるおそれがあります。消費者の広告主への信頼を失うだけでなく、広告全般への社会的な信頼も失われかねません。

　ここでいう「不適切」には二つの異なるレベルがあります。一つは、個々のブランドやキャンペーンによって判断が分かれるもので、その世界観や価値観にとって適切か不適切かの判断となります。低質なコンテンツや真偽不明な情報など、ブランドや広告商材ごとにイメージ毀損の有無を判断するレベルです。

　もう一つは、あらゆるブランド、あらゆるキャンペーンにおいて不適切と判断されるべきレベルです。わいせつや薬物、詐欺、著作権侵害など法律に抵触するコンテンツがこれにあたります。また、反社会勢力の関与が疑われるメディアには特に注意が必要です。責任ある企業が取引に関わるインターネット広告費をその資金源とするわけにはいきません。広告に携わる者は、広告効率や広告主の意向にかかわらず、業界全体の社会的な責任として、これを不適切と判断すべきです。

　また、不適切な掲載先にブランドイメージの高い広告が掲載されることによって、その掲載先やコンテンツが正当なものであるとの誤解をユーザーに与えてしまう懸念もあります。

違法・不当な広告掲載先を排除する取り組み

JIAAが策定した「広告掲載先の品質確保に関するガイドライン（ブランドセーフティガイドライン）」では、「広告掲載不適切コンテンツカテゴリ」を下記の通りに定め、これらのいずれかに該当する違法なサイト等への広告掲載の排除に努めるものとしています。

「広告掲載不適切コンテンツカテゴリ」
・犯罪を肯定したり、美化するなどして犯罪を助長しているもの
・売春や児童ポルノなどの猥褻行為や違法な性表現に関するもの
・生命の死や暴力表現などの醜悪、残虐な表現で不快感を与えるもの
・詐欺行為や悪徳商法などの消費者等を騙すもの
・ヘイトスピーチなどの差別や人権侵害をしているもの
・偽ブランド品の販売や海賊版サイトなどの商標権や著作権を侵害するもの
・危険ドラッグなどの違法薬物の販売やそれらを肯定するもの
・その他違法、不当な内容または社会通念上好ましくない内容が含まれているもの

この中でも特に2018年に問題が発覚した「海賊版サイト（著作物の無断転載、無断リンク等）」については、CODA（一般社団法人コンテンツ海外流通促進機構）が一定の手続きと判断を経てリスト化しており、JIAA等の広告関連団体を経由して広告事業者に情報提供を行っています。

また、警察庁の委託事業として運営されているIHC（インターネット・ホットラインセンター）は違法・有害サイト情報を犯罪捜査・予防のために収集していますが、これをJIAAを介して、守秘を前提に希望する広告事業者に提供しています。

CODAやIHCが提供する違法性や悪質性が判断された情報は重要ですが、必ずしも十分とはいえません。より広範囲に広告掲載先のリンクを判定し、独自のブラックリストを提供している事業者もあります。

また、広告配信事業者も独自に審査や判定を行っています。しかし審査の時点では適切なコンテンツを装い、広告掲載開始後に内容を差し替えるなど、判定が難しい場合もあります。一度ブラック判定して広告掲載先から除外しても、URLや運営者情報などを変えて再び掲載先として入り込もうとするケースも見られます。

明らかに違法・不当だったとしても、確信犯たちが繰り出してくる手法のすべてをAIに代表されるようなテクノロジーだけで発見し排除することには限界があります。このため大手グローバルプラットフォーマーも数千人規模の監視要員を雇用し、AIなどの最新技術とのハイブリッドで対処を続けています。

リスク管理の必要性

広告掲載に適さないサイトやコンテンツなどを除外するためのリストをブラックリストといいます。一方、適切で安全と考えられる掲載先をリスト化したものをホワイトリストと呼びます。掲載先の内容が違法なものでないことのみならず、ブランドやキャンペーンにおいてブランドセーフティが実現できると判断された広告掲載先のリストで、さまざまな事業者が作成・更新し運用しています。

広告掲載先を限定して取引を行うPMP（Private Market Place）もホワイトリストと似た発想です。効率を優先し広告掲載先を限定しない「オープンマーケットプレイス」に対し、透明性を高めたいというニーズに応えた取引市場です。そして、もちろん広告掲載先を指定する予約型の取引が最も透明性が高く、ブランドセーフティを確保しやすいといえます。

ただし、広告の掲載先全体を単純にホワイトとブラックに分類することは難しく、あらゆるブランドにとって安全なホワイトと明らかなブラックの間には、明確に判別することのできないゾーンが存在します 図表6-10 。

このゾーンには、冒頭で述べたように、ブランドやキャンペーンによっては適切か不適切か判断の分かれるレベルのものが含まれます。また、ブラックな掲載先がリスク管理の隙を突いて紛れ込む可能性もあり得るため、広告

図表6-10 リスク度合いのグラデーション概念図

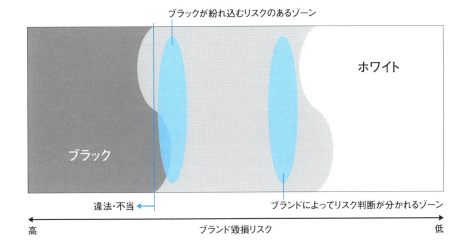

発注において注意が必要となります。

　明らかにブラックと判定したものにブランドごとのリスク判断を加味したものがブラックリストですが、それでも完全にはブランド毀損リスクを払拭できないのは、このゾーンにある掲載先すべてをホワイトかブラックかどちらかに明確に分けることが難しいからです。

　JIAAの先述のガイドラインでは「ブランド毀損リスクコンテンツカテゴリ」を、広告主と広告関連事業者の間で協議の上、必要に応じて広告掲載の排除に努めるものとし、以下の通り例示しています。

「ブランド毀損リスクコンテンツカテゴリ」
- 違法・脱法行為に関する情報
- アダルトグッズ販売、露骨な性表現、過剰な肌露出、芸術的なヌード
- 暴力的な表現、醜悪・グロテスク、映画・ゲーム等の暴力表現
- 投機心を著しく煽る表現、非科学的・迷信な情報によって不安を与える表現
- ハラスメントを助長する表現
- 薬物に関する情報

- ●「広告掲載不適切コンテンツカテゴリ」にあたるものに関する研究、論説、教育、啓発またはニュース
- ●虚偽の情報により社会的混乱を生じさせるもの
- ●その他、ブランドへの広告主の考え方によっては、リスクとなりりうるもの

　このように、例えば暴力表現であっても、それが報道や啓発なのか、あるいはフィクションやエンターテインメントなのかによって個別に判断が分かれます。性表現についてもそのレベル感にはグラデーションがあり、ブランドによって考え方は異なるでしょう。

　また、フェイクニュースは「虚偽の情報によって社会的混乱を生じさせるもの」として定義されていますが、そもそも何をもって虚偽か事実かを判断するかが非常に困難であり、取り扱いに慎重さを要します。

COLUMN

ブラックリストとホワイトリスト
その効用と限界

無効なトラフィックを除外する手法

　無効なトラフィック（IVT）やブランド毀損の課題に対しては、かなり古くから技術的解決が試みられてきました。

　無効なトラフィックに関しては、検索ロボットや自動巡回ソフトのような「人ではないアクセス」をカウントから除外するために、データセンターのIPアドレスや特定のユーザーエージェントを識別しています。さらに、ヒューリスティック（発見的）な手法を用い、一定の間隔で機械的に、あるいはごく短時間に大量のアクセスやクリックがあった場合も、人ではないと判定してカウントからの除外対象としています。IAB（Interactive Advertising Bureau）はこれらの人ではないアクセスのリストを「IAB/ABC International Spiders and Bots List」として2000年代から提供しています。

　このように初期には、主に不作為によって生じる無効なトラフィック（General-IVT）をカウントから排除していましたが、その後、作為的に広告費を詐取する目的を持った、特定困難な洗練された無効トラフィック（Sophisticated-IVT）が登場してきました。いわゆる「アドフラウド」の問題です。

　最近は、広く世界中のネットワーク上の動きを監視して異常の兆候を把握したり、また広告アクセス時に特殊なプログラム（JavaScriptなど）を走らせることで、異常な行動（マウスの動きが直線的など）を検知したりするなどして、これらもカウントから除外する努力が続

けられています。

ブランド毀損を防ぐ手法

　ブランド毀損に関しては、広告配信先サイトのコンテンツを事前にアクセスして取得し、そのテキスト内容や画像を精査した上で、各サイト、各ページの違法性や不適切さなどのリスクをランク付けするサービスも、かなり以前から存在していました。

　初期のサービスでは、テキストに含まれる特定のキーワードや画像内の特定の色（肌色など）が占める割合などでリスクを判定していましたが、現在ではAIを活用して、テキストを文脈として理解したり、特定画像の判別も行ったりすることで、リスクの判別精度を向上させています。

　アダルトサイトや違法・不法サイトなどはかなりの確率で判別が可能ですが、ヘイトサイトやフェイクニュースは人が見ても判断が難しい場合があり、精度向上が難しいカテゴリーといえます。

ブラックリストとホワイトリストの必要性

　RTB（Real Time Bidding）のオープンな広告市場では、何万ものセルサイド（媒体社などの広告枠提供者側）と、何万ものバイサイド（広告主などの広告枠購買者側）を効率良くマッチングさせて取引を成立させています。セルサイドが供出した広告在庫は、いったん大きなプールに投げ込まれ、バイサイドはその大きなプールから自分が必要なものだけを取り出して購入することができるため、とても効率的な市場といえます。

　しかしその際、セルサイドとバイサイドは、広告の在庫プールを挟んで分断されることになりました。つまりバイサイドはセルサイドにどんな人がいるのか、セルサイドもバイサイドにどんな人がいるかをあまりよく知らないという構造になったのです。

RTB広告市場は、そのオープン性ゆえに、アドフラウドやブランド毀損を完全に避けることが難しい市場ですが、その効率性の高さを評価する声も高まり続けています。そこで対策として登場したのが、ブラックリストとホワイトリストの手法です。

「ブラックリスト」とは、上記のような技術手段を駆使した上で、フラウドやブランド毀損リスクが高いと疑われるドメインやURLをリスト化し、あらかじめ配信対象から除外しようとする試みです。

「ホワイトリスト」は逆に、比較的リスクが低い（安全性が高い）と思われるドメインやURLをリスト化して、このリストのみを配信対象としようという試みです。

ブラックリストとホワイトリストを作成するためには、先述したような技術による事前検知が必須であり、コストもかかりますが、アドフラウドやブランド毀損を避けたい広告主への提案としては、ブラックリスト、ホワイトリストの運用が現状取りうる最善の策であると思われます。

ブラックリストとホワイトリストの課題

しかし、まだいくつかの課題が残っていることも十分認識しておくべきでしょう。

①検知技術はまだ発展途上であり、精度にもばらつきがあること。
②検知と除外にはタイムラグがあるため、動的変更や事後変更には対処困難なこと。
③そもそも2億ドメインを超える潜在的配信先を網羅することは困難なこと。

このうち③については、少し補足が必要かもしれません。世界には、43億のIPアドレス（Web上の「住所」）があります。また世界には約2億5,000万のドメイン（Web上の「名前」）があります。

225

つまり、住所と名前のあるサイトが現在2億超ありうるということです。またドメインに対して、サブドメインやサブカテゴリーはいくらでも増やせるため、URLベースではほぼ無限にあるといえるのです。

大切なのはリスクを適切に開示すること

　ブラックリスト、ホワイトリストの対象となりうるのは、理論的にはドメインだけでも2億超あることになります。しかし2億を超える対象をすべて調査することは現実的ではないため、基本的にはその時点で広告配信対象となりえるドメインのみを調査することになります。それでも日々爆発的に増加する配信先のドメインをすべてカバーするのは困難です。

　さらに深刻なのは、可能な限り網羅的なリストがあったとしても、広告配信後のカウント除外はともかく、すべてを事前に配信除外対象とすることは不可能だということです。

　プラットフォームによりばらつきはありますが、配信除外に設定できるドメイン数は有限です。現在、プラットフォームに設定できる除外ドメイン数は数千から数万程度が一般的です。

　ホワイトリストならリストが短いので大丈夫かと思われるかもしれませんが、数百から数千程度が、設定の限界となる場合が多いでしょう。

　数百から数千のホワイトリストであれば、あらかじめ配信先が限定されるPMPの方がより安心だという方もいるでしょう。ブランディングキャンペーンであれば、純広告（予約型広告）の方がより安全との判断も十分ありえます。

　広告主のニーズや目的に合わせて最適な提案をするとともに、ブラックリスト、ホワイトリスト運用を提案する際には、その限界とリスクを正しく開示することが望まれます。

6-7 広告詐欺、広告費の詐取 〜アドフラウドの排除

アドフラウドの実情

　インターネット広告の特徴として、「誰でも広告媒体になれる」ということがあります。「人と引き付ける媒体を作れば広告費収入を期待できる」ということは理論的にはインターネット以外の媒体でも同じなのですが、インターネットの場合はマスメディアのような放送免許も輪転機も配送販売ルートも不要で、なおかつ小額から広告販売しマネタイズできる仕組みができているため、参入ハードルが極めて低くなっています。

　このような「達成数値に応じてお金を受け取れる」インターネットならではの性善説によるオープンな仕組みを悪用して、広告の成果を偽って広告費を詐取するさまざまな手法を「広告詐欺」＝「アドフラウド（Ad Fraud）」と呼びます。

　広告の表示数やクリック数の偽装にはさまざまな手法が編み出されており、それを技術と人力とで発見し排除する努力が続いています。

　例えば、アクセスは多いが広告の入りづらいサイト（アダルトサイトなど）が、ブラウザーの裏側や非表示の領域で別の穏当なサイトを呼び出し、そこに広告を表示することで広告を受注したり、広告枠だけを高速にリロードして、広告を何度も表示することで配信数を水増ししたりするなどのケースもあり、手法によって発見や対処の方法は異なります。

　JIAAでは 図表6-11 のようにアドフラウドの類型を公表し、注意を促しています。

　各事業者が日常業務の中でさまざまな対処と排除を行っており、業界をあげてアドフラウド対策を進めているのです。

第6章／品質向上への取り組み　　227

図表6-11 アドフラウドの類型

類型	内容
Ad Density（過度な広告領域）	検索スパムと組み合わせて、広告しかないページに誘導して広告アクセス増を図るもの
Ad Injection（不正な広告挿入）	ユーザーが閲覧している正当な媒体ページの広告タグを、不正事業者（不正アドネットワークなど）が自社広告タグにすり替えることで、不正な収益を得るもの
Auto Refresh（過度に自動リロードされる広告）	高頻度で自動リロードを繰り返し、ごく短時間に大量の広告を表示させたりするもの
Cookie Stuffing（不正な成果の獲得のためのクッキー汚染）	ブラウザーにプレミアムメディアやブランド広告主のページをポップアップで表示させることで、ブラウザーに優良な閲覧履歴のクッキーを生成させる手法
Falsely Represented（オークションのURL偽装）	アダルトコンテンツや違法ダウンロードの事業者が、広告オークションに対して、正当なサイトのURLを偽装して、広告の入札を受けようとする手法
Hidden Ads（隠し広告）	ブログパーツの見えない領域に広告を仕込んだり、CSS等のユーザーに見えない形で広告を配信したりすることで、広告配信数を水増しするもの
Imp/Click Bot, Retargeting Fraud（プログラムされたブラウザーによる広告閲覧）	ブラウザーをプログラミングして、自動的にimp、クリックを発生させる手法
Sourced Traffic（By Traffic Exchange）（トラフィックエクスチェンジ）	ユーザーにページ内の自動リロードのコンテンツを閲覧させ、コンテンツ元にトラフィックを渡して対価を得るもの

アドフラウドと広告業界の社会的責任

　アドフラウド被害とは、広告主から媒体社への広告商流の中で広告費が不当に詐取されることです。広告主が直接の被害者であり、正当な媒体社も間接的な被害者であるといえます。被害を防ぐためには、まずブランドセーフティの問題と同様に、配信先が不透明な広告出稿に注意することが重要です。

　ちなみにアドフラウドもマルバタイジングも「不正広告」と和訳されることがあります。前者は主に広告主が被害者であり、後者はユーザーが被害者となり、被害の対象が異なります。

　広告配信プラットフォーム各社は、常時アドフラウドを監視し、これを排

除しています。また、事後的に発見した場合は、当該配信先への広告費の支払いを停止し、デマンド側への請求額から差し引いたり、返金したりしています。事前の防止策として広告配信先の審査強化も進んでいます。

　広告主と媒体社をつなぐ中間事業者には、アドフラウドとして詐取された広告費であっても、収益が発生するため、一見アドフラウドを排除するインセンティブが生じにくいように見えます。しかし、普通のモラルを有する事業者であれば、信用リスクの大きさは十分認識しています。

　一方、インターネット広告費の一部が詐取されることで、正当な媒体社に間接被害が生じていることも問題です。世界的に、アドフラウドの主要な舞台となっているプログラマティック広告市場は、インターネット広告市場全体の数分の1を占めていますが、その配信トラフィックの1割がアドフラウド由来ではないかとの調査結果もあります*。

　ただし、この調査結果の数値の中には、そもそも課金対象ではないトラフィックや返金済みのものも含まれます。被害金額としてはインターネット広告市場全体の1%未満ではないかという推定もあります。

　アドフラウド対策を進めるということは、結果的に反社会的勢力の資金源を断つことにもつながります。インターネット広告に携わるすべての企業の社会的責任として、アドフラウド対策は当然の活動であることを、いま一度確認しておきましょう。

*Integral Ad Science社の「2018年下半期メディアクオリティレポート」によると、この期間のグローバルで未対策の場合のアドフラウド／不正インプレッションと疑われるトラフィックの割合は、「デスクトップディスプレイ」では13.0%、「モバイルウェブディスプレイ」では10.2%でした。なお、ディスプレイ分野には、2018年にインターネット広告市場の39.4%を占めた検索連動型広告等は含みません。

6-8 品質課題のまとめ

広告配信と品質課題の関係

　これまで本章で述べてきたインターネット広告の品質課題について、相互の関係と分類をあらためて包括的に見ていきましょう。

　以下の模式図に、広告の配信数と品質課題との関係をまとめ直しました 図表6-12 。縦軸が、広告の配信数を表しています。最上部にあるアドブロックは、広告の配信自体をブロックするので、これが増えるほど、市場における広告の総配信数が減少することになります。

　図の下部にあるIVT（Invalid Traffic、無効トラフィック）とは、広告のインプレッションとしては無効なトラフィックを示します。この中には検索エンジンなどが各サイトの情報を収集するための正当なクローラーによるトラ

図表6-12 インターネット広告の配信数と品質課題の相関関係

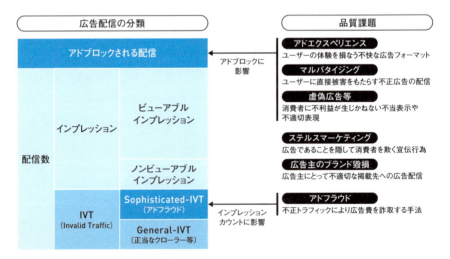

品質課題を向上させると、ユーザーにアドブロックされてしまうのを防ぐとともに、IVTを除外した、広告主に報告されるべき適切な配信数（インプレッション）をより正確にカウントできるようになる

フィックも含みます。インターネット上では通常のトラフィックですが、広告配信としてのカウントは適切でないため、「General-IVT」とも呼ばれています。これはインターネットのルールにのっとった通信であり、一般ユーザーのアクセスと区別することが比較的容易です。

これに対して、作為的にトラフィックを発生させていることが疑われるIVTもあります。「Sophisticated-IVT」とも呼ばれ、アドフラウドの可能性の高いトラフィックです。

広告の配信数からこれらIVTを除いたものが、広告主に報告（レポーティング）されるべき適切な配信数（インプレッション）となります。このため業界としては、常に新しいタイプのアドフラウドを検知し、適切なレポーティングのための努力を続けています。

さらに、IVTを配信数から除外した後に考慮されるべきなのが、第4章で詳述したビューアビリティ（広告の視認可能性）です。

ビューアブルインプレッションの定義でも、その前提として人によらないIVT（無効なトラフィック）をカウントから除外することとなっています。その上で、広告が消費者の目に触れる可能性の高低を判別しています。ビューアビリティが、広告の効果に及ぼす影響、つまり広告の価値を図る基準の一つとなるからです。

品質課題の分類・整理

IVTの除外はインターネット広告ビジネスの基本であり、ビューアビリティはビジネス上の価値を表すものです。一方、それ以外の品質課題——アドエクスペリエンス、マルバタイジング、虚偽広告等、ステルスマーケティング、ブランド毀損、アドフラウド——は、ビジネス上の影響だけでなく広告を目にする消費者・ユーザーや社会に対して影響のあるものです。

これらの課題を「社会への影響」という視点であらためて分類すると、「一般ユーザーの不快感・被害」「消費者の不利益・損害」「反社会的勢力への利益供与」「広告主や媒体社の被害」に分けられます 図表6-13 。

第6章／品質向上への取り組み　　231

図表6-13 品質課題の社会への影響

	一般ユーザーの不快感・被害	消費者の不利益・損害	反社会的勢力への利益供与	正当な広告主の被害	正当な媒体社の被害
アドエクスペリエンス	●		●	●	
マルバタイジング	●		●		●
虚偽広告等		●	●		
ステルスマーケティング		●			●
広告主のブランド毀損	●	●	●	●	
アドフラウド			●	●	●

品質向上への
たゆまぬ取り組み

運用型広告の登場と新たな課題

　品質課題の原因は、「どのような広告が、どのような場所に、どのような形式で掲載されるか、広告主にも媒体社にも事前に分からない」という新しい取引形態の登場にその一端があると考えられます。どの広告がどのメディアにどのような形式で掲載されるかが事前に指定され、確認できていた時代には、ほとんど起こらなかった事象です。

　買い手と売り手とが、互いの素性を知らずに、純粋に効率や金額だけでマッチングされるということは、性善説に立てば合理的な取引手法ではあるものの、悪意を持った売り手や買い手が参入してきた場合、その排除が困難だという側面もあります。

　運用型と呼ばれるこのような取引手法に伴う課題は、業界関係者の間では以前から認識・議論されていましたが、市場全体での認識は必ずしも十分に浸透しているとはいえない状況でした。

　2017年1月に米国で行われたIABのイベントでP&Gの幹部が、広告掲載契約の透明性やアドフラウドの防止を強く訴え、注目を集めました。また、同年2月に英国のタイムズ紙がブランド毀損の問題を報じたことで、社会一般にも認知が広がりました。

取引手法によるリスク管理

　しかし、インターネット広告業界は、そのような状況に無自覚だったわけではありません。日本でも諸外国でも、まずは広告市場での多様な取引手法を提示することによって、広告主が求める品質とリスクの管理に対応してきているのです。

　検索連動型広告の「入札」の仕組みを、通常のディスプレイ広告にも適

用し、広告取引の自動化を進めたのが狭義の「運用型広告」の始まりです 図表6-14 。

　運用型広告の取引手法には、売り手と買い手を限定せずに自由な取引をする①「オープンマーケットプレイス」や、市場への参加者を特定の事業者だけに限定する②「プライベートマーケットプレイス（PMP）」があります。完全に自由な市場で効率を重視するのか、売り手と買い手の品質や透明性も考慮するのかの選択肢が生まれました。

　さらに、オークションが前提のオープンマーケットプレイスやPMPに対し、単価が固定金額である③「プリファードディール（Preferred Deals、別名 Unreserved Fixed Rate）」という取引手法も提示されました。

　なお、媒体社やプラットフォーマーが提供する管理画面やプログラムを介して行う取引を「プログラマティック」と呼びます。運用型広告はこれに包含され、掲載期間や掲載ボリュームが保証されないプリファードディールは運用型に分類されます。一方、掲載媒体と掲載時期、掲載ボリュームをあらかじめ指定する④「オートメイティッドギャランティード（Automated Guaranteed）」は、プログラマティックのカテゴリーには属しますが、運

図表6-14 取引手法による品質確保とリスク管理

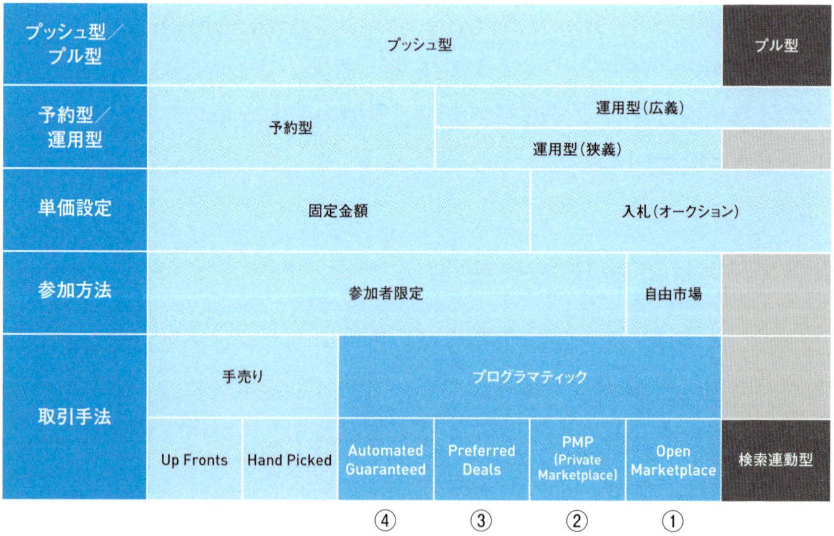

図表6-15 IABによる「Programmatic」の分類（2013年時点資料）

	Type of Inventory	Pricing	Other Terms used in Market
Open Auction	Unreserved （運用型）	Auction （入札）	Real-time Bidding (RTB) Open Exchange Open Marketplace
Invitation-only Auction	Unreserved （運用型）	Auction （入札）	Private Marketplace Private Auction Closed Auction
Unreserved Fixed Rate	Unreserved （運用型）	Fixed （固定額）	Preferred Deals First Right of Refusal
Automated Guaranteed	Reserved （予約型）	Fixed （固定額）	Programmatic Guaranteed Programmatic Premium Programmatic Direct Programmatic Reserved

出典：Interactive Advertising Bureau, "Programmatic and Automation - The Publisher's Perspective" (2013)をもとに作成

用型には含まれません。以上の取引形態の分類は、2013年にIABにおいて **図表6-15** のように対比表としてまとめられています。

　また、オートメイティッドギャランティードは、予約型広告の煩雑な作業を自動化によって効率化したもので、ホテルや航空券の予約を、人を介する電話やメールではなく、Webサイトやアプリで空き状況と価格を見ながら行うのと同様の仕組みです。その一方で、価格の高い空き部屋や空席が、一般に開放された管理画面には表示されず「お問い合わせ」とされるのと同じように、売り手と買い手が相対で取引を決める「手売り（Hand Picked）」と呼ばれる予約型広告も変わらず存在しています。

　米国ではこのような「プレミアムな広告枠」を先行販売する「アップフロント（Up Fronts）」という、テレビ広告取引の商慣行があります。これに倣って2008年から動画オリジナルコンテンツのプレミアムな広告枠を半年や年間単位で先行販売するイベントが行われており、現在は「Digital Content NewFronts」という名称で開催されています。

　このように、広告主ごとの品質とリスクへの考え方の違いに応じて、さまざまな取引手法の選択肢が提示されてきているのです。

第6章／品質向上への取り組み　235

各国における品質向上の取り組み

　欧米では、広告主、広告会社、広告メディアの各団体が、社会への責任として、業界横断組織を組成して厳しい業界基準を策定・運用するなど、対応を進めています。このような業界横断組織は、米国では課題別に組成され、英国では単一組織として組成されています。

　日本でも、日本アドバタイザーズ協会（JAA）と日本広告業協会（JAAA）とJIAAの三団体を中心に、他の広告団体や米国・英国の関連組織とも連携し、課題の認識と現状把握、真因の分析、対策の立案と啓発などを推進しています 図表6-16 。

図表6-16 日米英における広告関連団体の取り組み

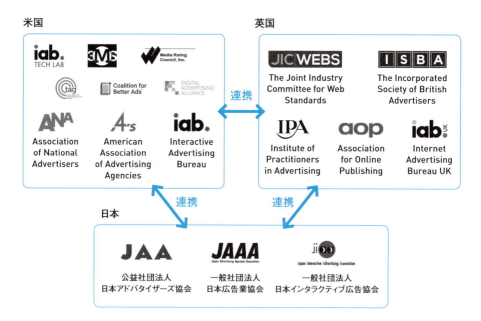

社会の中で成熟に向かうインターネット広告

　本章で詳説してきたインターネット広告の品質上の課題は、各事業者や JIAA などの業界団体がこれまでも対処を続けてきました。各事象を分類・整理した上で真因を考察し、それぞれに対して有効な対策が検討され、根本解決に向けた取り組みが推進されています。

　ブランドを重視する広告主が、本格的にインターネット広告に関わるようになり、これらの取り組みに対して社会的な関心や注目が集まり、インターネット広告は成熟への道を歩み始めています。

　インターネット空間の自由や平等などのプラス面を守りながらも、消費者の保護や広告主が安心して広告活動ができる環境を整備することが、業界関係者には求められています。

　同時にインターネット広告が社会全体の情報の流通、コミュニケーションや消費活動に役立っていることもあらためて自覚し、それが正しく機能するよう業界全体として着実に取り組みを進め、広く啓発していくことも欠かせません。

　規律や倫理の厳しいマスメディアでの広告のあり方も、自由や創造性を大切にするインターネットメディアでの広告のあり方も、それぞれプラスとマイナスが存在しています。

　その短所を排除しながら長所を伸ばし、より健全で豊かな市場環境を作っていくためには、事業者側が過去の知見を真摯に学びながらも新しい知恵を生み出していくことも重要ですし、情報や広告の受け手側のリテラシーもまた大切です。

　まさに、送り手と受け手双方のインタラクティブで開かれた関係性こそが、インターネット時代の広告のあり方をより良いものとしていくのだと考えます。

第 **7** 章

データ利活用と
プライバシー

「人」へのターゲティング技術が進化するにつれて、ユーザー個人に関するデータの扱い方が、インターネット広告にとって重要性を増しつつあります。この章では、データの取り扱いに関する原則や考え方を解説します。

7-1 インターネット広告とユーザーデータの取り扱い

GDPRなど個人データをめぐる規制の状況

　情報通信技術（ICT）の進化や普及に伴い、PCやモバイル端末だけでなく身の回りのさまざまな機器がネットワークに接続されるようになりました。インターネット上で国境を越えて行き交う膨大なデータを処理する技術も、飛躍的に進化しています。産業の分野を越えるデータ連携によって、人々の生活の利便性を向上させる新たなサービスが創出されることが期待されています。

　このような技術の進化やニーズを背景に、広告・マーケティングの分野でも、インターネットユーザーの属性や行動などのデータの有用性が高まっています。データの量、多様性、処理速度や精度が増す中で、事業者による利活用が進む一方、不適切な取り扱いによるプライバシー上のリスクへの懸念も広がっています。

　EUでは「一般データ保護規則」（General Data Protection Regulation：GDPR）が2018年5月に施行され、データの取り扱いに関し、より厳格なルールが敷かれました。さらにEUだけでなく日本や米国でも、ユーザー個人に関するデータの取り扱いについて法制度の整備・強化が進められています。背景にはデジタル技術の急速な進展に伴う個人に関する情報が取り扱われる環境の著しい変化があります。ゆえに、公的規制によって個人の権利と事業者の義務を明確化し、一定のルールに従ってデータを取り扱えるようにすることが求められているのです。

インターネット広告とユーザーデータ

　インターネットのインタラクティブ性と即時性を活かしたインターネット広告ビジネスでは、自動的に取得されるユーザーのログデータはビジネスの

基本であり、不可分なものです。例えばユーザーによる広告の閲覧（インプレッション）やクリック、クリックした後の行動（コンバージョン）などのデータを広告取引のベースにしています。また1ユーザーに対する広告表示回数（フリークエンシー）を適度にするために、ブラウザークッキーを利用してコントロールしています。ブラウザーやOSのバージョンなど端末から送信される情報（ユーザーエージェント）も、閲覧環境に合わせて広告クリエイティブを適切に表示するために利用し、最適化を図っています。

近年ではアドテクノロジーの進化に伴って、メディアの「広告枠」ではなく、「人（ユーザー、オーディエンス）」に向けて広告配信を最適化するパーソナライゼーションが、ごく一般的になりました。プログラマティック取引が普及し、メディアを横断したオーディエンスターゲティングの手法が進展しています。複数の事業者間で連携することによって、十分なボリュームでより詳細なターゲット層に効率的に広告を配信することができるようになっています。

オーディエンスターゲティングの手法

オーディエンスターゲティングは、ユーザーから取得する登録情報や行動履歴情報などのデータ（ユーザーデータ）を蓄積・分析して分類し、ブラウザーや端末を識別して広告の出し分けをする手法です 図表7-01 。分類（セグメント化）の手法には、登録情報や行動履歴をそのまま直接利用して分類するもの、行動履歴から属性や興味関心・消費行動などを類推するものなどがあります。広告を配信する際には、マーケティング目標に沿った属性値や傾向を持つユーザー群（セグメント）を抽出し、そのセグメントに対して配信を行います。

主なオーディエンスターゲティングの種類には、ユーザーがメディアのサービスを受けるために自ら登録している情報などを利用した「属性ターゲティング」、クッキーなど技術的な仕組みを利用して取得する行動履歴情報を利用した「行動ターゲティング」、端末から自動的に取得可能なIPアドレスや許諾を得て取得可能なGPS情報を利用した「地域ターゲティング」な

どがあります。サイトを訪れたユーザーの履歴をもとに、そのサイトへの再訪を促す広告を配信するリターゲティング広告は、行動ターゲティングの一種です。

近年の主流は、さまざまなユーザーデータを組み合わせて用いる付加価値の高いオーディエンスターゲティングです。

昨今はリターゲティング広告のような単純なパーソナライゼーションだけでなく、商品やブランドへのユーザーの認知や理解に貢献するようなデータの活用手法が期待されるようになってきました。また、複数のデバイスを保有するユーザーを同定する技術や、調査データを統計的に処理・分析して関連する広告配信データを抽出する手法なども開発されています。データ管理プラットフォーム（DMP/CDP）の登場で、さまざまな経路で取得されたデータを組み合わせて利用することも可能になっています。

図表7-01 オーディエンスターゲティングの手法

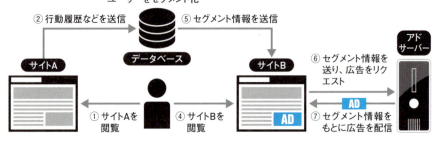

出典：DDAI Webサイト「ターゲティング広告とは」をもとに著者作成
http://www.ddai.info/about_targeting

ユーザー保護の考え方

このようなデータの活用は、ユーザーにとってもメリットがあります。メディア事業者が、より価値の高い広告サービスによって広告料収入を得ることで、ユーザーはコンテンツやツールを無料または廉価で享受することがで

きます。ユーザーにとっては興味関心の高い広告に接する機会が増えたり、コンテキストに合った広告体験ができたりするという利点もあります。

　一方で、データの取り扱いの経路や形態が非常に複雑で多様になっているため、ユーザーから見ると、どの事業者がどこで取得したどのようなデータを利用して広告を表示しているのか、非常に分かりにくくなっています。また、広告配信のアルゴリズムも進化しているため、ユーザーに適した広告が配信されやすくなっている反面、気付かないうちに追跡されて詳細な行動や嗜好を知られているような気持ち悪さを感じるかもしれません。

　オーディエンスターゲティングは、事業者からすれば、ユーザー個人が誰であるか特定する意図も、その必要もなく、セグメントに広告を配信したり、履歴から自動的に広告を表示したりしているにすぎません。しかし、ユーザーにとっては、特定の個人を識別して広告が表示されているかのように感じられるのではないでしょうか。

　ユーザーの不安を払拭するためにまず大切なことは、ユーザーを起点にデータの取り扱いを考え、コミュニケーションを設計することです。

　インターネット広告では、ユーザーが接しているメディア事業者と、表示されている広告を配信している事業者と、その広告で利用されているデータを取得した事業者とが、それぞれ異なることがあります。メディア上で複数の事業者がデータを取得する（メディアが複数の事業者にデータを取得させている）こともごく一般的に行われています。

　事業者にとって効率が良く安全な仕組みであっても、ユーザーに分かりにくい方法でユーザーデータを取り扱うことは、メディアや広告への不安や不信感につながるおそれがあります。メディアやプラットフォーム、広告配信事業者などがユーザーデータを広告に利用する場合には、データを取得する際にあらかじめ、または利用する場面においてなど、データの取得方法や種類などに応じて適切なタイミングでユーザーが知りえるようにすることが必要です。そして、ユーザーが直接接するメディアや広告を通じて、常にデータの取り扱いについて正しい情報提供を行い、信頼関係を築くことが求められているのです。

7-2 個人データと プライバシー保護の原則

個人情報とインフォマティブデータ

ここからは、適切なユーザーデータの取り扱いがどうあるべきか、法規制や民間の自主規制など標準的なルールについて見ていきます。

個人に関する情報の保護と利活用については、国内においては「個人情報の保護に関する法律」（個人情報保護法）に定められています。特定の個人を識別できる「個人情報」が保護対象であり、取り扱う事業者には一定の義務が課せられます。

例えば、メディアのサービスを利用するユーザーや広告主サイトを訪れる顧客が登録した氏名や生年月日など、それにより特定の個人を識別できる情報が個人情報に該当します。個人情報と一連のデータとして管理されている場合は、クッキーなどの識別子やサイト上の行動履歴情報など、それだけでは個人を特定できない情報も、個人情報に該当することになります。また、そのような個人情報から抽出して個人が特定できないように加工したデータであっても、元の個人情報と容易に照合することができ、それによって個人を特定することができるようになる場合は、個人情報に該当し、やはり法的義務が課されます。

このような個人情報や第三者から取得した個人データをインターネット広告ビジネスに利用する事業者は、法に定める事業者が守るべきルール（基本ルールは個人情報の取得・利用、個人データの安全管理措置、個人データの第三者提供、保有個人データの開示請求）にのっとってデータを取り扱わなくてはなりません。

インターネット広告ビジネスで取り扱う「インフォマティブデータ」とはJIAAが定める「プライバシーポリシーガイドライン」で独自に定義したもので、個人情報保護法にいう個人情報以外の個人に関する情報を指す用語です 図表7-02 。ガイドラインでは、個人情報にインフォマティブデータから統計情報を除いた情報を合わせて「個人関連情報」として定義し、遵守事項

を定めています。

　GDPRでいうパーソナルデータ（personal data）は、日本の個人情報保護法でいう個人情報や個人データとは定義が異なり、特定の個人を識別できるか否かを問いません。また、一般にいわれる「パーソナルデータ」も、個人情報を含めた広い範囲の個人に関する情報を意味するものです。

図表7-02　個人に関する情報の定義

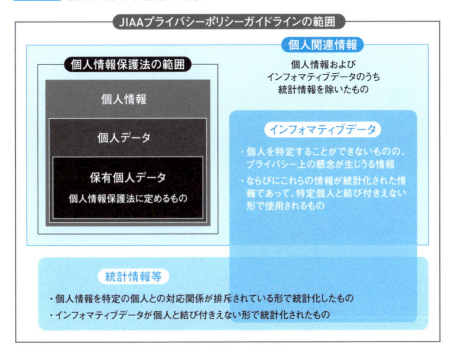

オーディエンスターゲティングに利用するデータの取り扱い

　広告配信で利用するユーザーデータは、一般に、そのデータだけでは特定の個人を識別することはできないインフォマティブデータです。ただし、前述の通り他のデータと容易に照合ができ、それによって特定の個人を識別できる場合は、個人情報に該当します。

　個人情報に該当するおそれのないデータであっても、クッキーや端末識

別ID（広告ID）といった識別子によって、ブラウザーや端末を1対1で識別して広告を配信できます。つまり、「誰の情報であるかは分からないが、誰か一人の情報であることは分かる」データであり、情報の種類や取り扱いによってはユーザー個人のプライバシー上の懸念が生じうるデータといえます。

　また、情報の取得の場面をユーザーから見ると、ユーザーがサイトやアプリを利用するために登録する情報であったり、サイトを閲覧した際に自動的に取得される情報であったりするため、広告の配信に利用されることは予想しにくいものです。

　JIAAプライバシーポリシーガイドラインではこうした情報を「個人関連情報」として定義し、取得にあたって利用目的を可能な限り特定して公表または通知することや、利用目的の範囲内でのみ利用すること、第三者に提供する場合はあらかじめユーザー本人の同意を得るか、オプトアウトによる第三者提供を行う場合は、ユーザー本人が必要事項を知りうる状態に置くことなどを定めています。さらに、行動ターゲティングについてはJIAAの「行動ターゲティング広告ガイドライン」に詳細な規定を定め、ユーザーへの「透明性の確保」（データの取り扱いについての分かりやすい説明）と「関与（オプトアウト）の機会の確保」（データの取得または利用の可否を用意に選択できる手段の提供）を原則としています。

プライバシー保護の原則

　「プライバシー」とは、日本では法律上の定義はなく、裁判の判例によって権利が認められているものです。自分以外の人に知られたくない私生活や個人の秘密が保護されるべきプライバシーであると解釈されます。

　プライバシー保護の基本とされているのは、経済協力開発機構（OECD）で1980年9月に採択された「OECD 8原則」で、プライバシー保護に関する世界共通の認識となっています。また、国際標準化機関であるISOとIECが合同で2011年に定めた「ISO/IEC 29100プライバシーフレームワーク」では11原則が示されています 図表7-03 。

　近年、プライバシー保護の考え方として国際的に浸透しているのが、カナ

ダのプライバシーコミッショナーが1990年代半ばから提唱している「プライバシー・バイ・デザイン」という概念です。パーソナルデータを取り扱うサービスを導入・設計する際は、事前にプライバシー保護の仕組みを組み込むというもので、7つの基本原則が提言されています。

また、プライバシー・バイ・デザインの実施手法が「プライバシー影響評価」（PIA）で、これはGDPRの原則にも取り入れられています。JIAAプライバシーポリシーガイドラインもこの考えに基づき、プライバシーに対する影響の度合いを評価するプロセスを事前に導入することを推奨しています。

図表7-03 パーソナルデータの保護の原則

OECD8原則（1980年）	ISO/IEC 29100プライバシーフレームワーク（2011年）	プライバシー・バイ・デザイン（1990年代〜）
1. 収集制限の原則 2. データ内容の原則 3. 目的明確化の原則 4. 利用制限の原則 5. 安全保護の原則 6. 公開の原則 7. 個人参加の原則 8. 責任の原則	1. 同意と選択 2. 目的の正当性と明確性 3. 収集の制限 4. データ最小化 5. 利用、保管、公開の制限 6. 精度と品質 7. 公開性、透明性と通知 8. 個人参加とアクセス 9. 説明責任 10. 情報セキュリティ 11. プライバシー・コンプライアンス	1. 事後対応ではなく、事前対応／予防的 2. デフォルト設定でプライバシー保護 3. 設計時に組み込むプライバシー保護 4. すべての機能に対して：ゼロサムではなく、ポジティブサム 5. 個人情報のライフサイクル全体における保護 6. 可視性と透明性：オープンにする 7. 個人のプライバシー尊重：個人を主体に考える

出典：総務省「利用者視点を踏まえたICTサービスに係る諸問題に関する研究会」配付資料（2012年）、「パーソナルデータの利用・流通に関する研究会」報告書（2013年）

米国での自主規制と政府規制の動向

各国のパーソナルデータ保護の施策を見てみると、規制の枠組みは異なりますが、トラッキング（行動追跡）やデータの流通などに制約を設け、ユーザーの意思を尊重してコントロールを可能にすることを事業者の義務としている点が共通しているといえます。

米国にはパーソナルデータの保護に関する一般的な法律はなく、政府機関の連邦取引委員会（Federal Trade Commission：FTC）によるFTC法第5条（不公正または欺瞞的行為や慣行）によって規制されます。

ダイレクトマーケティングでのデータビジネスが盛んな米国では、インターネット上のユーザーデータの流通も活発ですが、パーソナルデータの取り扱いはFTCが示す原則に対応して作られた民間の枠組みによる自主規制に委ねられています。

　サードパーティーによる行動ターゲティング広告でのデータの取り扱いは、民間団体のDAA（Digital Advertising Alliance）とNAI（Network Advertising Initiative）がルールを策定し、それぞれ透明性とオプトアウト確保のための自主規制を行っています。一方、ファーストパーティーによる行動ターゲティング広告は、自主規制の対象外です。企業とユーザーとの契約であるプライバシーポリシーをもとに、個別にFTC法の規制が及ぶことになります。

　米国政府によって2012年2月に示された「消費者プライバシー権利章典」は個人のプライバシーに関する権利をうたったものですが、これまで事あるごとに事業者に対する法的規制の必要性が指摘され、法案が提出されていました。そうした中で事業者の義務を具体的に定めた「カリフォルニア州消費者プライバシー法」が2018年6月に成立し、2020年1月に施行される予定となっています。

ＥＵでのパーソナルデータ保護の規制動向

　2018年5月に適用が開始されたGDPRはEUの基本的人権であるパーソナルデータの保護を目的とする法律です。EUに事業の拠点がある場合やEU向けのサービスを日本国内で運営している場合、EU内にあるデータを利用している場合などに適用されます。例えば、日本向けのWebサイトにEUからアクセスがある場合、一律に適用の対象になるものではなく、単にアクセスがあるだけでそのデータを事業に用いる意図がなければ適用にならないと考えられます。

　適用対象である場合、例えば、パーソナルデータを事業者が取り扱うにあたっては、適法とされる条件に該当する必要があります。広告での利用を目的とする場合には、パーソナルデータの処理についてユーザー本人から明確な積極的行為（clear affirmative action）により同意を得ることが条件となりま

す（本人との契約の履行や事業者の正当な利益のためという条件には該当しないものと考えられます）。強制的な同意は認められず、例えば、広告目的で利用することに同意をしなければそのサービスが受けられないなどの不利益をユーザーが被る場合、その同意は無効になるとされています。また、同意が事後的に証明できることや、ユーザー本人が同意を撤回できるようにすることが必要とされます。なお、不当な差別につながるおそれのある特別なカテゴリーのデータ（センシティブデータ）の取り扱いは原則禁止されており、取り扱う場合は明示的な同意（explicit consent）が必要となります。センシティブデータは個人情報保護法の要配慮個人情報に類似していますが、カテゴリーは一部異なります。

さらにEUではGDPRを補完する「eプライバシー規則案」の施行が予定されており、クッキーなどでのユーザーの識別やトラッキングにユーザー本人の同意が必要となると考えられます。それによって、オーディエンスターゲティングでEU各国のユーザーデータを取り扱う可能性があるのであれば、グローバルマーケットで広告取引のサプライチェーンに関わるすべての事業者が、EUの規則に定める同意の要件を満たさなければならない可能性があります。

現在（2019年9月）、IAB Europeなど複数の広告業界団体やメディア団体がeプライバシー規則案に対して改善要請を行っています。同時にIAB Europeでは「透明性と同意のフレームワーク」（Transparency & Consent Framework）を策定し、GDPRに準拠した同意の取得・管理・流通のため、業界標準の技術仕様を提案しているところです。

ユーザートラッキングの是非をめぐる動向

こうした法規制に加えて、一部のブラウザーメーカーが独自にトラッキング制限を強化する動きもあります。かつて2011年から約2年にわたり、Web技術の標準規格を策定している国際機関W3C（World Wide Web Consortium）で「Do Not Track」（DNT）の基準作りが検討されました。DNTはブラウザーのDNT設定情報を受け取るメディア側が対応することで機能するものでした

がW3Cでは規格の合意に至らず、メディア事業者の対応も分かれ、結果的には採用が進みませんでした。当時、トラッキング拒否設定をデフォルトとする厳格な規格を支持していたApple（Safari）やMozilla（Firefox）といった一部のブラウザーメーカーは、その後も独自にそれぞれトラッキングクッキーの使用制限を行っています。特にSafariでは、複数のWebサイト（ドメイン）間でのユーザートラッキングを制限するITP（Intelligent Tracking Prevention）という機能を搭載し、徐々に制限を厳格化するアップデートを行っています。

　このようなユーザートラッキングへの規制に対しては、データ活用とプライバシー保護の両立を広告・メディア関係者がどのように実現していくのか、業界全体で考えていく必要があるといえます。

　クッキーはブラウザーを介してユーザーの端末に一時的にファイルを保存する仕組みで、ファイルに識別子（ID）や保存期限、クッキー発行者のドメイン等を書き込んでおき、発行者がユーザーのブラウザーを識別するために利用します。単体ではユーザーの変更容易性が高く、個人特定の可能性の低い、安全な識別子といえるでしょう。広告取引で行われているCookieSyncは、一般に、事業者間でIDの受け渡しをするのみで行動履歴情報そのものは移転していないため、技術的にはユーザーに対するプライバシーの影響は少ないものと考えられます。

　ただし、広告配信に用いるデータは、ブラウザーや端末を識別することが可能な「誰の情報であるかは分からないが、誰か一人の情報であることは分かる」データです。これを大量に長期間集積して高度な分析をすれば、誰の情報であるかが推測できる、つまり個人特定の可能性が生じるかもしれません。また、識別子をキーに他の情報と名寄せすれば、特定の個人を識別可能な「誰の情報であるか分かる」データになるおそれがあります。

　前述のように、ユーザーから見るとデータの取り扱いが予想しにくいため、知らないうちにデータが収集され、個人の詳細なプロファイルが集積されるリスクや、センシティブな情報が無断で使われることへの懸念が生じることは否めません。トラッキング制限の強化やクッキーの同意取得の厳格化は、このようなネットワーク上で自動的に行われるデータ流通の不透明さに対する不信感に由来するものともいえるかもしれません。

7-3 広告ビジネスにおける データ利活用と社会環境

透明性とユーザーコントロールの提供

　本章で解説してきたさまざまな懸念に対して、社会全体でユーザーの権利や意思を尊重し、広告業界にはデータを活用した広告ビジネスが受容される環境を作ることが求められています。

　事業者への不信感を解消し、法的にも社会的にも適切なデータの取り扱いを実現するために、民間の自主ルール（業界ガイドライン等）や、技術開発、行為の自発的な制限なども重要な役割を担っています。特に、アドテクノロジーのように進化スピードが速く、ビジネスの実態が複雑な領域では、民間の役割に負うところが大きいといえるでしょう。

　インターネット広告でのデータ利用の透明性を高めるために、JIAAのインフォメーションアイコンプログラムやDAAのAdChoicesプログラムのように、認定された事業者が広告に共通のアイコンを表示して、広告の設定やオプトアウトに誘導する取り組みも進んでいます。また、ユーザーのコントロールを簡便にするために、米国ではNAIが複数の事業者のオプトアウトを一括して選択できるオプトアウトツールを提供しています。日本国内でもJIAAの特別事業である会員組織のDDAI（Data Driven Advertising Initiative）が統合オプトアウトサイトを運営しています。

　加えて、大手プラットフォーム事業者では、プライバシーダッシュボードを提供しはじめているところが増えています。このダッシュボード（管理画面）は、ユーザー本人が自らのデータの利用状況を確認でき、利用の可否を選択したり、データを修正したりすることができるものです。さらに、同意管理プロバイダー(CMP)や、ユーザーの意思に基づいてデータを流通させるパーソナルデータストア（PDS）や情報銀行の枠組みも注目を集めています。

適切なデータの利活用に向けて

　データを活用したビジネスでは、データマイニングという言葉が使われます。マイニングとは、資源となる鉱脈を採掘するという意味です。マーケティングに有効なデータを見つけ出す分析手法は、まさにそのようなものであるかもしれません。ただし、特に広告・マーケティングでは、個々人で感覚の異なるプライバシーについては、ユーザー起点で考えることが必要です。事業者が自らのビジネスの特性を考慮してデータの安心安全な取り扱いを行うこと——例えば、ユーザーにとって分かりにくいデータ取得方法や利用である場合にこそ、より分かりやすく説明すること、選択のための十分な情報と機会を提供すること、内容によっては適切な同意を得ることや社会通念に照らして利用の適切性を判断することなど——が、信頼を醸成し、ビジネスを発展させる基礎になり得るといえるでしょう。

　広告のパーソナライゼーションは、掲載の場面を考慮することも必要です。サイトやアプリを横断して何度も同じ広告を表示したり、ユーザーが知られたくないと思っている事柄に関連した広告を表示したりすれば、ユーザーから、その広告のブランドや掲載メディアに対して不快感や不安を持たれてしまうおそれがあります。また、データの利用方法が適切で単純であっても、すでに購入済みの商品を繰り返し表示すれば、うっとうしいと思われてしまう場合もあります。

　広告はユーザー自らが行う行動——コンテンツ視聴、商品購入、情報発信など——とは異なり、望むと望まざるとにかかわらず一方的に情報を提供するものです。特に、パーソナルな環境で能動的に情報を得ようとしているユーザーに向けて広告情報を届けるには、ユーザー体験の邪魔をしない、嫌われないための配慮が必要です。ユーザーデータを利用した広告は、関心を持つ確率の高い層に効率的に届けるというものであり、ユーザーが望まない広告を減少させる可能性があるにせよ、見たい広告だけを届ける技術ではありません。ユーザーの納得・受容を得るには、プライバシーへの不安がなく、適切な関連性があり、適度な配信のコントロールがなされているなど、不快感を抱かせないような配慮をすることが重要だといえるでしょう。

第 **8** 章

インターネット広告の
社会的意義

本書の最後に、社会の中でのインターネット広
告の存在意義を考えてみます。広告とメディア
の関係をあらためて検討しながら、インターネット
広告のビジネスにとってモラル（倫理観）の重
要性を確認し、業界の未来を展望します。

8
-1

「広告」の社会的意義と役割

広告は消費の牽引役

　インターネット広告は、社会への情報通信技術（ICT）の浸透と歩調を合わせて、この20年あまりの間に急速に成長してきました。日本の広告費全体が長期にわたりおよそ6兆円前後で足踏みしている中で、インターネット広告市場規模（統計）は1998年の約16億円からスタートし、16年後の2014年には早くも1兆円に達しました。そのためインターネット広告業界は社会一般でも注目される存在となりましたが、その認知度に比べて社会的な評価は十分ではありません。儲かっている業界だと認識されていても、社会の役に立っていることがあまり理解されていないためではないかと思われます。

　一般的に経済の好循環（好景気）が社会を豊かにするといわれています。つまり経済の成長が社会を幸福にするともいえます。実は、広告はこの経済成長にとってなくてはならない非常に重要な役割を有しているのです。

　ところで、経済成長とは何を意味しているでしょうか？

　経済を成長させるためには生産性を向上することが重要だといわれます。また、しばしば経済指標の一つとして、国内総生産（GDP）が引き合いに出されます。

　　「国内総生産（GDP）は「ストック」に対する「フロー」を表す指標であり、経済を総合的に把握する統計である国民経済計算の中の一指標で、GDPの伸び率が経済成長率に値する」。「原則として国内総生産には市場で取引された財やサービスの生産のみが計上される。市場で取引されない活動は、GDPには含まれない」（出典：Wikipedia）

　つまりGDPとはフロー（一定期間に流れた量）を示す指標であり、生産され

ても取引されなかった財やサービスはストック（ある一時点において貯蔵されている量）であるからGDPには含まれないということになります。生産性を上げるとは単に作業を効率化し生産量を増やすことではなく、取引を効率化し取引量を増加させることだといえます。当たり前ですがGDPを増加させるためには生産と同時に消費をセットで向上させる必要があるわけです。

　ご存じの通り、生産（製造）はロボティクスやAIなどの科学技術の発展に伴い、その効率化の手段が急速に進歩しています。AIがこれ以上進歩したら、人間は職を失うのではないかと心配する人さえいます。生産力の向上にはある程度解決策が見えているといえます。

　一方、消費の増加・向上は人間なしではなしえません。ロボティクスやAIは人間なしでもモノを生み出すようになるかもしれませんが、おそらく人間なしで消費することはないでしょう。

　過剰生産や過剰消費はエコロジーの破壊につながり、社会のサステナビリティ（持続可能性）を脅かしますが、一方で資本主義経済は、常に拡大し続けることを要請します。資本主義経済を前提とする限り、過剰に至らない範囲で常に消費を拡大することが求められるのです。

　広告はこの経済成長に欠かせない消費活動全般を牽引する役割を担うことで、社会に対し大きな貢献を果たしているのです。

広告が持つ力

　広告が消費を牽引するあり方には、大きく二つあると考えられます。

　一つは、企業の製品やサービスの情報を、必要とする人に、迅速、適切に伝達することで、効率的で円滑な消費につなげることです。

　必要を感じたときにすぐに気付きを与え、スムーズな購買につなげることは、リアルタイム性とインタラクティブ（双方向）性を兼ね備えたインターネット広告の最も得意とするところです。また個々の企業にとっては、競合ひしめく中で自社の製品やサービスの情報が、いち早く、適切な消費者に届くことは、競争上も大変重要であろうと思われます。

　検索連動型広告や詳細なオーディエンスターゲティングのような広告は、

まさに消費者が必要とする瞬間（モーメント）を捉えるために最適な手法と考えられます。

もう一つは、企業の製品やサービスの情報をより魅力的に伝えることで、その製品やサービスに対する欲求を喚起することです。

必要に応えるだけでは消費を拡大し続けるには十分ではありません。消費の流れを効率化すると同時に消費意欲、つまり需要や欲求そのものを生み出し、拡大する必要があります。企業の製品やサービスの情報をより魅力的に伝えることで、その製品やサービスに対する需要や欲求を生み出すことが必要なのです。

例えば、現在の携帯電話はその機能において、既に必要（必需）のレベルを超えています。必要の範囲で合理的に判断すれば、大半の人にとっては、現在の最も安価な機種でも機能性（必要性）は十分なはずです。それにもかかわらず、今も新しい機種への買い替えを考えている人は少なくないでしょう。非常に高価であるにもかかわらず、iPhoneの最新機種は多くの人々に強く待ち望まれています。

このように、消費者のより高次元な欲求に応える力や、潜在的欲求・需要の喚起の力も、広告をはじめとするマーケティングには求められているのです。

広告による需要喚起

それでは、広告はどのように需要を喚起するのでしょうか？

一つには、シズル感あふれる映像や、心に刺さるコピー、印象に残るビジュアルなど、優れた広告クリエイティブの持つ訴求力です。「いつかはクラウン」という自動車の広告コピーがありました。これは実にシンプルなメッセージです。しかし既存顧客には所有の満足感を、購入を検討している顕在顧客層には納得感を、そして潜在顧客層にも憧れや欲望を抱かせ、はるか将来の顧客である子供たちの記憶にも深く刻まれるところとなりました。

二つ目は、文字通り広く伝える力です。広く伝えるとは、単にターゲットに到達する確率を高めることだけが目的だけではありません。むしろター

ゲット以外にも伝わることが重要です。「欲望とは他人の欲望のことである」（ジャック・ラカン）という言葉があります。要は他人が欲しがるから、自分も欲しいのだと認識するということです。必要は、自分一人でも認識できますが、欲望は自分一人では認識できないといってもいいでしょう。

製品やサービスの情報を世間に広く伝えることで、それが共通認識の対象となり、初めて（他人の）欲望を喚起することができるのです。

そして三つ目には、広告メディアとの相乗効果があります。

メディアのブランド（品質や信用）と、広告商品のブランドとの親和性や依存関係にも、広告の需要喚起の力を補強し、高める効果があります。

メディアとの相乗効果については、次節「『メディア』の社会的意義と責任」で詳しく述べたいと思います。

主なプレイヤーの社会的意義と目的

このように消費を牽引し、経済を成長させ、社会を豊かにすることが、広告業界の社会的意義であるといってもいいでしょう。しかし、広告に関わるプレイヤーにはいくつかの階層（レイヤー）があり、それぞれのプレイヤーが持つ社会的な目的や意義は少しずつ異なっています。

● 広告主（アドバタイザー）

広告主とは、主に消費の前提となる製品やサービスを提供する企業のことです。消費者（B2Bの場合は取引先企業）にとって、つまり社会にとって有意義な製品やサービスを開発し、提供することを目的としています。広告主にとって広告とは、自社の製品やサービスの購買・利用を促すための手段のつといえます。

● 広告会社（エージェンシー）

広告を通じて、社会にとって有意義な製品やサービスの情報を広く伝えることが、広告会社の社会的意義であり、目的であるといえます。広告主の意図や社会的意義を理解し、広告商品の優秀性やユニークネスを正しく魅力的

に伝えることで、消費者の心を揺さぶります。それが時には、社会現象となり、文化の一翼を担うことさえあります。

●媒体社（メディア企業）

　一般的には、社会にとって有意義な情報コンテンツを制作し提供することを目的とする企業といえます。インターネットの場合は、社会にとって有意義な情報通信サービスを提供することを目的とする企業（情報プラットフォームやコミュニケーションプラットフォーム）もこれに含まれます。広告は、コンテンツやサービスの提供を維持・継続するために必要な収益源の一つです。

●広告配信（取引）プラットフォーム

　広告取引を効率化し、広告自体の消費を促進するため、広告業界にとって有意義な情報通信技術（システム）を提供することを目的とした企業といえます。インターネット広告に特有のプレイヤーで、DSP、SSP、DMPなどの広告技術（アドテクノロジー）提供企業がこれにあたります。

●広告測定・調査企業

　測定や調査を通して、広告の価値や信頼性を担保することで、広告の流通を促進することを目的とした企業といえます。広告業界にとって信頼性が高く有意義なデータを提供することが社会的意義であると考えられます。

8-2 「メディア」の社会的意義と責任

メディアとは何か

　メディアという言葉にはいろいろな意味が付随しています。

　メディアには、新聞、雑誌のような印刷物や、テレビ、PCのような視聴機器など、ユーザーが情報を受け取るための物理的媒介物の側面があります。記事や番組、Webコンテンツなど、ユーザーが受け取る情報そのものといった面もあります。また、コンテンツやサービスを提供する企業（媒体社）自体を指すこともあります。

　時には、紙（印刷）や電波（放送波）、インターネット（回線）など、その情報伝達手段・経路で区分されることもあります。インターネットメディアと他のメディアとの違いは何かといえば、主に情報伝達経路の違いだけであることがわかります。

　余談ですが、広告におけるメディアについては、そのメディアという言葉がどういう区分や意味で使われているのかを意識することも大事です。例えば、メディア接触時間といった統計データが、メディア影響力の指標として用いられることがあります。しかしその定義をよく見ると、比較しているのがデバイス（スマートフォン）の利用時間とコンテンツ（テレビ番組）の視聴時間だったりすることがあります。先の分類でいえば、この比較は対象としての区分が違うため、注意して判断に利用する必要があります＊。

　メディアの社会的意義を考える場合には、その区分はメディア＝媒体社（企業）で捉えることが妥当でしょう。インターネット広告では、特にこのメディア＝媒体社（企業）の持つ目的、つまり社会的意義を意識し、評価することがとても重要なのです。

　＊接触時間データでは、スマートフォンでNetflixを視聴したり、有料ゲームをプレイする時間も含まれますが、テレビでレンタルビデオやAmazon Prime Videoを視聴したり、PlayStationをプレイしたりする時間は含まれないケースがあります。グラフなどの

データを読むときは、付属する注釈を十分に理解することが重要です。

インターネットメディアの社会的意義

インターネットメディアには、媒体社とICT企業という二つの側面があります。

そのため、社会に有意義な情報を提供するといった媒体社としての側面だけでなく、社会に有意義なICT技術を提供するといった側面で社会貢献を企図する企業も存在します。

主に情報プラットフォームやコミュニケーションプラットフォームがこれにあたります。現在、インターネット広告の圧倒的な優位性や魅力は、これらプラットフォーム企業に負うところが大きく、インターネット広告の成長に最も寄与しているといえます。

情報プラットフォームやコミュニケーションプラットフォームは、それぞれ独自の目的と社会的意義を持ち、社会に貢献しています。

例えばGoogleは使命として、「世界中の情報を整理し、世界中の人がアクセスできて使えるようにすること」を掲げています。大きな社会的意義のある事業だと思います。この検索サービスを維持、発展させるための収益手段として、検索連動型広告（リスティング）という新しい広告の形が生まれました。検索行為は、人々のその瞬間のニーズを端的に表しています。ニーズが発生したその瞬間を捉えて的確な広告情報を表示することで、極めてスムーズな購買行動を促すことが可能となりました。

Facebookはそのミッションに、「世界をよりオープンでつながったものにする」ことを掲げています。個人間のコミュニケーションを劇的に改善し、本当に世界中の人々がつながるようになりました。このコミュニケーション空間をあらゆる人に提供するため、広告収入を基盤とした無料サービスの形態を取っています。ユーザーとの関連性を高めるため、クリックや「いいね！」したページ、その他のユーザーの発するさまざまなシグナルに基づいて、何に関心を持っているのかを把握することで、一人一人にパーソナライズされた広告が提供されています。また個人間のコミュニケーションは、強

力な口コミ装置としても働き、サンプリングなどのリアルなプロモーション活動を大規模にデジタル化しました。

検索ポータルサイトの運営会社としてスタートしたヤフーのミッションは「課題解決エンジン」であり、そのビジョンは「UPDATE JAPAN」です。技術力を背景にポータル（玄関）サイトという概念を実現しました。人々が生き生きと生活していく上で必要な情報をまとめたサイトは、生活者の課題に向き合い、安全・安心なコンテンツを提供してきました。社会の高い信頼を得て、インターネット広告全体の信用維持にも寄与してきました。プラットフォームとしての社会的意義に加え、最近では情報自体に対しても責任を持つことで、情報メディアとしての社会的意義も果たそうとしています。

情報メディア（パブリッシャー）の社会的意義

もちろん、インターネットメディアにも、従来のマスメディアと同様、社会に有意義な情報（ニュース、娯楽、教養などのコンテンツ）を届けることを目的としたメディアがあります。そのような情報メディアにとっても、広告はその目的を遂行するための重要な収益手段ですが目的ではありません。ここではそのようなメディアを「パブリッシャー」と呼びます。

社会に有意義な情報を届けるという目的を持つ一般的なパブリッシャーには、同時に社会に誤謬や欺瞞をばらまかないという責任も付随していますし、最低限の品質が担保されていなければ、有意義な情報を届けるという本来の目的は達せられません。

しかし、インターネットメディアの中には、残念ながらパブリッシャーの外見を持ちながら、広告費の獲得だけを目的にするメディアがあります。情報に対する責任や創造性がなくとも、コピー＆ペーストで簡単に模倣することができるデジタルの特性を利用したものといえます。

かつて、健康情報サイトとして開設されたあるメディアが、他人の画像や文章のコピペを多用していた上、多くの誤った情報を発信していたとして非難を浴びたことがありました。そのサイト運営者は、社会的にも信用があり、企業としての責任も十分認識していたため、事案が明らかになったの

ち、速やかにサイトを閉鎖することを決断しました。

　もしこのサイトが、本来の意義であるはずの、「社会に有意義な健康情報を届けること」を目的にしていたなら、健康被害を引き起こしかねない誤った情報を発信することはなかったでしょう。また、品質に最低限の責任を負っていたなら、他人の著作物を安易に流用するようなこともなかったでしょう。企業収益を追求する中で、本来の意義を見失っていたことに気付けなかったのだと思われます。

　その報告書では、そもそも株主価値の最大化を目指し広告収益を上げることを目的に企画され、立ち上げられたサイトであったことが明記されていました。もちろん収益を上げることは重要ですが、それ以上に社会にとって有意義であるかどうかは、忘れてはいけない視点なのです。

パブリッシャーの持つメディア力

　パブリッシャーの場合、メディア自体に固有の視聴者、読者があらかじめ想定されています。

　メディアやそのコンテンツ自体が、広告のターゲットである消費者やその周囲で、既にある程度共通認識を得ているわけです。同じメディア体験を共有する人たちの間では、同じ広告体験が共有されていると認識されているといえます。

　例えばテレビであれば、同じ番組を見ていた者同士の間では、同じCMを視聴していたことも暗黙の了解となります。前提条件なしに、そのCM商品について話題にすることもあるかもしれません。そのCM商品を購入した人にとっては、周囲の人々もそのCMに込められた優越的なイメージを共有していることが暗黙のうちに了解され、内心の満足感や優越感につながっているかもしれません。

　またパブリッシャーは、視聴者、読者との間で、そのメディア（コンテンツ）の持つテイストや世界観を共有し、そのテイストに対する好意や好感などを事前に醸成しています。そして広告はそこに相乗りすることで、視聴者・読者に対し、広告が訴求しているイメージ以上の好印象を与えることが

あります。

　例えば、嗜好性が鮮明なファッション雑誌においては、読者との間で独自の世界観を共有し、特定のブランドとあらかじめ濃密な親和性を有していることがあります。そのとき読者には、価格や機能といった合理的判断ではない、純粋な欲望や欲求が喚起されることがあるのです。

　これが、広告クリエイティブに込められたメッセージ以上に、消費者に訴求し、その欲求を喚起するメディアの持つ力です。

　パブリッシャーはその価値や品質を通して、あらかじめ視聴者、読者との間で、信頼感や安心感、嗜好性など、さまざまな好意・好感を共有しており、そこに掲出される広告主や広告商品に対し、同様の感情を抱かせることが期待できるのです。信頼感や信用が重要な製品・サービスは、信頼感の高いメディアを選ぶことで、信頼のイメージを増幅することができます。これこそがパブリッシャーの発信する情報メディアの持つ力です。

インターネット上のパブリッシャーの特徴

　テレビや新聞、雑誌のような従来のマスメディアは、基本的にパブリッシャーに属しますが、インターネットメディアにも多くのパブリッシャーが存在します。しかし、インターネット上のパブリッシャーには、従来のマスメディアにはなかった特徴があります。

　その一つが、メディア（媒体）とコンテンツの分離であり、もう一つがメディアと広告の分離です。

　インターネットメディア（媒体）は、基本的には自らの媒体（Webサイトなど）の上でコンテンツ（情報）を発信しています。しかしXML（Extensible Markup Language）などを利用したフィード技術は、コンテンツ中の要素（テキストや画像、動画など）を元のサイトから切り離して、他のWebサイト上でも表示することを可能にしました。編集者やクリエイターにとっては、サイトの縛りを超えて、記事やクリエイティブが広く閲読・視聴されることを意味し、フィード先から自社サイトへ誘導できれば、トラフィックを増やすことにもつながります。そのため、ポータルサイトやキュレーションサイトな

どが、パブリッシャーにこの機能を提供するようになり、インターネット独自のメディア構造が生まれました。

またインターネットに特有なのがアドサーバーの存在です。アドサーバーはコンテンツの配信と広告の配信を分離することで、コンテンツの閲覧数に関係なく、広告の配信数（広告在庫）をコントロールしたり、分割したりすることができるようになりました。これにより、媒体社は広告在庫を無駄なく効率的に販売することが可能となりました。

その後、誕生したプログラマティック広告市場は、媒体社とバイヤーをビジネス上でも分離しました。媒体社は広告市場にSSP等を介して在庫を供給し、バイヤーはDSP等を通して市場から在庫を購入するという独自の広告システムを構築したのです。

このような、極めて効率的なコンテンツ配信、広告配信のシステム構造は、より多くの人に情報を届け、より多くの広告を必要な人に、必要な時に、迅速に届けることを可能にしました。インターネット広告を飛躍させた立役者ではありますが、一方で課題も残しました。

インターネット上のパブリッシャーの課題

媒体（メディア）とコンテンツの分離によって、メディアはテイストを醸成することが困難になりました。ユーザーがポータルサイトやキュレーションサイトでコンテンツを閲覧・視聴するとき、特に記事元の媒体は意識しないかもしれません。また、キュレーションサイトでさまざまなテイストのコンテンツが並んで表示されているなら、そこから何か独自のテイストを感じることは困難でしょう。

また媒体（コンテンツ）と広告の分離は、広告のクリエイティブを媒体のテイストでブーストすることも困難にしました。人々はインターネット広告は人によってそれぞれ違う広告を掲出していることを知り、自分にとって大量に露出されている広告商品が、必ずしも人気の商品というわけではないことに気付きました。そして、その媒体のテイストやコンテンツを気に入っていたユーザーも、広告はその媒体のテイストとは何ら関係がないことに気付き

始めています。

　インターネット広告では、ユーザーとメディア、メディアと広告（広告主、広告商品）の濃密な関係を築くことが非常に難しくなっています。この状態をどのように捉えて広告ビジネスに活かしていくかが今後の課題です。

8-3 インターネット広告とモラル

メディアと広告の関係

　インターネット広告業界には、社会にとって有益な「情報」を届けることを目的としたパブリッシャーや、社会に役立つ「技術・サービス」を提供することを目的とした、情報プラットフォーム、コミュニケーションプラットフォームがあります。また、優れた「技術」でこれらメディア（広告の売り手）と広告の買い手をつなぎ、広告取引を円滑化、効率化することで社会貢献しようと考える、広告配信プラットフォームもあります。

　パブリッシャーやプラットフォームなどさまざまなメディアがありますが、その本質は、視聴者・読者・ユーザーといった顔を持つ「社会」への貢献です。そしてそのような視聴者・読者・ユーザーが、無料または安価で、高品質なコンテンツを消費し、秀逸なインターネットサービスを利用できるのは、そのコストを広告による収益が補っているからに他なりません。素晴らしいコンテンツも便利なサービスも、広告収益がなければ、大変高価なものになってしまい、一部の高所得層のみが享受できるものとなっていたかもしれません。

　広告主企業（のマーケティング担当者）にとって広告の目的は、自社製品やサービスを広く的確に訴求し、売り上げを向上させることでしょう。しかし一方で、広告への投資を介してこのような社会的意義を有するメディアを支援し、支えることで、間接的に社会に貢献してきたといった面もありました。

　スポンサーという言葉が示す通り、視聴者が、無料でテレビやラジオの良質な番組を見たり聞いたりできるのは、それをスポンサー（支援）する広告主企業がいるからだと広く認識されています。新聞や雑誌を一般消費者が安価に手にすることができ、一定の知識や教養を保つことができているのも、広告主企業の支援という側面があったことは間違いありません。

資本家が株の売買を行うのは、キャピタルゲインとしての利益を上げることが主目的かもしれませんが、一方で株式を発行する企業を応援するといった志もあるはずだと思います。広告主企業にも、広告の持っていたメディア支援の側面を再認識する必要があるだろうと思います。

インターネットメディア側も、自らの社会的意義や目的を自覚し、そのような広告主の付託に応えられるだけの品質やモラルの維持が求められていることを忘れてはいけません。

インターネット広告におけるモラルの重要性

インターネット広告は、さまざまな新技術やビジネスモデルを吸収して急拡大してきました。現在もデジタル化の流れは加速し続け、新技術やアイデアが次々と生まれています。その意味で、インターネット広告にはまだまだ大きな可能性が残されているといえます。

しかし一方で、あまりにも急速に発展してきたため、第6章で示したような諸課題を積み残してきたことも事実です。人類史を見れば分かる通り、科学や技術自体には善も悪もありません。それを使う人間次第で、非常に有用なものにもなれば、大変な害悪となることもあります。インターネット広告における技術も同様です。それを使う人次第で、非常に優れたマーケティングツールにもなれば、犯罪的な金儲けの手段にもなるということです。

インターネット広告に携わる人は、新技術の活用や新ビジネスを構想する際、今後はそれが悪用される可能性についても考慮する必要があります。前のめりに収益を追うことも大切ですが、時には一歩引いて全体を俯瞰することも大事です。

その際、特に重要になってくるのが一人一人のモラルや倫理ではないかと考えます。

ビジネス感覚の変化

2000年代初頭のビジネス研修や講習などでは、よく「会社は誰のものか？」「会社の目的は何か？」といった内容の講義が行われていました。当時の模範回答は「会社は株主のものである」「会社の目的は利益を上げることである」とされていました。

今でもこの回答に納得される方がいるかもしれませんが、現在では株主利益のみを優先し企業の社会的責任や意義を捨象してしまうような考え方に、違和感を持たれる方も多いのではないかと思います。

当時は、株主利益の追求を至上命題とし、収益向上のみを最優先する経済観が世界を覆い尽くしていました。これは同時に、米国を中心とした金融市場が一気に拡大、膨張した時代でもありました。しかし当時の金融市場は、収益拡大、利益追求のみに邁進した結果、2008年にリーマンショックを引き起こし、大手金融企業の一部は破綻し、世界恐慌ともいえる未曽有の大不況を引き起こしました。

リーマンショックの原因は、返済能力の乏しい人々への住宅ローン（サブプライムローン）とそれを組み込んだリスクヘッジ商品（クレジット・デフォルト・スワップ／CDSなど）だといわれています。ヘッジ商品は金融工学の高度な計算を用いて適切にリスクを分散することで、リスクの高い債券も市場に流通させることを可能とするものです。

本来は、経済活性化のためのリスク資産の流動化が目的だったはずなのに、いつしか自己利益追求のために歯止めのない不良債権の激増を引き起こしたのです。

信用の低いスタートアップ企業へ資金を回したり、資金の乏しい人々にも住宅購入のローンを提供したりすることができなければ、お金の流れは滞り市場は停滞してしまいます。リーマンショックを生んだヘッジ商品は、社会経済にとってなくてはならないものです。しかし低所得者向け住宅公庫の貸し付けやそのヘッジ商品の販売にのめり込むあまり、返済のまったく見込めない人々にまで貸し付けを行うことで、借り手、貸し手共にモラルハザードを生じてしまいました。

ビジネスの適正範囲

　収益のみに気を取られ、適性範囲を勘案する意識（倫理）が失われれば、モラルハザードを生じてしまうことは、インターネット広告業界にとっても同様です。

　起業したばかりでまだ信用の低い企業家にも広告出稿のチャンスは必要ですし、新進気鋭のクリエイターやベンチャー企業が立ち上げた、まだ評価の定まらないサイトにも広告収益は必要です。可能性を正しく評価し、育てることも重要です。

　しかしリーマンショック前の金融界が無差別、無分別な貸し付けにより破綻したように、インターネット広告業界も、無差別に誰でも参加可能な状態を放置しておけば、いつかそのリスクの付けが回ってくるかもしれません。

　ちょうどリーマンショックのあった2008年ごろは、日本ではスマートフォン（iPhone 3G）の発売やFacebook日本版の登場、そしてまさに金融工学のエキスパートが築いたとされるプログラマティック広告システムの上陸などが重なり、一つの転換点となった年だったといえるかもしれません。それぞれは、特にセールスプロモーション（販売促進）分野への応用に適しており、インターネット広告の急成長を牽引しました。

　インターネット広告業界は、まるで金融業界の軌跡をなぞるように、爆発的成長の真っただ中にあります。しかし、このインターネット広告急成長の陰に、金融業界と同様、収益拡大、利益追求に気を取られ、モラルハザードが生じかけているかもしれません。

　リーマンショックのような破綻を防ぎ、「適正な範囲」を意識（倫理的判断）するためには、本来の目的（社会的意義）を思い出し、振り返ることが有効です。

社会的意義と倫理（モラル）

　メインバンクからの融資も断られ、破綻寸前にまで追い込まれていたある企業幹部たちが、会社の生き残りをかけ模索を続けている中で、「この会社

は、社会に存在する意義はあるのか」を真剣に話し合ったそうです。そして「まだ社会に貢献できる」という結論に達し、大規模な提携交渉に臨み、その後V字回復を遂げたという逸話がありました。まさに社会的意義こそが、会社が存続し続けることの意味であり、同時に会社の活力を生む源泉なのだということを示していると思います。

　逆にいえば、企業が、社会や世間からその存在を認められているのは、その企業が社会にとって有益であると信じられている限りにおいてであり、例えば株主利益のためだけに、品質を隠してリスク商品を売り付けたり、不正やアンフェアを見過ごしたり、加担したりするのであれば、その企業には存続する意味はないということになるのでしょう。

　現在、世間の倫理判断基準は以前よりかなり厳しくなっています。さまざまな品質偽装や粉飾決算のような不正はもとより、かつてであれば見逃されたようなハラスメントや差別発言、倫理違反にも社会から公然と非難が寄せられます。おそらくリーマンショック以降に社会に出た人たちの多くには、2000年代のような「株主利益最優先」「会社のためなら目をつぶる」といった発想は通用しないのでしょう。内部告発も公に正義と認識されるようになってきました。

　インターネット広告業界やそれに関わる各企業は、あらためて、自らの社会的意義を問い直し、高い倫理感を持って、不正や不公正を見過ごさない覚悟が求められています。

8-4 インターネット広告の源流と未来

ICT(情報通信技術)の進化

　インターネット広告は今では当たり前のものとなり、その源流は忘れられがちです。しかしそこにインターネット広告の強みと課題を見つけるヒントがあるかもしれません。

　そもそもインターネット広告業界は、従来のマスメディア広告やプロモーションメディア広告を担う広告産業と、インターネットシステムやWebサービスなどを生み出したICT産業が融合して誕生した業界であるといえます。一般には、広告業界のイメージの方が強いかもしれませんが、むしろICTの進化とICTが可能とした新しいビジネスモデルこそが、インターネット広告の急拡大を支えた大きな要因なのです。

　ICTのキーワードの例として、デジタル化、インターネット化、プログラム化をあげてみました。

● デジタル化

　コンピューター技術の発達により、0と1の2進法で表現できるデジタル情報の幅が一気に広がりました。金融が扱う情報は主に数字でしたので、最も早くデジタル化が進みました。その後、文字情報(テキスト)や図、写真(イメージ)から音声(オーディオ)、映像(ビデオ)へと、情報のデジタル化領域は次々と広がり、ついには、ほとんどの情報がデジタル化可能となり、情報コンテンツ産業が金融に次いでデジタル化を遂げました。

　広告も、情報を生業とする産業といえます。アナログ情報が次々デジタル情報に切り替わるにつれ、広告全体に占めるインターネット広告のシェアも拡大していきました。

●インターネット化

　情報がデジタル化されると、それらの情報を、通信回線を通して伝達することが可能となりました。紙や印刷、CDやDVDなどの物理的媒介物を必要とせず、情報だけを送受信できるインターネット通信は、コスト低減効果が高く、アナログの伝達手段は、次々とインターネット経由に置き換えられていくこととなりました。従来のアナログな広告・販促手法の多くが、順次インターネット広告に置き換えられていったことも必然の流れなのかもしれません。

●プログラム化

　コンピューティングの力は、もちろん情報をデジタル化するだけではありません。情報処理能力の増大こそがその最大の特徴です。情報をクリエイトしたり、加工したり、複製したりすることが信じられないくらい容易になりました。また、情報処理の自動化も大きなメリットです。コンピューターは24時間休むことなく、手順に従って、自動で処理を続けてくれます。現在のインターネット広告は、このようなコンピューティングの力を利用し、人力を省力化することで、従来よりもはるかに複雑で膨大な広告出稿をさばき、より細かな管理を行うことが可能となりました。

ICTが可能にしたビジネスモデル

　ICTが可能にしたビジネスモデルのキーワードとしては、ロングテール、フリーミアム、シェアリングエコノミーをあげられます。

●ロングテールモデル

　従来の広告ビジネスでは、個人事業主や地方の小規模事業主にも宣伝・販促のニーズがあることは分かっていても、セールスリソースや信用調査などの取引コストが見合わず、網羅的にカバーするのは困難でした。しかしインターネット広告では、Web上のインターフェイスを介し、広告主自身で広告発注ができるシステムが登場したことで、一気にこの障壁が低くなりまし

た。営業マンを必要とせず、信用調査もクレジットカードの与信情報を中心とすることで、インターネット広告はロングテールに市場を拡大することができました。

●フリーミアムモデル

　無料（フリー）で製品やサービスを提供することで、多くのユーザーを集めるビジネスモデルのことです。インターネットの浸透で、極めて低コストで情報やサービスが提供できるようになったことが背景にあります。そしてインターネット広告が、このフリーミアムという名の広告による収益回収モデルを支えることになりました。

　インターネット広告ビジネスは、誰もが極めて低コストで始められるため、さまざまな人が参入してくることになりました。この参加者の急増こそが、インターネット広告市場や広告在庫が急拡大する一因となりました。

●シェアリングエコノミー

　個人の遊休資産を活用、共有する市場が活性化しています。個人所有の自動車をタクシーに転用する事業や、個人の留守宅や空き部屋を宿泊施設として貸し出す事業が伸びています。IT技術の恩恵で他人とのコミュニケーションが急激に効率化したことが背景にあると思われます。

　個人ブログなどの空きスペースを広告掲載場所やアフェリエイト枠に転用することで、個人が広告収益を得る機会が生まれました。これも一種のシェアリングエコノミーといえるかもしれません。このような消費者参加もインターネット広告急拡大の一因となりました。

インターネット広告とICT

　インターネット広告業界は、ビジネスとしては主に「広告」を対象にしています。しかしその源流にはICTの登場と発展があったことは忘れられがちです。

　前面に出たり、広く交流があったりする人の多くは、広告（営業）系の方

が多いと思われますが、実は、各社で多くの技術系の人々が活躍されている
のではないでしょうか？

　そもそも現在、業界に多大な影響を持つ巨大プラットフォーム企業や近年
参加したスタートアップ企業の多くは、こうした技術系の人々がスタートさ
せた企業です。従来からの伝統的な広告やメディアの文化、しがらみに縛ら
れないそのような企業群がディスラプション（破壊的創造）を重ねてでき上
がった業界だともいえます。

　ICTやICTが可能にしたビジネスモデルは、確かにこの業界の爆発的成長
をもたらしましたが、そこには第6章で示されているようなインターネット
広告の課題の萌芽もあったと考えます。長らく広告・メディア業界が築いて
きた文化やルールには、制約もありましたが、それなりの理由も存在してい
たのです。技術側が、もし大切なものも破壊してしまったとすれば、それを
解決できるのも技術側なのかもしれません

インターネット広告の可能性

　課題も確かにありますが、社会全体にとってICTの発展や新しいビジネス
モデルは課題よりはるかに大きな恩恵をもたらします。業界全体がモラルを
持って自ら律していければ、このような課題もコントロール可能でしょう。
むしろICTの進化は、さらなるメリットをもたらし、新しいビジネスを生み
出す可能性も秘めています。

　以下にキーワードをいくつかあげてみました。

● VR（Virtual Reality）、AR（Augmented Reality）

　3次元映像技術やデバイスの進化がもたらした拡張現実（VR）や複合現実
（AR）の技術は、現状はエンターテインメント領域で活用が進んでいます。
しかし、例えば店頭プロモーションやイベントなどの広告分野への応用も十
分可能性があります。バーチャル表現によるリアルな広告体験は、距離や空
間の制約を取り除きます。遠距離でもリアルなショッピング体験を提供し、
空間の制約のない大規模なイベントを実施するなど、可能性は無限にありま

す。例えば、現在のECサイトは、目的の物を安価に効率良く買うことに最適化されていますが、ショッピングが本来持っていた楽しさや高揚感は満たしていないとの指摘があります。VRは、これを解決する一つの方法にもなれるかもしれません。リアルな臨場感に近づく技術の進化に伴い、さまざまなマーケティング活動への応用が進んでいくことが期待されます。

● IoT（Internet of Things）

　IoTは「モノのインターネット」と訳されますが、基本的には、各種センサー（温度、湿度、加速度、位置など）とインターネット等の通信の組み合わせです。センサーで検知された情報は、逐次ネット経由でデータとして蓄積されていくことになります。このようなセンサー機器が至る所に配備されるに従い、日々膨大なデータが蓄積されるようになってきました。このデータは従来のターゲティングの延長として活用することも可能ですが、識別精度向上のための過剰なデータ収集は、いつしか消費者プライバシーを脅かすようになってきました。インターネット広告でも、モノそのものの動きを捉えるデータとして活用してはどうでしょう。モノの動きをリアルタイムに捉え、AIで分析することで、大きなトレンドから小さな流行の兆しまで、見逃されてきた有用なデータが見つかるかもしれません。それに応じて広告の出稿量や掲出先までをリアルタイムに変更できれば、マーケティング全般に活かす施策が期待できそうです。

● AI（Artificial Intelligence、人工知能）

　現状では、ニューラルネットワークを用いた機械学習（深層学習）のことを指すことが多いようです。特定のデータを大量に取り込み、処理することで、データの持つ特徴点を抽出し、他のデータとの識別を可能にします。画像認識や音声認識などが主な応用例となります。また、過去のデータの特徴点（傾向）をベースに、現在のデータを分析し、未来を予測することなどにも応用可能です。AIはこの予測結果から、物事を正しく判断することができるものと期待されています。IoTが生み出すような膨大なデータは、人間には即座に理解することができませんが、AIは人間には気づかないような特

第8章／インターネット広告の社会的意義　　275

徴点を発見し、分析し、予測することができます。AIは、より動的でリアルタイムなマーケティングの構築を可能とするかもしれません。

● 5G通信

　4G通信に比べ、速度と接続性が大幅に向上します。特に通信の遅延が4Gの100分の1に低減されることは大きな変化をもたらす可能性があります。例えばほんの少しの判断の遅れが大事故につながる自動運転技術などでも、自動車、サーバー間の通信制御精度が高まり、より実用的になることが期待されています。また、同時接続数が大幅に増加することで、すでに人口の数倍規模に達しているIoT機器の通信網にもさらに拡張の余地ができることになります。

　5Gにより通信の遅延がミリ秒以下に抑えられれば、ユーザーはコンテンツをサクサク快適に視聴できるようになります。インターネットのオークション型広告取引は、すでにコンマ何秒を競う世界に突入していますが、視聴者は広告の表示など待ってはくれません。さらに高いレベルの応答速度を求められることになるかもしれません。また大容量、多数同時配信の実現は、VR、ARも含むリッチなコンテンツを、大勢の人に臨場感あふれるリアルタイムな共通体験として、提供することを可能とするでしょう。これは、デジタルコンテンツの幅をまた大きく広げることを意味します。

　これらは、ほんの一例に過ぎません。むしろ、今はまだ想像すらできないような画期的なサービスやビジネスが登場する可能性のほうが高いでしょう。ただしこれらの技術進歩が悪用される可能性についても留意しておく必要があります。

日本のインターネット広告業界をアップデートする

　これまで見てきたように、インターネット広告は最先端の技術とビジネスモデルを巧みに取り入れながら急速に発展してきました。社会がデジタル化し続ける以上、インターネット広告市場の成長も止まることはありません。

しかし、常に技術革新を重ね最先端を走っていたインターネット広告の仕組みにも、少しずつ制度疲労が見られるようになってきたのではないかと思います。あまりに成長のスピードが速過ぎて、立ち止まって考える暇がなかったということかもしれません。

例えば、運用型広告は金融トレーディングがひな形になっているといわれますが、証券取引においては顧客に対する元本保証や利益保証などありません。自己責任が原則です。しかしこのような欧米型の自己責任モデルは、広告業界にはなじまない場合もあるように思えます。日本は、広告主と広告会社、広告会社と媒体社はパートナーであると認識され、倫理上ではそれぞれが応分の責任を負ってきました。そして広告主は、媒体社のスポンサー（支援者）であり、メディア文化の担い手でもありました。

広告技術主導で先行している欧米型の効率モデルには、破壊的創造モデルとしてお手本や参考にすべき点が多々ありますが、日本の伝統的広告・メディアの文化の中にあった大切なものを切り捨てきた面もあり、必ずしもこの欧米型プラットフォームモデルにまったく課題がないわけではありません。

比喩的にいえば、インターネット広告の仕組みは、コンピューターのオペレーションシステム（OS）に例えられるかもしれません。インターネット広告の誕生以来、これまでに何度か大きなOSのバージョンアップが行われました。プログラマティック広告市場の構築、SNSの上陸、スマートフォンの発売が重なった2008年前後は大きなメジャーアップデートがあった年といえるかもしれません。その後、業界関係者の多くが改善や改良を試み、マイナーバージョンアップや修正パッチがいくつも提供され、なんとか正常稼働を続けてきました。

しかし、次の飛躍のためには、そろそろもう一度大きなメジャーバージョンアップを試みる時期なのかもしれません。その際、また欧米で最新OSが開発、発表されるのを待つのではなく、今度は日本型のパートナーモデルを軸にした新バージョンを、日本から発信することにも期待したいと思います。広告業界に携わるすべての人、広告業界を志すすべての人に、この難しい課題に取り組んでもらえたらと思います。

業界団体の役割と自主ルールの意義

業界団体JIAAの誕生

　JIAAの設立準備を始めた1998年は、日本でのインターネットの商用利用開始から5年目にあたり、国内のインターネット人口は約1,700万人、世帯普及率は10％（総務省「平成11年版通信白書」）、インターネット広告費は114億円（電通「日本の広告費」）という市場環境でした。米国では、いわゆるドットコム企業の隆盛によってインターネット広告も急成長し、業界団体IAB（当時はInternet Advertising Bureau）が1996年に設立されていました。その当時のICT関連産業は、先行する米国のトレンドが数年後に日本に入ってくる状況で、インターネット広告市場の好況の波が日本にも押し寄せようとしていました。

　インターネットの特徴――グローバルであること、ユーザーとの双方向のコミュニケーションが可能なこと、ビジネスへの参入障壁が低いこと、サイトやページ間のリンク機能、アクセス数を計測できることなど――は、メリットでもあり、新たな価値を創造することが期待される反面、広告ビジネスを定着させるには、従来とは異なる考え方や対応が必要でした。新しいメディアであるインターネットを広告メディアとしていかに健全に発展させるか、倍々ゲームの勢いで伸びていくインターネット広告市場を支えるビジネス基盤をいかに作るか、米国のビジネスモデルをいかに取り入れ、日本国内の環境に合わせてローカライズするか、といった業界共通の課題がありました。

　こうした個々の企業では解決が困難な課題を協議する場として、1999年にインターネット広告ビジネスに携わる媒体社、メディアレップ、広告会社74社が集まり、非営利の業界団体JIAA（現在の日本インタラクティブ広告協会の前身であるインターネット広告推進協議会）を設立したのです。広い意味でのセルサイドのプレイヤーが一堂に会し、標準的なビジネスルールの策定を目指

して活動を開始しました。

業界発展のための共通課題

　課題の背景は大きく分けて四つあり、一つ目は、通信インフラやデバイス、Webなどの技術環境です。立ち上がって間もないインターネットメディアやインターネット広告ビジネスは、通信回線の速度やディスプレイの解像度、OS、Webブラウザー、プラグインなどのユーザー環境やアドサーバーの技術などに大きく影響を受けるもので、予想できない問題が生じることもありました。安定したビジネスのためには、テクノロジーの変化や進化に合わせて常に対応を図ることが必須でした。

　二つ目は、米国とは異なる日本の広告取引の慣習——例えば、詳細な広告掲載契約を交わす商習慣がないこと、広告会社の報酬がメディアコミッションであることや金融的なリスク負担機能、第三者による広告メディア監査の慣習がないこと、独自の会計基準など——が多々あることです。長年培われてきた日本の広告業界のシステムと米国のビジネス慣行を融合させることが必要でした。

　三つ目は、マス媒体と異なる広告取引の構造です。媒体の数の多さと種類の多様性、広告枠からのリンク先が有限でないこと、広告主が直接広告枠を購入できること、取引の指標が視聴率や部数といったメディアデータではなくアドインプレッションのような広告データであること、広告の掲載結果や成果の数値を技術的に測定できること——などの特徴は、インターネット広告の強みにもなりえます。反面、需給バランスが崩れる可能性や、考え方や用語の違いによるビジネス上の齟齬が生じるおそれもあり、分かりにくさや煩雑さを解決する必要がありました。

　四つ目は、法規制や自主規制のあり方です。公正で自由な競争を制限したり阻害したりしてはならない、消費者を欺いたり騙したりしてはならない、といった法の原則は同じです。しかしながら、社会的・文化的背景の違いから、具体的な法制度や規制の枠組みは各国で異なります。また、多くの米国資本の企業が国内市場に参入し、異業種から広告・メディア事業に参入する

国内事業者も多い中、法令を遵守し、かつ公正なビジネスを行うために、インターネット広告業界の標準的な基準を定め、啓発する必要がありました。

業界団体の役割と各種自主ルール

これらの課題のうち、競争によって改善・向上していくことは各社に委ねるべきものです。そして、業界全体で協調して対応すべき領域について会員の広告事業者が自ら協議・検討し、合意形成を図りながらルールを決め、方向性を示していくことが業界団体の役割です。

JIAAが定める自主ルールには、大きく分けて2種類あります。事業者間のビジネスを円滑にするための標準化ルールと、法令遵守を前提にベストプラクティス（最良慣行）を示す指針です。前者の標準化ルールは、前述の一つ目から三つ目の課題を解決するものです。まず、標準的な広告フォーマット、請求のエビデンスとして必要な掲載レポート項目、メディアが提示すべき指標の定義と測定手法、広告掲載料の会計処理の基準といった、ビジネスの標準化から始めました。その後、広告入稿のトラフィックマニュアルの作成や、ユーザーデータ項目の標準化なども行いました。昨今の課題である運用型広告の業務の増大に対応して、業務プロセスやサービスレベルに関する基本ガイドラインを定めています。

また、後者のベストプラクティスを示す指針については、設立初年度に、業界の基本方針となる「インターネット広告倫理綱領及び掲載基準ガイドライン」を策定しました。さらに、関係法令が整備されるより前に先行して、メール広告の運用、プライバシーポリシーの作成、行動ターゲティング広告といったテーマごとのガイドラインを検討し、策定しています。また、近年社会問題化した広告掲載先の適正性に関する課題に対しては、ブランドセーフティガイドラインを定めました。

こうした業界の各種施策を広く啓発し、ステークホルダーとのコミュニケーションによって理解を醸成し、適切な法的・社会的ルールの形成が行われるようにすることも、業界団体の役割の一つです。

法規制と自主規制〜広告規制の三層構造

　四つ目の課題に挙げた法規制と自主規制について、日本のビジネス環境に合わせてJIAAが定めているのが「インターネット広告倫理綱領及び掲載基準ガイドライン」です。このガイドラインは、広告によって消費者に不利益を与えることのないよう、インターネット広告に携わる事業者——特に広告を掲載するメディア（媒体社）——が、広告掲載の可否判断の際に参考にすべき業界指針です。法令遵守はもちろんのこと、広告の倫理性など法令の及ばない領域に関しても、社会通念上認められる適正性を確保するために必要な基本的な事項をまとめたものです。

　広告は消費者に商品を知ってもらい、選択してもらうための情報を伝達するものであり、真実でなくてはなりません。消費者の利益（生命、身体、財産など）を保護するために、消費者の選択に不当な影響を与えて判断を誤らせることのないよう、事業者の広告行為は法律によって一定の規制を受けています。

　米国では、連邦取引委員会（Federal Trade Commission：FTC）が商業活動における不公正または欺瞞的な行為や慣行を禁止（FTC法第5条）しており、「広告に真実を（Truth in Advertising）」を原則として広告規制を行っています。

　日本では、広告規制の一般法である不当景品類及び不当表示防止法（景品表示法）により、過大な景品や不当な表示を規制しているほか、特定商取引法や医薬品医療機器等法（薬機法）、健康増進法など、さまざまな個別法（業法）により広告規制がなされています。さらに、景品表示法に基づく公正競争規約や行政の通達などがあります。そして、広告主の業界団体が定める自主基準や、媒体の業界団体や媒体社が自ら定める広告掲載基準による審査・考査があります。

　このように日本の広告規制は政府規制、行政指導、自主規制の三層構造からなっており、広告関係者は各種法令や自主基準に基づいて自ら広告の適正化を図っています 図表8-01 。

第8章／インターネット広告の社会的意義　　281

図表8-01 広告法規の三層構造

広告主	広告会社	媒体社	相談、見解 （警告・要望・提言）	自主規制機関 （JARO）
広告計画・実施	媒体計画、広告制作	広告審査・考査、 掲載可否判断		事前相談、広告の苦情・ 問い合わせ受付、審査

第一層　政府規制 法規制（一般法・特別法）	▶民法、消費者基本法、不正競争防止法、独占禁止法、景品表示法、特定商取引法、製造物責任法、割賦販売法、貸金業法、金融商品取引法、宅建業法、旅行業法、医薬品医療機器等法、食品表示法　等
第二層　行政指導 公正競争規約、勧告・通達等	▶表示に関する公正競争規約67業種、景品類に関する公正競争規約37業種（食品、酒類、家電、医薬品、化粧品、自動車、不動産、旅行業、銀行、ペットフード　等） ▶国・地方自治体による広告に関する行政指導（例:医薬品等適正広告基準　等）
第三層　自主規制	▶産業界による広告自主規制基準、広告表示ガイドライン等 ▶広告界・広告主・広告会社・広告媒体の各団体・各社による広告倫理綱領、広告掲載基準（例:全日本広告連盟「広告綱領」、日本アドバタイザーズ協会「倫理綱領」、日本広告業協会「広告倫理綱領」、日本新聞協会「新聞広告倫理綱領」「新聞広告掲載基準」、日本雑誌広告協会「雑誌広告倫理綱領」「雑誌広告掲載基準」、日本民間放送連盟「民放連放送基準」、日本インタラクティブ広告協会「インターネット広告倫理綱領及び掲載基準ガイドライン」　等）

広告媒体 新聞、雑誌、ラジオ、テレビ、インターネット、プロモーションメディア	消費者相談窓口

広告　　　　　　　　　　　　　　　　　　　　　　　広告の苦情・問い合わせ

消費者

自主基準の要点

　次に述べるような法令の解釈や判例の考え方が自主基準の根拠になっています。

●広告の責任の所在

　広告は、広告主の責任において実施されるものです。法的にも第一義的には広告主に責任があります。媒体社は原則として広告内容に対する責任を負いませんが、広告内容が明らかに虚偽であると疑うべき特別な事情があり、消費者に損害を及ぼすことを予見しえた場合には、真実性を調査確認して虚偽広告を掲載してはならない義務があり、例外的に不法行為責任を負うことがあります。だからこそ、広告を掲載する媒体社は、ユーザーの信頼に応えその利益を保護するために、自社の媒体特性に合わせ、広告掲載基準を定めて運用しています。

●虚偽誇大広告の禁止

景品表示法をはじめとする広告関係諸法規によって、消費者に誤認を与える著しい虚偽・誇大広告は禁止されます。景品表示法では表示をした事業者＝広告主が規制対象であり、媒体社や広告会社は原則として規制の対象になりませんが、薬機法と健康増進法では「何人も」虚偽誇大表示をしてはならないと定められており、規制の対象となりえます。また、インターネット広告は、広告からのリンク先での表示も含め一体と見なされることもあるため、適正性の判断にあたってリンク先も考慮すべき場合があります。

●広告表現の自由と関係性の明示

広告であると認識した消費者は、商品を選択する際に、広告に通常含まれる程度の誇張（パフィング）を割り引いて判断するため、広告メッセージとして社会通念上一般に許容される程度の誇張・誇大は認められます。広告にも表現の自由がありますが、広告のような経済的行為に対しては公共の福祉が優先されると考えられます。なお、消費者が広告であると認識できない場合、多少誇張した程度であっても実際と相違があれば「著しく」に該当するおそれがあり、明らかに広告であると分かることが必要です。

自主的な規制の意義

以上に述べたような広告適正化の取り組みや、さまざまな各種ガイドライン策定の趣旨は、自主ルールのもとで業界が自律的に市場の公正性や健全性を確保すること、またそれによって法的規制の強化や新たな規制の導入による制約を受けること避け、広告ビジネスの自由を保つことにあります。

業界団体の自主ルールには拘束力はありませんが、ビジネスを取り巻く環境の変化に応じて柔軟かつ機動的に対応できるメリットがあります。業界の合意に基づいて定めた自主ルールを指針として、各社がそれぞれに自主的な取り組みを実践することにより、適法性のみならず、法令の及ばない倫理性なども含めて社会的な合理性、適正性が確保されることに意義があります。また、自主的な規律を保つことで、事業者間での取引において適切な選択が

なされ、業界自らが自浄作用を発揮することが期待されるのです。

図表8-02 業界自主ガイドラインによる取り組みの意義

業界ガイドライン等
自主ルールの策定と周知啓発
業界関係者の認識を高め
実効性を向上させる

自主的な取り組みの実践と
継続的な改善
業界ルールを指針として
各社それぞれに
規定および体制を整備し
必要な技術開発や対策を行う

ビジネス上のリスク回避
適切なサービスの選択によって
質の低いサービスが淘汰される

業界団体JIAAの社会的責任

　JIAA設立から20年がたち、現在のインターネットは、ユーザー数が増大しただけでなく、モバイルをはじめデバイスも多様化し、生活に欠くことのできない社会インフラに発展しています。インターネット広告市場も、20年前に比べて100倍を超える2兆円に迫る規模に拡大しました。アドテクノロジーは各段に進化し、依然として新規参入事業者も多く、市場は変化し続けています。今では、米国の動向がすぐに国内市場にも影響を及ぼします。

　JIAAは、日本国内でインターネット広告事業を営む法人であれば、企業規模の大小を問わず、外国籍の企業にも等しく会員資格があります。グローバルで変化の速いインターネット広告においては、国内の法規範や慣習を踏まえ、民間レベルでの国際連携も図りながら、業界全体で取り組むべき施策を迅速かつ効果的に実行していくことが重要です。大きく成長したインターネット広告産業の業界団体であるJIAAは、業界の利益だけでなく、消費者や社会全体の利益という視点で担うべき役割を考え、あるべき方向性を示し、社会的責任を果たしていきます。

インターネット広告の未来

　広告は経済の潤滑油といわれています。需要と供給を結び付けるだけでなく、自分らしさを実現してくれる商品と出会うことや、市場経済の中で需要を作り出すことへの貢献等も広告の存在意義です。

　広告費は企業にとってコストと捉えられることも多いですが、本質的には、広告がうまく機能し、需要を創造、拡大し、供給とマッチングすることで、経済活性化につながるはずです。つまり広告は投資の意味合いが強いといえます。

　アメリカでは、DTC（Direct to Consumer）というインターネットを活用した新しい製造小売形態が生まれています。小規模予算で多様なABテストを繰り返しながら成果を上げることができるインターネット広告によって、ベンチャー企業や中小企業にも成功するチャンスを広げています。

　広告業界は、このような存在意義を再認識し、広告主の事業にとっての価値を生み出し、経済をリードする役割を担っていることを肝に銘じなければいけません。同時に、高い成長率を誇る業界に身を置くということは、周辺環境も目まぐるしく変化し、求められる役割も多岐にわたってきます。

　この業界に関わるということは、非常に多くの経験を短期間で積むことができ、個人としての成長機会にも恵まれるはずです。日々のKPIの達成や効率の追求も大切ですが、並行して、インターネット広告が消費社会全体にもたらしうる本質的な価値と責任にも目を向けていきたいものです。

　最後になりましたが、本書籍の編集・執筆にあたりご尽力ご協力をいただきました皆さまには感謝の念に堪えません。JIAAは、今後もインターネット広告の健全な発展に貢献すべく活動を継続していきます。

用語集

英数字

■ 3PAS（スリーパス）
3rd Party Ad Servingの略。広告の配信先に当該広告の配信データを格納せず、第三者の配信サーバーを用いて、広告配信を一元管理するサービス。
⇒参照: 第三者配信

■ ads.txt（アズ・ドット・ティーエックスティー）
米国インターネット広告業界団体IABが提唱する、プログラマティック広告の透明性を向上させるための仕組み。
「ads」は、Authorized Digital Sellersの頭文字を取ったもので、認定デジタル販売者の意味。サイト運営者は、独自のads.txtファイルを作成してサーバーに設置することにより、広告枠の販売を許可する販売者を示すことができる。許可していない販売者による在庫の再販や、ドメインスプーフィング（なりすまし）によるブランド毀損を防げる。

■ ATF（エーティーエフ）
Above The Foldの略。Webサイトを開いた際に、スクロールしなくても見ることのできる領域のこと。その領域にある広告の位置を表す。ファーストビューともいう。元は新聞に用いられる言葉で、折り目より上の紙面を指す。
⇒参照: ファーストビュー、BTF

■ BTF（ビーティーエフ）
Below The Foldの略。ブラウザーでWebサイトを開いた際に、スクロールしなければ見ることのできない領域のこと。
⇒参照: ATF

■ CPA（シーピーエー）
Cost per AcquisitionまたはCost per Actionの略。広告によって誘導されたユーザーが、広告主サイトで会員登録や商品購入など、特定のアクションにいたった回数（1回）当たりの費用。
⇒参照: CPC、CPM、CTR、アクイジション、アクション

■ CPC（シーピーシー）
Cost per Clickの略。ユーザーによる広告のクリック1回当たりに掛かる費用。またクリック課金型の広告取引の場合におけるクリック単価。
⇒参照:CPA、CPM、CTR、クリック

■ CPM（シーピーエム）
Cost per Milleの略。広告表示（インプレッション）1,000回当たりの費用。Milleはラテン語で1,000の意。
⇒参照:CPA、CPC、CTR

■ CRM（シーアールエム）
Customer Relationship Management の略。顧客との間に継続的な関係を構築するためのノウハウやソリューション。

■ CTR（シーティーアール）
Click Through Rateの略。インプレッション数のうち、広告がクリックされた回数の割合。クリックレート、クリック率とも呼ぶ。
⇒参照:クリック数

■ CVR（シーブイアール）
Conversion Rateの略。ある指標に対して、目的とする成果が得られた率。指標や成果のカウントは、広告目的によってそれぞれ設定されることになるが、広告効果測定の指標としてよく用いられる。効果指標にCVRを使う場合は、どの段階をコンバージョンにするかを明確にする必要がある。
⇒参照:コンバージョン

■ DMP（ディーエムピー）
Data Management Platformの略。自社や外部のさまざまなデータを一元的に管理するプラットフォーム。集積したデータを分析し、広告配信の最適化などに活用される。

■ Do Not Track（ドゥ・ノット・トラック）
ユーザーがWebサイトやサービスでの閲覧などの行動追跡（トラッキング）を拒否することを通知するブラウザーの機能。略称DNT。
⇒参照:トラッキング

■ DSP（ディーエスピー）

Demand Side Platformの略。広告主や広告会社が広告を出稿するためのシステムで、掲載面や価格、ターゲットなど設定した条件に合致した広告枠（広告在庫）を自動的に買い付け、広告を配信する。接続する複数のSSPやアドエクスチェンジの広告在庫をリアルタイム入札（RTB）で取引し、広告配信を一元管理し調整することができる。
⇒参照: SSP、RTB、アドエクスチェンジ

■ eCPM（イーシーピーエム）

effective Cost per Milleの略。CPCやCPAをCPMに換算した場合の広告表示（インプレッション）1,000回当たりの費用。RPM（Revenue per Mille）と同義で、RPMは広告掲載サイト側での広告表示1,000回当たりの収益効果を表す指標として、インプレッション型の広告との比較に使用される。
⇒参照:CPA、CPC、CPM

■ IVT（アイブイティー）

Invalid Trafficの略。無効なトラフィックのこと。検索エンジンのクローラーのようなプログラムによる悪意のないトラフィックと、作為的にインプレッションやクリックを発生させる悪意のある不正なトラフィックがある。前者は、自ら人ではないことを示しているため除外することが容易である。後者は、人によるトラフィックであるかのように偽装しているものなど、さまざまな種類がある。不正に広告収入を得ることを目的としたアドフラウド（Ad Fraud）によって生じるトラフィックも含まれる。IVTのうち、機械的に生成される人以外によるトラフィックをノンヒューマントラフィック（Non-Human Traffic、NHT）という。
⇒参照: アドフラウド、クローラー、トラフィック

■ LPO（エルピーオー）

Landing Page Optimizationの略。広告からのリンク先のページ（ランディングページ）での広告効果を高めるために最適化すること。訴求内容やデザインの組み合わせの異なる複数のページを作成して、効果の高いものを残していく。また、サイト訪問者の属性や行動履歴に基づいてランディングページを出し分ける手法もある。
⇒参照: ランディングページ

■ PMP（ピーエムピー）

Private Marketplaceの略。
⇒参照: プライベートエクスチェンジ

■ ROAS（アールオーエーエス）

Return on Ad Spendの略。広告の費用対効果。特定の広告に投資した広告費用から発生した売上額で、売上額÷広告費用×100で算出する。例えば、50万円の広告費用を投資し、500万円の売上があった場合、ROASは1,000%となる。

■ ROI（アールオーアイ）

Return on Investmentの略。費用対効果。企業が広告などに投資したコストに対して得られる利益の割合。広告に費やしたコストが、実際どれくらいの成果（売上、利益、資料請求件数など）につながったのかを計測する際の指標となる。

■ RTB（アールティービー）

Real Time Biddingの略。インプレッションが発生する度に、クッキーによるユーザー情報と最低入札価格などの広告枠情報を複数のDSPに渡し、最高価格で応札した広告を呼び出すオークションシステム。
⇒参照: DSP

■ SDK（エスディーケー）

Software Development Kitの略。ソフトウェア開発キット。特定のシステムで動作するソフトウェアを開発する際に使用するプログラムやAPI、ドキュメントなどをひとまとめにしたパッケージツールのこと。例えば、スマートフォンアプリに組み込むための広告配信や計測用のSDKが広告配信事業者から提供されている。

■ SSP（エスエスピー）

Supply Side Platformの略。媒体社が広告枠の販売の効率化や収益の最大化を図るためのシステムで、広告枠や価格、希望する広告主の業種などを設定し、複数のDSPやアドネットワーク、アドエクスチェンジの配信を一元管理する。純広の単価、アドネットワークの予測単価、RTBの入札単価などを比較し、最高価格の広告を自動で選択して配信することができる。
⇒参照: DSP、RTB、アドエクスチェンジ、アドネットワーク

あ

■ アーンドメディア（Earned Media）
口コミを通じて自社ブランドや商品・サービスの信用・評判を得るメディア。オウンドメディア、ペイドメディアと共に、トリプルメディアを構成するメディアの一つ。ソーシャルメディアと同義で使われることもある。
⇒参照: オウンドメディア、ペイドメディア

■ アウトストリーム広告
ディスプレイ広告枠等の動画コンテンツ外で表示されるビデオ広告。Web上の広告枠や記事のコンテンツ面等で表示される。
⇒参照: ビデオ広告

■ アクイジション（Acquisition）
入手・獲物の意味から、新規顧客獲得の意味として使われることが多い。その場合のCPA（Cost per Acquisition）は「新規顧客1件当たりの獲得コスト」になる。
⇒参照: アクション

■ アクション（Action）
一般には広告や提供された情報によって引き起こされる行動を指す。広告によって目的とする行動が発生した件数を把握することで、CPA（Cost per Action）を算出できる。
⇒参照: アクイジション

■ アクティブユーザー（Active User）
Webサイトやアプリ等のサービスで、定期的に利用があったユーザーのこと。会員制のWebサイトなどで、会員登録があっても実際に利用していないユーザーを除いた、実際の利用実態を表す指標として用いる。

■ アドウェア（Adware）
広告掲載により無料使用できるようにしたアプリケーション。常時広告が掲出される場合や、定期的に広告が出現するものなどがある。また、広告を表示させない有料版を用意し、その試用版としての役割を担う場合もある。

■ アドエクスチェンジ（Ad Exchange）
広告在庫（広告枠）の取引市場（アドマーケットプレイス）。DSPの需要と媒体社、アドネットワーク、SSPの供給をマッチングして取引を行う仕組み。

■ アドサーバー（Ad Server）
掲載面や表示回数をコントロールする、広告を配信するための専用サーバー。

■ アドネットワーク（Ad Network）
複数の媒体社サイト（ページ）を広告配信対象としてネットワークを組み、広告の受注を請け負うサービス。アドサーバーを持ち、複数サイトへの広告の一括配信を行う。媒体社に対して広告販売代行を行うだけでなく、通常媒体社が行う広告枠の在庫管理・掲載業務・レポーティングなども代行する。ネットワーク全体に広告を配信するほか、サイトコンテンツのカテゴリーごとの配信、行動ターゲティングなどが可能なものが多い。
⇒参照: SSP、アドサーバー、行動ターゲティング

■ アドフラウド（Ad Fraud）
自動化プログラム（bot）を利用したり、スパムコンテンツを大量に生成したりすることで、インプレッションやクリックを稼ぎ、不正に広告収入を得る悪質な手法。

■ アドブロック（Ad Block）
Webサイトに表示される広告を表示しないようにするソフトウェア。Webブラウザーのアドオンや、スマートフォンのアプリとして提供される。

■ アドベリフィケーション（Ad Verification）
DSPやアドエクスチェンジを通じて配信される広告が、広告主の意図・条件に沿ったサイトや場所に掲載されているかを検証する機能。条件に基づき不適当な掲載先を除外することができる。

■ アトリビューション（Attribution）
ラストクリックなど直接的なコンバージョン以外の間接的な行動パターンを把握して、全体のアクションにおける最終成果への貢献度を測る手法。

■ アフィリエイト（Affiliate）

Webサイトなどに依頼主サイトへのリンクを張り、その
サイトで会員登録や商品購入が行われた場合、サイト
の運営者に報酬（定額または定率の報酬）を支払う仕
組みのこと。特定サイトや特定商品のセールス活動
に近いため、広告ではなく販売代行としての意味合
いが強い。

■ インストリーム広告

動画本編の前後、中間に掲載されるビデオ広告。
⇒参照: **ビデオ広告**

■ インバナー広告

通常のディスプレイ広告枠に動画ファイルを使用し
て流すビデオ広告。アウトストリーム広告の一種。
⇒参照: **アウトストリーム広告、ビデオ広告**

■ インフィード広告

ネイティブ広告の一種で、記事・コンテンツと一体感
のあるデザイン、フォーマットで設置された誘導枠。イ
ンフィード広告は下位区分として3つに分類される。

・媒体内誘導型：媒体社が提供する記事・コンテン
ツと一体感のあるデザイン、フォーマットで誘導枠
を設置し、媒体社が制作したコンテンツ（例：タイ
アップ広告等）へ誘導する形式。

・外部コンテンツ誘導型：媒体社もしくはプラット
フォーマーが提供する記事・コンテンツと一体感の
あるデザイン、フォーマットで誘導枠を設置し、媒体
社・プラットフォーマー内とは別に設置される外部
コンテンツ（例：ランディングページ等）へ誘導する形
式。

・フィード内表示型：媒体社もしくはプラットフォー
マーが提供する記事・コンテンツと一体感のあるデ
ザイン、フォーマットの枠内にコンテンツ（例：動画コ
ンテンツ等）を表示する形式。

また、フィード内に表示されるビデオ広告自体を指して
インフィード広告と呼ぶ場合もある。

■ インフォマティブデータ

郵便番号、メールアドレス、性別、職業、趣味、顧客番
号、クッキー情報、IPアドレス、契約者・端末固有ID
などの識別子情報および位置情報、閲覧履歴、購買
履歴といったインターネットの利用に係るログ情報な
どの個人に関する情報で、個人を特定することができ
ないものの、プライバシー上の懸念が生じうる情報、
ならびにこれらの情報が統計化された情報であって、
特定の個人と結び付きえない形で使用される情報の
総称。JIAAが「プライバシーポリシーガイドライン」に
おいて定義した。インターネット広告で取り扱われる
個人に関する情報が情報価値を持つ（インフォマティ
ブ）ことから造語されたもので、個人情報保護法に定
める個人情報と区別して定義している。

■ インフォメーションアイコン

行動ターゲティング広告の広告内や周辺に表示さ
れるJIAAが指定する共通のアイコン。アイコンを
クリックしたユーザーを、行動履歴情報の取り扱い
やオプトアウトの手段を知らせるページに誘導する
もの。アイコンの表示は、JIAAが定めるガイドライ
ンに従って「インフォメーションアイコンプログラム」
の認定を受けたサービスのみが可能。米国では業
界団体Digital Advertising Alliance（DAA）が
「AdChoices」の名称で同様の取り組みを行ってい
る。
⇒参照: **行動ターゲティング**

■ インフルエンサー（Influencer）

影響力の大きい人物のこと。ソーシャルメディアの台
頭により、著名人でなくても多数のファンやフォロワー
を抱える人が出現しており、そのようなインフルエン
サーのマーケティング活用が注目されている。

■ インプレッション（Impression）、インプレッション数

広告の配信回数。インターネット広告ではWebサイト
の媒体力の指標としてのページビュー（PV）と、インプ
レッション（imp）を区別する。
⇒参照: **ページビュー**

■ インリード広告

コンテンツを閲覧する流れの中で、ブラウザー上で画面をスクロールし、ビデオの表示領域が一定以上表示された時点で再生が開始されるビデオ広告。アウトストリーム広告の一種。
⇒参照: **アウトストリーム広告、ビデオ広告**

■ 運用型広告

膨大なデータを処理するアドテクノロジーを活用したプラットフォームにより、広告の最適化を自動的にもしくは即時的に支援するような広告手法のこと。検索連動型広告のほか、新しく登場してきたアドエクスチェンジ/SSP/DSPなどが典型例。また一部のアドネットワークもこれに含まれる。なお、枠売り広告のほか、タイアップ広告やアフィリエイト広告などは、運用型広告には含まれない(電通「日本の広告費」定義による)。

■ オーディエンス拡張

Webサイトに訪れたユーザーと似たような行動をしていて、まだWebサイトに訪れていないユーザーをネットワークの中から探し出し、ターゲティングして広告配信する手法。

■ オーディエンスターゲティング
(Audience Targeting)

オーディエンス(ユーザー)の属性情報や行動履歴情報などを組み合わせたデータを利用して広告を配信するターゲティング手法。
⇒参照: **行動ターゲティング、ターゲティング広告**

■ オウンドメディア(Owned Media)

広告主が自ら所有・運営する企業サイトやブランドサイト、キャンペーンサイトなど、自社の情報を直接ユーザーに向けて発信するメディアを指す。
⇒参照: **アーンドメディア、ペイドメディア**

■ オプティマイズ配信

期待する広告効果が高まるように最適化して配信する方法。例えば、クリックを期待するキャンペーンで、クリック率が高い表現を優先して配信したり、クリックする可能性が高いユーザーに優先して配信したりすること。

■ オプトアウト(Opt-out)、オプトイン(Opt-in)

ユーザーが情報を受け取る際や自らに関する情報を利用される際などに、許諾(パーミッション)の意思を示す行為を「オプトイン」という。反対に許諾しない意思を示す行為を「オプトアウト」という。広告メールの送信や、インターネット上での個人に関する情報の取得や利用などを、ユーザーの意思に基づいて行う仕組みや方式を指す語として用いられる。
⇒参照: **パーミッション**

■ オムニチャネル(Omni-Channel)

実店舗やECサイトをはじめとする、あらゆる販売チャネルから同じように商品やサービスを購入できる環境。

か

■ 間接コンバージョン

初回のサイト訪問では申込等の行動を起こさなかったが、後日、別の方法で再来訪した際に申し込むなどの成果が上がること。

■ キュレーションメディア

他のコンテンツメディア等のニュースや情報を収集し、構成して提供するメディア(プラットフォーム)。

■ クッキー(Cookie)

Webサイトの提供者が、ブラウザーを介して訪問者のコンピューターに一時的に簡単なデータを書き込む仕組み。訪問者の識別や認証、訪問回数の記録に利用される。
⇒参照: **行動ターゲティング、ユニークブラウザー**

■ クッキーシンク(Cookie Sync)

DSP、SSP、DMPなどで、それぞれ管理しているブラウザークッキーを同期させ、ユーザー(ブラウザー)識別のためのIDを連携させる仕組み。
⇒参照: **クッキー**

■ クリック（Click）、クリック数

広告がユーザーにクリックされた回数。多くの場合、広告には広告主が指定したWebページへのリンクが張られているが、ユーザーが実際に移動したか否かにかかわらず、クリックされた時点でカウントする。一般的には、アドサーバー上で計測する。

■ クリックスルーコンバージョン
（Click Through Conversion）

広告をクリックした後、コンバージョンに結びつくこと。一般的に、「コンバージョン」はこの「クリックスルーコンバージョン」を指すことが多い。広告に接触しただけで、クリックせずに発生するコンバージョンは、「ビュースルーコンバージョン」として区別される。
⇒参照: ビュースルーコンバージョン

■ クローラー（Crawler）

Web上の文書や画像などを定期的に巡回して取得し、自動的にデータベース化するプログラム。スパイダー（Spider）、ロボット（Robot）などとも呼ぶ。検索エンジンのデータベースの構築や更新にも利用されている。クローラーを使ってWeb上の情報を取得、解析を行うことを「クローリング」という。

■ 検索連動型広告

検索サイトに入力した特定のワードに応じて、検索結果ページに掲載する広告。サーチワード広告、キーワード広告、リスティング広告、PPC広告、ペイドリスティング（Paid Listing）などさまざまな名称を持つ。バナー広告とテキスト広告があり、ワードごとに広告を購入する。1ワードごとに単価設定する場合と、予測される検索結果ページ表示回数に表示単価を掛け合わせて掲載料を設定する場合がある。

■ 広告ID、広告識別子

スマートフォンやタブレット端末のアプリで利用される広告用の端末識別ID。AppleのiOSは「Advertising Identifier（IDFA）」、GoogleのAndroid OSは「Google Advertising ID（AAID）」を提供している。端末ID（Appleの「UDID」や、Googleの「Android ID」など）と違い、IDのリセットやターゲティング広告のオプトアウトといった簡単な設定変更の手段がユーザーに提供されている。IDFAやAAIDはアプリ間で共通のIDだが、広告以外の目的での使用は認められていない。

■ 行動ターゲティング

インターネット上の行動履歴情報を利用して広告を配信するターゲティング手法。行動履歴とは、サイトの閲覧履歴や検索履歴、広告への反応履歴、ECサイトでの購買履歴などで、Webブラウザーのクッキーやスマートデバイスの広告ID によって把握される。
⇒参照: オーディエンスターゲティング、クッキー、ターゲティング広告、リターゲティング

■ コンテンツ連動型広告

Webサイトのコンテンツ内容の文脈やキーワードを解析し、コンテンツ内容と関連性の高い広告を自動的に配信する広告。

■ コンバージョン（Conversion）

購買プロセスにおける状態の変化。資料請求から申込に、申込が成約になるなどの段階の変化を指すが、Webマーケティングでは、資料請求や購買などの成果指標の行動を指すことが多い。
⇒参照: CVR

291

さ

■ サードパーティクッキー（Third-Party Cookie）
ユーザーが訪問するWebサイトやサービスの運営主体以外の事業者（アドネットワーク、データプロバイダーなどの第三者）が設定しているクッキー。
⇒参照: **クッキー**

■ ステルスマーケティング（Stealth Marketing）
企業が自らまたは第三者に依頼して、消費者に商品やサービスの宣伝と気付かれないように宣伝行為をすること。略して「ステマ」と呼ぶ。報酬を得ているにもかかわらず、あたかも公平な評価であるかのように見せかけた記事をサイトに掲載したり、一般消費者を装って好意的な感想や推薦するコメントをSNSに投稿したりするなど、宣伝であることを意図的に隠すことによってユーザーの印象を操作しようとする行為が該当する。「サクラ」や「やらせ」に近いといえる。マーケティング手法と呼べるものではなく、消費者を欺き、情報の信頼性を失わせる不公正な行為である。

■ スポンサードコンテンツ（Sponsored Contents）
コンテンツそのものは媒体社の編集側が制作し、そのコンテンツおよびそれらが掲載されているページなどへ広告主がスポンサーするもの。「タイアップ広告」の場合は記事調に作られたコンテンツがすなわち広告であるが、「スポンサードコンテンツ」の場合は、コンテンツはあくまでも編集側の制作であり、広告主の商品などを説明する広告コンテンツではない。
⇒参照: **タイアップ広告**

■ セカンドプライスオークション
（Second Price Auction）
最も高い値を付けた入札者が、2番目に高い値を付けた入札者の価格で落札するというルールのオークション。インターネット広告のオークションでは、最高値入札者が次点の入札価格に1円を足した金額で落札する方式が広く採用されている。
⇒参照: **ファーストプライスオークション**

た

■ ターゲティング広告
対象を指定して表示する広告のこと。ユーザーデータを分析して対象となるユーザー群を指定するオーディエンスターゲティング、Webサイトやコンテンツを分析してカテゴリーを指定するコンテンツターゲティングといった広告手法がある。
⇒参照: **オーディエンスターゲティング、行動ターゲティング、リターゲティング**

■ タイアップ広告
媒体社が広告を記事調に制作編集する広告コンテンツを指す。媒体自身の特性・コンテンツと連動する企画となることが多いことから、「媒体」と「広告主」の「タイアップ」という意味で「タイアップ広告」と呼ばれる。「タイアップ広告」は、それ自体が広告なので、通常の媒体枠の中で掲載となることが多い。
⇒参照: **スポンサードコンテンツ**

■ 第三者配信
広告主側でキャンペーン全体を統合管理するために、複数の媒体を横断して広告を配信する仕組み。さまざまなデータの計測やクリエイティブ、フリークエンシーなどのコントロールを行う。これらを行うアドサーバーを「第三者配信サーバー」、「セントラルサーバー」といい、媒体社ごとの広告レポートでは分からない複数サイトのユニークユーザーの把握ができるほか、ポストインプレッション効果をトラッキングできる利点もある。
⇒参照: **タグ配信、ポストインプレッション**

■ ダイナミックリターゲティング
Webサイトの商品やサービスの詳細ページを訪れたことのあるユーザーに対して、その訪問履歴をもとに再度の訪問と購入を促すために、その商品やサービスに関する広告を自動生成して表示するリターゲティング手法。主にEコマースで利用されることが多い。
⇒参照:**リターゲティング**

■ タグ配信
広告素材の代わりにデータ転送させるタグを配信して、ユーザーのブラウザーから別のアドサーバーに広告画像のリクエストをかける手法。第三者配信サーバー（セントラルサーバー）で広告配信を行う場合、そのサーバー側で発行されたタグが媒体社に送られ、媒体社のアドサーバーからは広告掲載面にこのタグが配信される。なお、「タグ」とはHTMLなどで使われる"<"と">"で囲まれた命令の総称。
⇒参照：第三者配信

■ データエクスチェンジ（Data Exchange）
ユーザーの属性や行動履歴などのオーディエンスデータを事業者間で交換する仕組み。

■ ディスプレイ広告
Webサイトやアプリ上の広告枠に表示する画像や動画、テキストなどの形式の広告。
⇒参照：テキスト広告、バナー広告、リッチメディア広告

■ テキスト広告
ディスプレイ広告の一種で、テキスト（文字）形式の広告。画像付きのテキスト広告もある。

■ デジタルサイネージ（Digital Signage）
ディスプレイやプロジェクターを用いて表示する電子看板のこと。公共施設、駅構内、ショッピングセンター、交通機関などに設置される。現在では通信ネットワークとの併用により変動する映像配信システムが確立されている。

■ トラッキング（Tracking）
ユーザーの行動を追跡すること。例えば、広告をクリックしたユーザーが広告主サイトでどのように行動したかを追跡することにより、資料請求や購買などの目標とする成果に結び付いたかを把握できる。

■ トラッキングツール（Tracking Tool）
インターネット広告の効果測定手法。ユーザーのサイトアクセスデータを収集・集計しユーザーの行動を分析するツール。

■ トラフィック（Traffic）
①インターネット上を行き交うユーザーやデータの量。広告のクリックなどを経由してWebサイトに集まるユーザーの量、サーバーや回線に流れるデータの量など。②広告素材の入稿から掲載までの進行管理業務のこと。

な

■ ネイティブ広告
デザイン、内容、フォーマットが、媒体社が編集する記事・コンテンツの形式や提供するサービスの機能と同様でそれらと一体化しており、ユーザーの情報利用体験を妨げない広告を指す概念。コンテンツフィードの間に挿入されるインフィード広告、コンテンツレコメンデーションウィジェット内に表示されるレコメンドウィジェット広告、検索エンジンの検索結果に並んで表示される検索連動型広告などが代表的。記事体広告などのタイアップと混同されることが多いが、別の概念である。タイアップ広告をインフィード広告などのネイティブ広告枠のリンク先の意味合いでネイティブ広告コンテンツと呼んだり、スポンサードコンテンツを編集記事の見出しと同じ体裁の誘導枠と一体のものとしてネイティブ広告と呼んだりするが、タイアップ単体を指すものではない。
⇒参照：インフィード広告、スポンサードコンテンツ、タイアップ広告、レコメンドウィジェット

は

■ パーミッション（Permission）
ユーザーからの許諾のこと。ユーザーの許諾を得て行うマーケティングを、パーミッションマーケティングと呼ぶこともある。あらかじめ承認を得ておくことで、メッセージが受容されやすくなり、レスポンス率が高くなるという特長がある。

■ バーンアウト (Burn Out)

広告効果が急速に薄れること。フリークエンシーの上昇に起因するクリック率の低下などを指す。

■ 発火

インターネット広告の運用にあたり、商品の購入数や問い合わせ数などを計測するコンバージョンタグや、広告表示に利用するリターゲティングタグなどが"動作"したことを意味する言い回し。「タグが発火する」といった形で用いる。

■ バナー広告

画像ファイルを使った旗 (Banner) 型のディスプレイ広告。メニューごとに画像サイズ (左右×天地の各ピクセル数) に規定が設けられている。近年はレクタングルと呼ばれる広告枠が主流となっている。
⇒参照: ディスプレイ広告

■ ビークル (Vehicle)

個別媒体としてのメディアを指す。テレビ、新聞、インターネットなどの広義のメディアをビークルと呼ばないことに注意。原義は、乗り物・媒介物。

■ ビーコン (Beacon)

位置や情報を取得する仕組み。「Webビーコン」は、Webページなどに埋め込む計測用の画像 (1x1ピクセルの透過GIFなど) のこと。主にWebサイトのアクセス情報の収集に使用される。また、「iBeacon」は電波ビーコンを送信する端末とBLE (Bluetooth Low Energy) を搭載したモバイル端末の対応アプリによって情報の送受信が可能になる。例えば店舗内でクーポン情報などを配信するといったO2Oサービスに利用される。

■ ビデオ広告 (動画広告)

動画ファイル形式で入稿する映像広告。インストリーム広告とアウトストリーム広告に大別される。
⇒参照: アウトストリーム広告、インストリーム広告、インバナー広告、インリード広告

■ ビューアビリティ (Viewability)

広告の視認可能性のこと。
⇒参照: ビューアブルインプレッション

■ ビューアブルインプレッション (Viewable Impression)

広告の閲覧回数を計測する指標で、人が目視可能 (ビューアブル) なインプレッションをいう。米国業界団体の基準では、ディスプレイ広告の場合は広告の面積 (ピクセル) の50%以上が1秒以上、また、ビデオ広告 (インストリーム広告) の場合は面積の50%以上が2秒以上 (広告の冒頭からとは限らない) 閲覧可能な状態で表示されたインプレッションとされている。
⇒参照: インプレッション、ビューアビリティ

■ ビュースルーコンバージョン (View Through Conversion)

Web上で得られる最終成果であるコンバージョンの一種で、直接効果のクリックスルーコンバージョンに対し、表示回数を測る間接効果を数値化した指標。ユーザーがインターネット広告を目にした際、その時点ではクリックせずコンバージョンに至らなかったものの、後に別の手段 (自然検索など) で結果的にコンバージョンが発生するケースを指す。
⇒参照: クリックスルーコンバージョン

■ ファーストパーティクッキー (First-Party Cookie)

ユーザーが訪問するWebサイトやサービスの運営主体である事業者 (媒体社、広告主のサイトなどの当事者) が設定しているクッキー。
⇒参照: クッキー

■ ファーストビュー

Webサイトを開いた際に、パソコンやスマートフォンなどの画面でユーザーが初めに見る領域のこと。一般的に、ユーザーに見せたい重要な情報をファーストビューに収めるように設計する。機器によって画面の大きさが異なるため、どの画面に合わせてデザインするかを考慮する必要がある。ATF (Above The Fold) ともいう。
⇒参照: ATF

■ ファーストプライスオークション (First Price Auction)

最も高い値を付けた入札者が、その価格で落札するというルールのオークション。
⇒参照: セカンドプライスオークション

■ プライバシーポリシー（Privacy Policy）
個人関連情報の取得・管理・利用について、事業者が定めた規範のこと。

■ プライベートエクスチェンジ（Private Exchange）
媒体社と広告主を限定したクローズドな広告の取引市場（プライベートマーケットプレイス）。アドエクスチェンジの利便性を活かしながら、媒体社は安定した広告枠の単価を担保し、広告主はブランドイメージを毀損することなく、プレミアム広告枠を確保できるといったメリットがある。媒体社が広告枠（広告在庫）の①単価を固定して予約型で取引するもの、②単価を固定してリアルタイムで取引するもの、③単価を固定せず特定の広告主のみがオークション型で取引するものがある。
⇒参照: アドエクスチェンジ、プログラマティック

■ プラットフォーマー（Platformer）
情報やサービスを提供するWebサイトやアプリケーションなどのメディアを所有・運営するが、記事やコンテンツを自ら制作しない事業者のこと。

■ ブランドセーフティ（Brand Safety）
インターネット広告の掲載先に紛れ込む違法・不当なサイト、ブランド価値を毀損する不適切なページやコンテンツに配信されるリスクから広告主のブランドを守り、安全性を確保する取り組み。

■ ブランドリフト（Brand Lift）
企業や商品・サービスのブランドの認知度や好感度、購買意向などの向上を表す効果指標。

■ フリークエンシー（Frequency）
広告の接触回数。ユーザー1人当たりの平均接触回数を指す。

■ プレミアムメディア
付加価値の高い広告枠。一般的には、入札形式で取引されない、指名買いされる枠を指す。

■ フロアプライス（Floor Price）
媒体社が広告在庫の収益性を高めるために設定する最低価格のこと。広告のオークションでは、フロアプライスを上回る入札でないと落札できない。

■ プログラマティック（Programmatic）
データに基づき、プラットフォームを介して自動で行われる広告取引のこと。プログラマティックバイイング（買い付け）およびプログラマティックセリング（販売）。プログラマティック取引には大きく分類して①固定単価で予約型の相対取引、②固定単価でリアルタイムの相対取引、③招待制（特定の広告主のみ）のオークション取引、④オープン制のオークション取引がある。

■ プログラマティックダイレクト（Programmatic Direct）
プログラマティックな予約型純広告取引のこと。オークション（RTB）を介さず、固定単価での広告主と媒体社との相対取引であるため、在庫や単価が保証される。
⇒参照: プログラマティック

■ 分散型メディア
自社サイトではなく、ソーシャルメディア（SNS）などのプラットフォームに、直接コンテンツを配信するメディアの形態。SNSやキュレーションメディアが普及することで、ユーザーはそこに配信されるコンテンツを配信元に遷移せずに消費するようになっている。

■ ページビュー（Page View）、ページビュー数
Webページが一定期間内に閲覧された回数。サイト訪問者のブラウザーに1ページ表示されると、1ページビュー（PV）とカウントする。ただし、キャッシュから読み出される場合もあり、サーバー側ではその表示回数を把握できないため、サーバーの実測値に加えてさまざまな調査手法を使い分け、あるいは組み合わせて把握を行う。

■ ペイドメディア（Paid Media）
企業が費用を支払って広告掲載する従来型のメディア。アーンドメディア、オウンドメディアと共に、トリプルメディアを構成するメディアの一つ。
⇒参照: アーンドメディア、オウンドメディア

■ ヘッダービディング（Header Bidding）、ヘッダー入札

媒体社が複数のSSPやアドエクスチェンジに広告在庫を同時に提供する仕組み。媒体社サイト（ページ）のヘッダーにスクリプトを埋め込むことで、入札を一元的に行う。これにより順番に入札させる方式（ウォーターフォール型という）よりも効率良く在庫を販売できる。一方、複雑な設定が必要であるためにWebページの読み込み速度低下を招く要因になりえる。

■ ポストインプレッション（Post Impression）

広告を見たときにはクリックせず、後に他のサイトの広告や検索などを通じて広告主サイトへ訪問する行動を指す。インプレッション効果と同義で使用される場合もある。

ま

■ マーケティングオートメーション（Marketing Automation）

興味や関心、行動が異なる顧客や見込み客に対して、個別に最適なマーケティング施策を実行するためのツールや仕組み。Webや実店舗での行動履歴など顧客データを分析し、あらかじめ設計したシナリオに基づいてメール配信やキャンペーンなどさまざまなチャネルを利用したマーケティング施策を実行。さらに結果を測定し、最適化するといった一連の流れをツールで自動化する。MAと略すことがある。

■ マルウェア（Malware）

悪意のあるソフトウェア（不正プログラム）の総称。コンピューターのプログラムに感染する「ウイルス」、プログラムそのものが悪影響を及ぼす「トロイの木馬」、ネットワークを利用して複製を広げる「ワーム」などさまざまなものがある。マルウェアは、メールに添付された不正プログラムを実行したり、悪意のある不正サイトや改ざんされたサイトにアクセスしたりした場合など、主にメールやネットワークを介して侵入する。コンピューターソフトウェアの脆弱性が利用され、不正プログラムを組み込んだサイトやバナー広告（マルバタイジング）を閲覧しただけで感染する場合がある。
⇒参照: マルバタイジング

■ マルチスクリーン（Multi-Screen）

同一ユーザーが、スマートフォン、タブレット、パソコンやテレビなどのさまざまなタイプのディスプレイに、アクセス・利用する状態。

■ マルバタイジング（Malvertising）

マルウェア（Malware）とアドバタイジング（Advertising）を組み合わせた造語で、マルウェアの拡散や不正なサイトへのリダイレクトを目的とした悪質なオンライン広告のこと。アドネットワークを利用することで不特定多数のWebサイトに掲載できるため、攻撃者は効率的にマルウェアなどを拡散できる。バナー広告をクリックしなくても、広告を表示しただけで感染するケースもある。感染を防ぐには、OSやセキュリティソフトのパッチを常に最新にしておくことが求められる。
⇒参照: マルウェア

■ メール広告

広告原稿を電子メールで配信する手法で、テキスト（文字）形式とHTML形式がある。メールマガジンやニュースメールの記事中に広告文スペースを設けるメールマガジン型と、ダイレクトメールとして全文広告を配信するダイレクトメール型がある。

や

■ ユーザーエクスペリエンス（User Experience）

ユーザーが製品やサービス、Webサイトなどを利用して得られる体験のこと。また、その心地良さや充足感などの概念を指す。UXと略すことがある。

■ ユーザビリティ（Usability）

ユーザーが製品やソフトウェア、Webサイトを使う際の"使いやすさ"のこと。操作の簡便さ、効率の良さ、戸惑いやストレスを感じさせない分かりやすさなどを表す。

■ ユニークブラウザー（Unique Browser）

サーバー単位で訪問した人のブラウザーにクッキーを振ってユーザーを特定し、訪問者数をカウントする手法。ただしクッキーを拒否したり削除したりするユーザーや、ロボットによる自動アクセスなどもあり、正確なカウントは困難である。また、あくまでブラウザー単位のカウントであるため複数のコンピューター、ブラウザーからアクセスする人の重複を省くことはできない。
⇒参照: クッキー、ユニークユーザー

■ ユニークユーザー（Unique User）

一定期間内に特定Webサイトを訪れた人の数。延べ訪問数（ビジット）ではなく、複数回訪問した人も1人と数える。PVやビジットなどの単純なアクセス数カウントに比べ、そのサイトに興味を示す人がどれくらいいるのかをより正確に知ることができる。媒体資料などでユニークユーザー数やユニークブラウザー数を表記する場合は、算出方法を明記することが望ましい。なお、測定同時期のインターネット利用者人口に占めるユニークユーザーの割合や実数が「リーチ」となる。
⇒参照: ユニークブラウザー、リーチ

■ 予約型広告

掲載金額、期間、出稿内容（掲載面、配信量、掲載内容等）が、あらかじめ定められている広告。リザベーション広告ともいう。
⇒参照: 運用型広告

ら

■ ランディングページ（Landing Page）

広義にはインターネット広告や検索エンジンの検索結果ページからのリンク先となるページを指す。狭義には、それに加え、資料請求や商品購入などの何らかのアクションやコンバージョンを行わせるページのことをいう。特にネット広告業界やデジタルマーケティング業界では後者のニュアンスで使われることが多い。

■ リーセンシー（Recency）

広告との接触の間隔。特定のユーザーが広告に接触してからの期間（時間）をいう。また、購買行動の直前に接触した広告が与える影響を「リーセンシー効果」という。

■ リーチ（Reach）

媒体ないし広告の到達力を示す指標。一定期間に特定サイトに接触した人の実数、またはそのネットユーザー全体に対する割合（%）をいう。キャンペーンごとに広告に接触したユニークユーザー数を算出し、「広告のリーチ」とする場合もある。インターネット広告の場合、アドサーバーが広告にリクエストをかけたブラウザー数をカウントすることで、広告接触のユニークユーザー数を把握できる。
⇒参照: ユニークユーザー

■ リード（Lead）

将来の顧客になる可能性がある見込み客、またはその見込み客の情報。セールスリード（Sales Lead）。

■ リターゲティング（Retargeting）

行動ターゲティングの一種で、あるWebサイトを訪れたことがあるユーザーに対して、その訪問履歴をもとに再度の訪問を促進するために、広告を表示するターゲティング手法。
⇒参照: 行動ターゲティング、ターゲティング広告

■ リダイレクトページ（Redirect Page）

リクエストされたURLから、自動的に他のページにジャンプさせるページ。

■ 離脱率

計測対象となっているページのすべてのページビュー数に占める、そのページを最後にユーザーがサイトを離脱したセッション数の割合。

■ リッチメディア広告

ディスプレイ広告の一種で、ユーザーのアクションによって広告枠のサイズが拡張したり、動画やゲームなどが動作したりするなど、インタラクションや動きのある表現手法を用いた広告。
⇒参照: ディスプレイ広告

■ リファラー（Referrer）

アクセスログに記載されている情報の一つで、当該ファイルを取得する直前に閲覧していたリンク元ページのURLのこと。

■ レコメンドウィジェット

ネイティブ広告の一種で、媒体社もしくはプラットフォーマーが提供する記事・コンテンツページ内に「レコメンド枠」（例: "関連コンテンツ"や"recommended by"等）として表示される誘導枠を指す。レコメンド枠内では、広告と編集記事がレコメンドコンテンツとして同等に扱われる場合もある。

出典：JIAA「インターネット広告基礎用語集 2019年度版」

索 引

数字・アルファベット

3C分析 ……………………………… 58
3MS ………………………………… 131
3PAS ……………………………… 286
4A's ………………………………… 131
4C …………………………………… 63
4P …………………………………… 63
5G通信 …………………………… 276
ads.txt …………………………… 286
AI …………………………………… 275
AIDMA ……………………………… 68
AISAS ……………………………… 68
ANA ………………………………… 131
ATF ………………………………… 286
ATL（Above the Line）…………… 16
BTF ………………………………… 286
BTL（Below the Line）…………… 16
CPA ……………………… 102, 116, 286
CPC ……………………… 102, 115, 286
CPCV ……………………………… 126
CPM ……………………… 40, 112, 286
CPO ………………………………… 116
CPV ……………………………… 126
CRM ………………………………… 286
CTR ……………………… 102, 115, 286
CVR ……………………… 102, 116, 286
DAR（Digital Ad Ratings）……… 118
DAU ………………………………… 133
DMP ……………………………… 171, 286
Do Not Track …………………… 249, 286
DSP ……………………… 40, 171, 287
DTC ………………………………… 285
eCPM ……………………………… 287
ECサイト …………………………… 20, 83
eプライバシー規則 ……………… 128, 249
Facebook ………………………… 36, 260
GDPR（EU一般データ保護規則）…… 128, 240
General-IVT ……………………… 223, 231
Google …………………………… 30, 260
GRP ……………………………… 112, 131
IAB ………………………………… 130
ICT（情報通信技術）……………… 271

IHC ………………………………… 219
IoT ………………………………… 275
ITP ……………………………… 127, 250
IVT ……………… 149, 223, 230, 287
KGI ……………………………… 94, 102
KPI ……………………………… 94, 102
KPI設定 …………………………… 141
LPO ………………………………… 287
LTV ………………………………… 102
MAU ………………………………… 133
MRC ………………………………… 137
OTS ………………………………… 129
PDCAサイクル …………………… 102, 156
PMP ……………………… 220, 234, 287
ROAS ……………………………… 117, 287
ROI ……………………………… 117, 287
RTB ……………………… 41, 224, 287
SDK ……………………………… 115, 287
SEM ………………………………… 30
SEO ………………………………… 30
Sophisticated-IVT ……………… 223, 231
SSP ……………………… 41, 172, 287
STP ……………………………… 62, 74
SWOT分析 ………………………… 60
Tech-Tax ………………………… 176
VR ………………………………… 274
WAU ………………………………… 133

あ

アーンドメディア ………………… 288
アウトストリーム広告 …………… 288
アクイジション …………………… 288
アクション ………………………… 288
アクティブユーザー ……………… 288
アップフロント …………………… 235
アドウェア ………………………… 288
アドエクスチェンジ ……… 40, 171, 288
アドエクスペリエンス …………… 204
アドクラッター …………………… 206
アドコリジョン …………………… 206
アドサーバー ……………… 33, 78, 288
アドテクノロジー ………………… 175

索 引　　299

アドネットワーク ・・・・・・・・・・・・・・ 40, 171, 288
アドフラウド ・・・・・・・・・ 126, 223, 227, 288
アドブロック ・・・・・・・・・・・・ 204, 230, 288
アドベリフィケーション ・・・・・・・・・・ 173, 288
アトリビューション ・・・・・・・・・・・・・・・・・・ 288
アトリビューション分析 ・・・・・・・・・・・・・・ 120
アフィリエイト ・・・・・・・・・・・・・・・ 22, 97, 289
イノベーター理論 ・・・・・・・・・・・・・・・・・・・・ 76
インストリーム広告 ・・・・・・・・・・・・・・・・・・ 289
インターネット広告 ・・・・・・・・・・・ 19, 21, 26
インターネット広告年表 ・・・・・・・・・・・・・・ 48
インターネット広告倫理綱領 ・・・・・・ 211, 280
インターネットメディア ・・・・・・・・ 20, 118, 259
インハウス業務 ・・・・・・・・・・・・・・・・・・・・ 186
インバナー広告 ・・・・・・・・・・・・・・・・・・・・ 289
インフィード広告 ・・・・・・・・・・・・・・・ 45, 289
インフォマティブデータ ・・・・・・・・・・ 244, 289
インフォメーションアイコン ・・・・・・・・ 37, 289
インフルエンサー ・・・・・・・・・・・・・・・ 97, 289
インプレッション ・・・・・・・ 112, 129, 146, 289
インプレッション数 ・・・・・・・・・・・・ 102, 289
インプレッション単価 ・・・・・・・・・・・・・・・・ 102
インリード広告 ・・・・・・・・・・・・・・・・・・・・ 290
運用型広告 ・・・・・・・・・・・・・ 38, 183, 233, 290
オーディエンス拡張 ・・・・・・・・・・・・・・・・・・ 290
オーディエンスターゲティング ・・・・・・・ 241, 290
オーディエンスデータ ・・・・・・・・・・・・・・・・ 34
オートメイティッドギャランティード ・・・・・・・ 234
オープンマーケットプレイス ・・・・・・・ 220, 234
オウンドメディア ・・・・・・・・・・・・・ 22, 85, 290
オプティマイズ配信 ・・・・・・・・・・・・・・・・・・ 290
オプトアウト ・・・・・・・・・・・・・・・・・・・・・・ 290
オプトイン ・・・・・・・・・・・・・・・・・・・・・・・・ 290
オムニチャネル ・・・・・・・・・・・・・・・・・・・・ 290

か

カオスマップ ・・・・・・・・・・・・・・・・・・・・・・ 166
間接コンバージョン ・・・・・・・・・・・・・・・・・・ 290
キャッシュバスティング ・・・・・・・・・・・・・・ 130
キュレーションメディア ・・・・・・・・・・・・・・・ 290
クッキー ・・・・・・・・・・・・・・・ 127, 133, 290
クッキーシンク ・・・・・・・・・・・・・・・・・・・・ 290

クリック ・・・・・・・・・・・・・・・・・・・・・・・・・・ 291
クリック数 ・・・・・・・・・・・・・・・・・・・ 115, 291
クリックスルーコンバージョン ・・・・・・・・・・ 291
クリック単価 ・・・・・・・・・・・・・・・・ 102, 115
クリック率 ・・・・・・・・・・・・・・・・・・ 102, 115
クローラー ・・・・・・・・・・・・・・・・・・ 230, 291
クロスSWOT分析 ・・・・・・・・・・・・・・・・・・・・ 60
検索連動型広告 ・・・・・・・・・・・・・・・・ 30, 291
効果 ・・・・・・・・・・・・・・・・・・・・・・・・・・・・ 105
効果指標 ・・・・・・・・・・・・・・・・・・・ 106, 112
広告ID ・・・・・・・・・・・・・・・・・・・・・・・・・・ 291
広告会社 ・・・・・・・・・・・・・・・・・・・ 166, 186
広告規制 ・・・・・・・・・・・・・・・・・・・・・・・・ 281
広告効果 ・・・・・・・・・・・・・・・・・・・・・・・・ 103
広告識別子 ・・・・・・・・・・・・・・・・・・・・・・・ 291
広告審査 ・・・・・・・・・・・・・・・・・・・・・・・・ 212
広告ターゲット設定 ・・・・・・・・・・・・・・・・・・ 88
広告単価 ・・・・・・・・・・・・・・・・・・・・・・・・ 182
広告認知率 ・・・・・・・・・・・・・・・・・・ 114, 144
広告フォーマット ・・・・・・・・・・・・ 43, 91, 205
広告目的 ・・・・・・・・・・・・・・・・・・・・・・・・ 103
行動ターゲティング ・・・・・・・・・・・・・・・・・・ 291
行動ターゲティング広告 ・・・・・・・・・・・・・・・ 34
行動ターゲティング広告ガイドライン ・・・・・・・ 37
購買意思決定プロセス ・・・・・・・・・・・・・・・・ 68
効率 ・・・・・・・・・・・・・・・・・・・・・・・ 105, 109
個人情報保護法 ・・・・・・・・・・・・・・・・・・・・ 244
個人データ ・・・・・・・・・・・・・・・・・・ 240, 244
コミュニケーション戦略 ・・・・・・・・・・・・・・・ 65
コミュニケーションプラットフォーム ・・・・・・ 20, 260
コンテンツ連動型広告 ・・・・・・・・・・・・ 34, 291
コンバージョン ・・・・・・・・・・・・・・・ 115, 291
コンバージョン数 ・・・・・・・・・・・・・・・・・・・ 116
コンバージョン単価 ・・・・・・・・・・・・ 102, 116
コンバージョン率 ・・・・・・・・・・・・・・・・・・・ 116

さ

サードパーティクッキー ・・・・・・・・・・ 127, 292
シェアリングエコノミー ・・・・・・・・・・・・・・・ 273
消費行動パターン ・・・・・・・・・・・・・・・・・・・ 73
消費者意思決定過程モデル ・・・・・・・・・ 68, 70
商品の分類 ・・・・・・・・・・・・・・・・・・・・・・・ 74

情報処理プロセス ・・・・・・・・・・・・・・・・・・・・・・・・・・ 68
情報プラットフォーム ・・・・・・・・・・・・・・・・・・ 20, 260
情報メディア ・・・・・・・・・・・・・・・・・・・・・・・・・・ 20, 261
シングルソースの調査パネル ・・・・・・・・・・・・ 107, 121
ステルスマーケティング ・・・・・・・・・・ 99, 215, 292
スポンサードコンテンツ ・・・・・・・・・・・・・・・・・・・・・ 292
セールス ・・・・・・・・・・・・・・・・・・・・・・・・・・・・・・・・・・・ 83
セールスプロモーション ・・・・・・・・・・・・・・・・・・16, 56
成果報酬型広告 ・・・・・・・・・・・・・・・・・・・・・・・・・・・ 97
セカンドプライスオークション ・・・・・・・・・・・・・・・ 292
全数調査 ・・・・・・・・・・・・・・・・・・・・・・・・・・・・・・・ 122
ソーシャルネットワーク ・・・・・・・・・・・・・・・・・・・・・ 36
測定タグ ・・・・・・・・・・・・・・・・・・・・ 115, 122, 127
測定タグ方式 ・・・・・・・・・・・・・・・・・・・・・・・・・・・ 136

た

ターゲティング ・・・・・・・・・・・・・・・・・・・・・・・・・・・・ 33
ターゲティング広告 ・・・・・・・・・・・・・・・・・・・・・・・ 292
タイアップ広告 ・・・・・・・・・・・・・・・・・・・・・・・・・・・ 292
第三者配信 ・・・・・・・・・・・・・・・・・・・・・・・・・・・・・ 292
態度・行動変容効果 ・・・・・・・・・・・・・・・・・・・・・ 114
ダイナミック広告 ・・・・・・・・・・・・・・・・・・・・・・・・・・ 46
ダイナミックリターゲティング ・・・・・・・・・・・・・・・・ 292
タグ入稿 ・・・・・・・・・・・・・・・・・・・・・・・・・・・・・・・・ 213
タグ配信 ・・・・・・・・・・・・・・・・・・・・・・・・・・・・・・・ 293
データエクスチェンジ ・・・・・・・・・・・・・・・・・・・・・・ 293
ディスプレイ広告 ・・・・・・・・・・・・・・・ 39, 43, 293
テキスト広告 ・・・・・・・・・・・・・・・・・・・・・・・・・・・・ 293
デジタル財 ・・・・・・・・・・・・・・・・・・・・・・・・・・・・・・・ 75
デジタルサイネージ ・・・・・・・・・・・・・・・・・・・・・・・ 293
テレビ×デジタルリーチ調査 ・・・・・・・・・・・・・・・ 119
動画広告 ・・・・・・・・・・・・・・・・・・・・・・・・・・・ 44, 294
動画広告測定 ・・・・・・・・・・・・・・・・・・・・・・・・・・ 126
到達指標 ・・・・・・・・・・・・・・・・・・・・・・・・ 106, 112
トラッキング ・・・・・・・・・・・・・・・・・・・・・・・ 247, 293
トラッキングツール ・・・・・・・・・・・・・・・・・・・・・・・ 293
トラフィック ・・・・・・・・・・・・・・・・・・・・・・・・・・・・・・ 293
トリプルメディア ・・・・・・・・・・・・・・・・・・・・・・・・・・・ 84
トレーディングデスク ・・・・・・・・・・・・・・・・・・・・・・ 173

な

ネイティブ広告 ・・・・・・・・・・・・・・・・・・・・・・・ 45, 293
ノンビューアブルインプレッション ・・・・・・・・・・・・・ 149

は

パーミッション ・・・・・・・・・・・・・・・・・・・・・・・・・・・ 293
バーンアウト ・・・・・・・・・・・・・・・・・・・・・・・ 110, 294
ハイパーリンク ・・・・・・・・・・・・・・・・・・・・・・・・・・・・ 81
ハウスエージェンシー ・・・・・・・・・・・・・・・・・・・・・ 186
発火 ・・・・・・・・・・・・・・・・・・・・・・・・・・・・・ 136, 294
バナー広告 ・・・・・・・・・・・・・・・・ 26, 39, 44, 294
パネル調査 ・・・・・・・・・・・・・・・・・・・・・・・ 122, 133
パブリックリレーション（PR） ・・・・・・・・・・・・・・・・ 56
パブリッシャー ・・・・・・・・・・・・・・・ 20, 261, 266
バリューチェーンマップ ・・・・・・・・・・・・・・・・・・・ 166
ビークル ・・・・・・・・・・・・・・・・・・・・・・・・・・・・・・・ 294
ビーコン ・・・・・・・・・・・・・・・・・・・・・・・・・・・・・・・ 294
ピクチャー広告 ・・・・・・・・・・・・・・・・・・・・・・・・・・・ 47
ビデオ広告 ・・・・・・・・・・・・・・・・・・・・・・・・・・・・・ 294
ビューアビリティ ・・・・・・・・・・・・・・・・・・・・ 146, 294
ビューアブルインプレッション ・・・・・・・ 139, 146, 294
ビュースルーコンバージョン ・・・・・・・・・・ 116, 294
ビュースルー率 ・・・・・・・・・・・・・・・・・・・・・・・・・ 116
品質課題 ・・・・・・・・・・・・・・・・・・・・・・・・ 198, 230
ファーストパーティクッキー ・・・・・・・・・・・・・・・・ 294
ファーストビュー ・・・・・・・・・・・・・・・・・・・・・・・・・ 294
ファーストプライスオークション ・・・・・・・・・・・・・ 294
プライバシー保護 ・・・・・・・・・・・・・・・・・・・・・・・ 244
プライバシーポリシー ・・・・・・・・・・・・・・・・・・・・・ 295
プライバシーポリシーガイドライン ・・・・・・・・ 37, 244
プライベートエクスチェンジ ・・・・・・・・・・・・・・・・ 295
プライベートマーケットプレイス ・・・・・・・・・・・・・ 234
ブラックリスト ・・・・・・・・・・・・・・・・・・・・・ 220, 223
プラットフォーマー ・・・・・・・・・・・・・・・・・・・・・・・ 295
ブランディング ・・・・・・・・・・・・・・・・・・・・・ 24, 104
ブランディング効果 ・・・・・・・・・・・・・・・・・・・・・・ 114
ブランド毀損 ・・・・・・・・・・・・・・・・・・・・・・・・・・・ 218
ブランド毀損リスクコンテンツカテゴリ ・・・・・・・・・ 221
ブランドセーフティ ・・・・・・・・・・・・・・・・・・ 218, 295
ブランドリフト ・・・・・・・・・・・・・・・・・・・・・・・・・・・ 295

索引　　301

フリークエンシー ･････････････････････ 112, 295
フリーミアムモデル ･･････････････････････ 273
プリファードディール ･････････････････････ 234
フルファネル ･･････････････････････････ 161
プレミアムメディア ･･････････････････････ 295
フロアプライス ･･････････････････････････ 295
プログラマティック ･･･････････････････ 234, 295
プログラマティックダイレクト ････････････････ 295
プログラマティック取引 ･･･････････････ 41, 234
プロダクトライフサイクル ･･･････････････････ 76
プロモーション ･････････････････････････ 16
プロモーションメディア ･････････････････････ 19
プロモーションメディア広告 ････････････････ 199
分散型メディア ･･････････････････････････ 295
ページビュー ･････････････････････････ 295
ページビュー数 ･･････････････････････････ 295
ペイドメディア ･････････････････････ 84, 295
ヘッダー入札 ･･････････････････････････ 296
ヘッダービディング ･･････････････････････ 296
報酬 ･･････････････････････････････ 191
ポストインプレッション ･････････････････ 116, 296
ホワイトリスト ･･････････････････････････ 223

ま

マーケティングオートメーション ･･････････････ 296
マーケティング戦略 ･････････････････ 54, 56
マーケティングプランニング ･･･････････････ 58
マーケティングミックス ･･････････････････ 63
マーケティングミックスモデリング(MMM) ･･･ 107, 120
マスメディア広告 ･･･････････････････ 16, 199
マネタイズ ･･････････････････････････ 180
マルウェア ･･････････････････････ 209, 296
マルチスクリーン ･･････････････････････ 296
マルチチャネル ･･･････････････････ 107, 118
マルチチャネル態度変容調査 ････････････ 119
マルバタイジング ･･････････････････ 209, 296
メール広告 ･････････････････････ 47, 296
メディア ･････････････････････････ 259
メディアプランニング ･･････････････････ 86
メディアレップ ･･･････････････ 27, 166, 199
モバイル広告 ･･･････････････････ 47, 152
モバイルシフト ･･･････････････････････ 50

や

ユーザーエクスペリエンス ･････････････････ 296
ユーザーデータ ･･････････････ 34, 171, 240
ユーザートラッキング ･･････････････････ 249
ユーザー保護 ･･････････････････････ 242
ユーザビリティ ･･････････････ 44, 155, 296
ユニークブラウザー ･････････････････ 133, 297
ユニークユーザー ･･･････････････････ 131, 297
欲求段階説 ･････････････････････････ 66
予約型広告 ･･･････････････ 38, 188, 297

ら

ランディングページ ･･･････････････････ 110, 297
リーセンシー ･････････････････････････ 297
リーチ ･･････････････････････ 112, 131, 297
リード ･････････････････････････ 113, 297
リターゲティング ･････････････ 34, 242, 297
リダイレクトページ ･･････････････････････ 297
離脱率 ･･････････････････････････ 297
リッチメディア広告 ･････････････････ 44, 297
リファラー ･･････････････････････････ 297
レクタングル広告 ･･････････････････････ 144
レコメンドウィジェット ･･･････････････････ 298
レスポンシブ広告 ･･････････････････････ 45
ロングテールモデル ･･････････････････････ 272

わ

枠から人へ ･･･････････････ 41, 177, 218

本書のご感想をぜひお寄せください。
https://book.impress.co.jp/books/1118101153

「アンケートに答える」をクリックしてアンケートにご協力ください。アンケート回答者の中から、抽選で商品券(1万円分)や図書カード(1,000円分)などを毎月プレゼント。当選は賞品の発送をもって代えさせていただきます。はじめての方は、「CLUB Impress」へご登録(無料)いただく必要があります。

編著	一般社団法人 日本インタラクティブ広告協会(JIAA)
執筆・編集	JIAA啓発共有委員会 20周年記念出版プロジェクト
	上條 裕幸
	林　孝憲
	金山 泰久
	太駄 健司
	曽根 浩太
	田村　修
	中村 淳一
	植村 祐嗣
	片山 孝治
	柳田 桂子
	・
	伊藤 瑞樹
	岡野 雅一
	新谷 哲也
	竹安 千香子
	呉垣 宏一
	張 良太郎
カバーデザイン	小山翔平(tobufune)
本文デザイン	山之口正和(tobufune)
本文イラスト	本石好児(STUDIO d^3)
DTP制作	町田有美・田中麻衣子
校正	聚珍社
デザイン制作室	高橋結花
	今津幸弘
制作担当デスク	柏倉真理子
編集	瀧坂　亮
編集長	柳沼俊宏

303

商品に関する問い合わせ先

インプレスブックスのお問い合わせフォームより入力してください。

https://book.impress.co.jp/info/

上記フォームがご利用頂けない場合のメールでの問い合わせ先

info@impress.co.jp

● 本書の内容に関するご質問は、お問い合わせフォーム、メールまたは封書にて書名・ISBN・お名前・電話番号と該当するページや具体的な質問内容、お使いの動作環境などを明記のうえ、お問い合わせください。

● 電話や FAX 等でのご質問には対応しておりません。なお、本書の範囲を超える質問に関しましてはお答えできませんのでご了承ください。

● インプレスブックス(https://book.impress.co.jp/)では、本書を含めインプレスの出版物に関するサポート情報などを提供しておりますのでそちらもご覧ください。

● 該当書籍の奥付に記載されている初版発行日から3年が経過した場合、もしくは該当書籍で紹介している製品やサービスについて提供会社によるサポートが終了した場合は、ご質問にお答えしかねる場合があります。

落丁・乱丁本などの問い合わせ先

TEL：03-6837-5016　FAX：03-6837-5023

service@impress.co.jp

（受付時間／ 10:00-12:00、13:00-17:30土日、祝祭日を除く）

● 古書店で購入されたものについてはお取り替えできません。

書店／販売店のご注文窓口

株式会社インプレス受注センター

TEL：048-449-8040 ／ FAX：048-449-8041

株式会社インプレス 出版営業部

TEL：03-6837-4635

必携 インターネット広告
プロが押さえておきたい新常識

2019年 10 月 11 日　初版発行

著者	一般社団法人 日本インタラクティブ広告 協 会 (JIAA)
発行人	小川 亨
編集人	高橋隆志
発行所	株式会社インプレス
	〒101-0051 東京都千代田区神田神保町一丁目105番地
	ホームページ　https://book.impress.co.jp/
印刷所	株式会社廣済堂

本書の内容はすべて、著作権法上の保護を受けております。本書の一部あるいは全部について、株式会社インプレスから文書の許諾を得ずに、いかなる方法においても無断で複写、複製することは禁じられています。

Copyright © 2019 Japan Interactive Advertising Association. All rights reserved.

ISBN978-4-295-00740-1 C2034

Printed in Japan